U0790479

当代大学英语教学及其探究式模式研究

帅易琼　邱际阳◎著

中国出版集团　现代出版社

图书在版编目（CIP）数据

当代大学英语教学及其探究式模式研究 / 帅易琼，邱际阳著. -- 北京 : 现代出版社, 2023.9
ISBN 978-7-5231-0469-9

Ⅰ. ①当… Ⅱ. ①帅… ②邱… Ⅲ. ①英语－教学研究－高等学校 Ⅳ. ①H319.3

中国国家版本馆CIP数据核字(2023)第141700号

当代大学英语教学及其探究式模式研究

作　　者 帅易琼　邱际阳
责任编辑 吴永静
出版发行 现代出版社
地　　址 北京市朝阳区安外安华里504号
邮　　编 100011
电　　话 010-64267325　64245264(传真)
网　　址 www.1980xd.com
电子邮箱 xiandai@ cnpitc.com.cn
印　　刷 北京四海锦诚印刷技术有限公司
版　　次 2023年9月第1版　2023年9月第1次印刷
开　　本 185 mm×260 mm　1/16
印　　张 16.75
字　　数 390千字
书　　号 ISBN 978-7-5231-0469-9
定　　价 68.00元

前 言

随着我国经济的快速发展，越来越多的人开始意识到英语作为一门全球通用的语言的重要性。而大学英语作为英语教育的重要阶段，其教学质量和教学方法的改进也日益受到人们的关注。在大学英语教学中，探究式学习模式已经逐渐受到广泛认可，相对于传统的教学模式，探究式学习模式注重学生自主学习和积极探究，帮助学生更好地掌握知识和技能，并且注重培养学生的学习能力和创新能力。

鉴于此，笔者以“当代大学英语教学及其探究式模式研究”为题，具体探讨以下内容：大学英语教学理论与探究式模式、大学英语教学思维与探究式学习、大学英语课程教学与探究式教学、大学英语教学方法与探究式分析、大学英语教学模式与探究式构建、大学英语听力教学与探究式学习、大学英语口语教学与探究式模式、大学英语阅读教学与探究式学习、大学英语写作教学与探究式方法、大学英语翻译教学与探究式学习、大学英语教学评价与探究式应用。

本书具有以下特征。

首先，本书立意明确。本书旨在探讨中国当代大学英语教学的现状，深入分析探究式学习模式在大学英语教育中的应用和效果，并且提供更为多样化的案例来支持观点，让本书在深度和广度上都更加突出。

其次，本书注重理论与实践相结合。本书通过大量的案例介绍，使理论与实践相互印证、相互成就，更加深入地展现探究式学习模式在大学英语教育中的作用。

再次，本书的视角更为全面。在本书中，笔者充分考虑不同类型教材、不同年级层次、不同学科和不同群体的特点，进行了全方位、多角度的分析。

最后，本书更具可读性。全书运用通俗易懂的语言，使得对当代大学英语教学及其探究式模式研究有基础的人员容易理解书中的内容并获得指导，而没有这方面背景的读者也能够轻松地领略本书的精华。

本书在写作的过程中参阅了大量相关书籍和期刊文献，同时为了保证论述的全面性与合理性，本书也引用了许多专家、学者的观点。在此，谨向以上相关作者表示最诚挚的谢意，并将相关参考文献列于书后，如有遗漏，敬请谅解。由于笔者水平有限，加之时间仓促，书中难免存在疏漏之处，恳请广大读者不吝指正。

目 录

第一章 大学英语教学理论与探究式模式

第一节 大学英语教学原则与基本目标

一、大学英语教学原则

“英语教育应坚持实施多元化的教学策略，构建具有人文特色的文化教育体系，只有在英语教育中有意识地引入科学的文化评价机制，重视多元文化的发展，保持自身的文化独立性，才能真正建设一系列高标准的高校英语课程。”① 大学英语教学原则主要包含以下方面。

（一）灵活性的原则

灵活是兴趣之源，灵活性原则是兴趣性原则的有力保障。语言是生活的必要组成部分，是一个充满活力、不断发展的开放性系统。语言本身的性质以及学生的自身特点要求教师在英语教学中要遵循灵活性的原则，要在教学方法、学生学习和语言使用方面做到灵活多样，富有情趣。

1. 教学方法的灵活性

英语教学涉及语言知识和语言技能两个方面。语言知识主要包括语音、词汇和语法等基础内容，而不同的语音、词汇和语法项目都具有各自独特的特点和规则。另外，语言技能则包括听、说、读、写四个方面，同时也包括了许多微技能。通过练习不同的语言技能和不同的语言知识，学生可以逐渐掌握英语语言体系的不同维度，从而更好地理解和运用英语。因此，在英语教学过程中要综合学生、教学内容以及教师自身的特点，创造性地开展多种多样的教学活动，充分体现教学方法的多样性和创新性，使英语课堂新鲜有趣，从

---

① 陈思孜. 多元文化视域下高校英语教学理论与有效方法研究［J］. 科教导刊-电子版（上旬），2021（3）：233.

而激发学生学习英语的热情，挖掘学生的潜能。教学的内容也要体现多样性的原则，不光要教英语，还要教学习方法，结合英语教学内容教会学生如何做人。

2. 学生学习的灵活性

教学方法和教学内容的灵活性可以有效地带动英语学习的灵活性。要努力改变以往单纯的死记硬背的机械性学习方法，帮助学生探索合乎英语语言学习规律和符合学生生理、心理特点的自主性学习模式，使学生能够自我导向、自我激励、自我监控，静态、动态结合，基本功操练与自由练习结合，单项和综合练习结合。通过大量的实践，使学生具有良好的语音、语调、书写和拼读的基础，并能用英语表情达意，开展简单的交流活动，开发听、说、读、写综合运用语言的能力。

3. 语言使用的灵活性

英语学习的关键在于使用，教师要通过自身灵活的使用英语来带动和影响学生使用英语。教师应尽可能多地用英语组织教学、用英语讲解、用英语提问、用英语布置作业等，使学生感到他们所学的英语是活的语言。英语教学的过程不应只是学生听讲和做笔记的过程，而应是学生积极参与，运用英语来实现目标、达成愿望、体验成功、感受快乐的有意义交际活动过程。另外，教师还可以通过灵活的作业使学生灵活地使用英语，作业的布置应侧重实践能力，如可以让学生用磁带录制口头作业，让学生轮流运用英语进行值日报告，陈述和评议时事、新闻等。

（二）交际性的原则

语言是交际的工具，人们主要通过语言来交流思想、传递信息。交际是在特定语境中说话者和听话者、作者和读者之间的意义转换。由此可以得出以下三种启示：①交际包括口语和书面语两种交际形式；②交际总是发生在一定的语境之中；③交际需要两个以上的人参与并产生互动。学习英语的首要目的就是使用英语进行交际，而英语教学的首要目标就在于培养学生的交际能力。交际能力的核心就是能够运用所学的语言知识在不同的场合与不同的对象进行有效的得体的交际。因此，教师在英语教学中要贯彻交际性的原则，使学生能用所学的英语与人交流，要在教学过程中努力做到以下三个方面。

1. 科学认识英语课程的性质

英语课是一种技能培养型的课程，要把语言作为一种交际的工具来教、来学、来使用，而不是把教会学生一套语法规则和零碎的词语用法作为语言教学的最终目标，要使学生能用所学的语言与人交流，获取信息。在教学过程中，教、学、用三个方面构成一个有机的相辅相成的统一体，其中的核心在于使用。因此，教师转变以往陈旧的教学观念，认清课程的性质，是落实交际性原则首先需要解决的问题。

2. 培养学生语言使用的得体性

英语教学的首要目标在于培养学生进行有效交际的能力，根据交际性原则，学生要具备良好的交际能力，需要能够在适当的时间、适当的地点，以适当的方式向适当的人讲适当的话，创设情境，开展多样的交际活动，课堂游戏、讲故事、猜谜语、编对话、角色扮演、话剧表演、专题讨论或者辩论等，都有助于学生在创设的情境中充分表现自己，从而掌握地道的语言。

3. 精讲多练使学生养成良好习惯

英语课堂的主要工作可以归纳为两种：教师的讲解和学生的训练。教师的讲解是指向学生传授语言知识，包括发音、词汇、语法等，而训练则是指帮助学生进行语言实践和使用，培养学生的听、说、读、写等能力。在英语课堂上，适当的讲解十分必要，因为它可以提高学习效果，加深学生对语言知识的理解和掌握。然而，要明确讲解的目的在于帮助学生更好地进行语言训练。英语是一种技能，技能只有通过实际训练才能够得到提升。因此，在讲解之后，教师要留出充足的时间让学生进行练习，让学生在实践中逐渐巩固和提高语言水平。

此外，在语言训练的过程中，教师要根据学生的具体表现和问题给予针对性的指导，对于学生的疑惑和不理解的地方进行“画龙点睛”式的讲解，这有助于学生养成良好的学习和思维习惯，提高学生的语言交际能力和自主学习能力。

（三）输入与输出的原则

输入是学生通过听和读接触英语语言材料，输出是学生通过说和写来进行表达。一方面，在人们学习英语的过程中，能理解的总是比能表达的要多；另一方面，语言输入的量越大，语言输出的能力就越强。有效的语言输入应具备以下方面的特点。①可理解性。如果学生不能理解所输入的语言，那么这些输入无异于噪声，是不能被接受的。②趣味性或恰当性。所输入的语言材料还要使学习者感兴趣。要使学生对语言输入感兴趣，最好使他们意识不到自己是在学英语，把其注意力放在意义上。③足够的输入量。要习得一个新句型需要数小时的泛读以及许多的讨论才能完成。教师在教学过程中应该注意以下三个方面。

第一，尽可能多地让学生接触英语。为了让学生更好地学习英语，教师需要提供多元化的语言输入，如视听材料、贴近学生日常生活和学习的英语文本、适合学生英语水平的读物等。这些材料应该是可理解的，并能够激发学生的学习兴趣。一定程度上，此类材料的使用可以帮助学生更好地掌握英语并增加其语言接触面。同时，教师也应该打破教室的局限，帮助学生进行现实中的英语语言输入和使用。此类体验可以帮助学生更好地理解英语语言应用的实用性。

第二，输入内容和输入形式的多样化。学生接触的英语既要有声，又要有图像，还要有文字，而且语言的题材和体裁以及内容要广泛，来源多样化。教师要注意根据上述语言输入的分类，尽可能地为学生提供多种形式的输入。

第三，强调学生的理解能力。只要学生能理解，就可以让他们听，让他们读。而且，还可以只要求学生理解，而不必立刻要求他们用说和写的方式来表达。从教学目标角度而言，对语言技能应该有全面的要求，但是从教学的方法角度而言，应该先输入，后输出。

二、大学英语教学目标

（一）大学英语教学目标的设定

随着教育改革的发展，大学英语教学的目标逐渐变为以实用为主，应用为目的。为培养生产、技术、服务、管理等方面的人才，应将英语纳入语言应用的范畴。在英语教学过程中，学生应该有意识地去运用英语交流，多用方能自如，通过连续的套用模拟，让学生在“模拟—运用—拓展”中找到语感，以后在相似的环境下即可自由切换，先找到语感，再完善细节，能够增强学生的自信心。

（二）实现大学英语教学目标的原则

大学英语教学的基本原则需要包含语言学科的特点，还要符合学生学习的心理特征，掌握英语教学的具体原则，可以更好地实现英语教学目标，使教学质量得到较高的保证。

1. 以人为本的原则

在教育过程当中，学生才是教学过程的主体，这样的观念可以被称为教育当中的“以人为本”观念，或者“以学生为中心”原则。以学生为中心原则就是在教学的过程当中以学生为主，根据每一个学生的不同情况制订不同的教学计划。学生的不同情况包括：学生的学习目标，学生的学习习惯、学生的学习兴趣、学生的学习困难等。因此，教师在制定学习计划的时候不能统一制订一个，而要根据不同学生制订不同计划。教师这么做的目的是让学生克服学习的畏难情绪，积极学习知识，从而形成良性循环。在这样教学环境当中的学生，可以顺应自己的学习方式，以自我为学习的中心，最大限度地付出精力和热情，更加积极主动地学习。

2. 兴趣性教学的原则

在英语教学过程当中，只有兴趣是可以让学生高效率学习的内驱力。学生对于未知的领域天然抱有好奇心，教师应该充分利用他们的好奇心，引导他们以积极的态度探索英语学习领域，增强学生对于英语学习的兴趣。大学英语教学还应注重兴趣领域的影响原则，在学生感兴趣的情况下，充分调动学生的情感因素，让他们能够主动学习英语，热爱英语学习氛围。以兴趣原则为指导的英语教学活动，可以从以下方面入手。

（1）充分了解学生的特点。教师应充分了解学生的特点，每个学生的性格都是不尽相同的，因为各个学习因素的差别，每个学生的个人特点也就不一样。根据每个学生的不同来制订不一样的教学计划，在尊重学生的基础上，让学生自己对英语学习产生兴趣。学生感受到了学习的乐趣之后，对于学习的热情就会高涨，主动学习成为学生的学习状态，学习的效率才会提升。

（2）改变教学方式和评价方式。在大学英语教学方式进行改革之后，高校英语的学习更多的是使学生掌握英语技能，了解英语语言的内在逻辑，从而为未来的语言交流奠定基础。

（3）对教材进行深度挖掘。教材在教学中发挥着重要作用，教师和学生在课堂上都会以教材为基准，进行英语学习的推进。教师对于教材，应该在课前就提前摸透，对于教材当中的难点、重点加以把握，还要尽量规避教材当中枯燥的地方，以学生感兴趣的点作为讲解切入点，引起学生学习兴趣。

3. 交际性教学的原则

交际性原则与英语教学的最终目标相一致，是大学英语教学的重要教育原则之一，交际性原则下的英语教学应注意以下方面。

（1）重视使用交际工具。在现如今的社会当中，英语作为国际通用语言，越来越得到重视，通过英语的使用达到跨文化交流的目的。高校英语的教学就是为了让学生掌握这项技能，在国际当中利用英语作为交际工具，有沟通的能力。因此，高校的英语教学应该以沟通为最终目的，以学生为教学中心，将英语的教学带入生活情境，课堂的教学也不能只停留在课本，应该让学生了解到英语学习的重要性，找到学生的兴趣点，让学生主动学习英语，快乐地学习英语。

除了教学方法之外，教师的个人英语能力也应该不断提升，除了在教学课堂当中，还应该多设立英语教学活动，在活动当中学习，在活动当中交流，不仅提高了学生的学习兴趣，也提高了教师的能力，让教师接受新鲜知识，提高自身素质。作为学生主要的英语交流环境，课堂的交流需要教师引导，学生积极参与。只有将英语的交流延伸到课下的情境当中，语言才能具有自己的生命力，教师应该鼓励学生在课下互相交流，用英语对话，给彼此创造学习环境。

（2）重视语言语境的影响。语境对学生的交际能力有很大的影响，教师应该注意在课堂创造良好的语境。尤其包括那些很常见的元素，即使它们使用相同的语言表达，在不同的交际语境之下，带来的交际效果也是大不相同的。在不同情境下，让学生扮演不同的角色来进行英语对话，这样的练习对学生的语言水平有很大的帮助，而且从另一层面能增进师生之间的交流。

第二节　大学英语教学要素与主要过程

一、大学英语教学要素

培养大批既掌握丰富的专业知识，又具有较强的英语应用能力的高素质、高层次的人才，是高等教育的趋势，也是当今高校英语教学的主要课题。因此，“搞好高校英语教学改革，要从教材选择，课堂教学组织及考核改革三个要素着手，并将三者形成良性互动”①。

（一）合理选择英语教材

提高教学质量，教材是关键。一套好的英语教材，应突出以人为本、以学生为中心、培养学生理解、运用能力为目标的教学宗旨。近年来，许多高等院校采用了《新视野高校英语》作为高校英语教材，该教材的突出特点：突破了传统教材的模式，开辟了网络教学的新尝试；同步提供课本、光盘、网络课程，三者的同时推出，极大地促进了教学内容的拓展；有助于“教”与“学”观念的转化和方法的更新；发展了积极的自主选择、活跃的参与式教学，激发了学生的学习兴趣和参与意识；极大地促进了教学模式的转变，使当前的英语教学呈现前所未有的多样性。使用该教材既可实施现场指导，进行实时同步学

① 时贵仁. 浅谈高校英语教学三要素［J］. 中国高教研究，2003（11）：96.

习，也可实现在教学计划指导下的非实时自学，还可以实现通过使用电子邮件、网上讨论区、网络通话等手段的小组和团队合作型的学习，为培养学生的创造性学习能力提供了多种渠道，拓展了空间，创造了有利的条件。

优秀的英语教材应体现出与时俱进的时代精神，要具备新的体裁、新的思想、新的理念、新的知识、新的发明创造、新的科学技术。挑选教材要注意一个“新”字，即内容新、题材新、结构新，这是促使教学反映科技创新成果、语言发展进程的保障。

（二）重视英语课堂教学

教师必须充分认识到课堂教学的重要性和必要性，并且在教学中全身心地投入，致力于帮助学生提高英语水平。因此，精心设计课堂教学方案是非常关键的。教学设计的思路必须体现出培养学生学习英语的“兴趣”和“爱好”建立在教学内容和教学方法之上，以激发学生的学习热情和积极性。学生的“兴趣”和“爱好”不仅是学好英语的核心和基石，更是学习英语的动力之源。为了激发学生的学习兴趣和积极性，教师要精心创设课堂氛围和教学环节，采用多种形式的教学方法和教学材料，为学生提供更加丰富多彩的学习体验。此外，教师还需要关注学生的学习状态和表现，根据学生个性化的需求和兴趣，指导学生进行英语学习。总之，“爱好”与“兴趣”既需要学生自身的努力，也需要教师和学校的指导和鼓励，而教师作为英语教学的主导者和引领者，需要不断创新思路，精心设计课堂教学方案，以激发学生的“兴趣”和“爱好”，提高学生的英语水平。

另外，教学要充分体现以学生为中心的理念。教师要按教材的单元章节安排好准备活动、听力演练、阅读演练、口语演练等；要营造广泛的学习空间和浓厚的趣味性氛围。教师要结合教材的主题思想设计故事性强、趣味性浓的授课方法，激发学生勤于思考、勇于展示、善于参与。教师要经常组织开展丰富多彩的课堂及课后的班、组、团队活动，有计划、有针对性、主题明确地举办英语文娱活动，要采取各种形式、多种措施为学生创设一种浓厚的语言环境。

教师应要求学生每学期用英文写出一篇文章，题目自定、体裁自选，形式不限，字数不得少于规定的下限，这种方式是非常可行的，它锻炼了学生的写作能力、语言组织运用能力、翻译能力等，使学生在时间充分又无压力的条件下去思考、选材、练习，最后取得学习的最佳效果。

（三）有效改革考核方式

考试是检验教学效果的一种手段，是对教与学双边的一种评价手段。例如，举办大型考试，注重把英语能力的测试放在中心的位置，真正地起到和起好导向作用。另外，作为高校英语教师在教学实践过程中要围绕对学生能力培养这个中心环节，采取多种形式对英语学习成绩进行考核，如采取课堂表现、课后作业、平时测验、班组作业、团队活动、演讲比赛、学期论文等，多种形式均占一定比例，最后由这些项目成绩之和构成学生总成绩。在多年的教学实践中，感到这种方法还是切实可行的，其突出表现在学生英语综合能力有了显著提高。

二、大学英语教学过程

在大学英语教学过程中，需要遵循以下原则：

（一）明确教学过程的系统性

英语教学本身就是一个复杂的系统，包含非常多的内容，因此，在教学过程中，教师要明白英语教学过程不是一蹴而就的，它需要循序渐进，只有从整体上出发，在把握系统性原则的基础上，才能够保证英语教学的有序性。而要遵循系统性，教师就需要做到以下两个方面。

1. 系统安排学生学习

学习活动虽然琐碎，但是若从宏观上而言，可以发现，任何学习活动到最后都具有一定的系统性。因此，教师要帮助学生进行连贯的学习，让学生可以从系统的角度构建自己的英语知识结构体系。因为学生的学习意识与学习习惯养成并不容易，这就需要教师一定要有恒心，不仅在课上要时刻对学生的学习做出合理的安排，而且在课下也能对学生的学习做出恰当的安排。

2. 系统安排教学内容

英语教学内容的安排并不是随意进行的，需要教师按计划进行。教材的编排从一开始就确立了其系统性，编排者在总结教学规律与学生学习规律的前提下编排教材，为教师与学生提供了一个鲜明的结构层次。换言之，教师根据目录结构编排内容，本身就遵循了一定的教学规律。在英语教学过程中，教师对于生词和新的语法，要逐步进行，由浅入深，教学内容的安排需要以教学的系统为指导，内容安排才会更加科学、合理。

（二）注重教学过程的兴趣性

兴趣在英语教学中发挥着至关重要的作用。因此，教师应意识到兴趣的重要性，在教学中多借鉴其他优秀的教学方法唤醒学生的情感，激发学生英语学习的积极性，这样，学生就能更加自觉地进行英语学习。调动学生的兴趣可以通过以下方法实现。

1. 科学挖掘教材

教材依然是教师开展教学活动的主要辅助性工具，教材涉及丰富、系统的知识，教师在备课过程中，需要将教材中可以引起学生兴趣的内容挖掘出来，这样学生在学习时就能感受到无限乐趣，也就更加愿意学习。

2. 尊重学生主体

教师必须认清教育的本质，了解教育是一种主动的过程，同时教师也应该放下自己所谓的固有姿态，认识到这样一个事实，那就是英语课堂的主体是学生，只有学生主动、自觉地进行英语学习，英语教学才能取得不错的效果，而学生的英语学习能力才能有所提高。基于此，英语教师要在总结学生生理与心理特点的基础上，在剖析与遵循英语学习规律的前提下，采用多样的教学方法激发学生的兴趣，让学生主动学习，主动参与英语实践互动。

第三节 大学英语教学的影响因素分析

一、大学英语教学的环境因素

英语教学系统还包括环境要素，环境也能对英语教学产生影响，这种环境主要指的是社会环境与学校环境。

第一，社会环境因素。社会环境对英语教学的影响不小，社会经济发展水平可以影响英语教学，科学技术发展水平、社会群体等也能对英语教学产生影响。此外，社会对英语人才的需求程度更是决定了高校培养英语人才的思路与计划。社会环境因素对英语教学所产生的作用主要是一种导向作用，引导着英语教学向着能够促进社会发展与进步的方向发展。

第二，学校环境因素。学校环境不仅包括教室、教具等，而且还包括只能感知的校风班风与人际关系等。可见，学校环境的内涵是极为丰富的，教师在开展教学活动时也应该考虑学校环境的因素，为学生营造良好的英语学习氛围，增加与学生之间的互动，加强情感关联。

二、大学英语教学的教师因素

教师在英语课堂上一般会充当两种角色：一种是英语课堂的掌控者，另一种是学生英语学习活动的引导者。有效开展英语教学活动，需要教师先应该拥有纯正的英语发音，英语发音对于英语学习而言是至关重要的。英语教学是教师与学生共同参与的活动，学生理应在这一活动中彰显自己的作用，所以在课堂上教师应给予学生更多的自由时间，让他们去探究。英语教师必须发挥自己的主导作用，积极为学生提供一个良好的英语学习环境。教师可以整合不同的教学方法，在结合自己教学经验的基础上，探索更加适合学生学习需求的教学方法，学生就能在自己喜欢的课堂氛围中学习英语，也能极大地激发其学习英语的积极性。

英语教师的语言运用方式也能对英语教学产生影响，为了配合学生的学习理解能力，教师在教学过程中可以根据教学情况适当降低语速，适当地重复一些话语。英语教学的过程同时也是一个在不断反馈中获得优化的过程，在这一过程中，不仅包括学生对教师教学的反馈，也包括教师对学生学习的反馈，教师利用各种测试对学生的学习情况进行掌握，根据测试的结果了解学生的学习能力，并最后将学生在某些知识点上存在的问题反馈给学生。学生接到反馈之后就能了解自己的学习不足，进而在后续学习中不断改进，最终提升自己的学习质量与效率。

三、大学英语教学的内容因素

为了实现预先制定的教学目标，就需要设置恰当的教学内容，一般而言，教学内容体系丰富，不仅包括大家普遍熟悉的知识、思想、概念以及原理等，而且还包括技能、问题以及行为习惯等。于教师而言，在开展教学活动的过程中，教师必须要有一定的依凭，而教学内容就是这一重要依据。于学生而言，在开展学习活动的过程中，学生也需要有一定的学习对象，而教学内容就是学生需要理解与掌握的对象。

教学内容对于教学活动的有效开展是非常重要的。当教学内容确定下来后，教师才能制订教学计划，确定教学方法与策略，根据教学内容因材施教，这样才能培养出高质量的英语人才。因此，教学内容对英语教学也能产生影响，且这种影响的范围还非常广。英语教学内容非常丰富，主要包括以下方面。

第一，语言知识。语言知识是学生学习的基础性内容，同时也是学生进行英语语言应用的前提。学生如果没有掌握扎实的英语知识，就无法具有较强的应用能力。

第二，语言技能。通常而言，学生在学习英语过程中必须具备四项最为基本的技能，就是大家熟悉的听说读写，同时，这四项技能也是学生进行英语实践活动的基础与手段。

第三，学习策略。为了促进学生更好地学习，通常教师会依据教学内容实施不同的教学策略。而对于学生而言，为了让自己能获得不错的英语学习效果，他们也会在学习过程中使用学习策略。学习策略的选择至关重要，合理、正确的学习策略不仅能提高学生学习英语的质量与效率，更重要的是，还能让学生养成自主学习的好习惯。因此，在教学过程中，教师要帮助学生确立适合自己的学习策略。

第四，文化意识。英语教学不仅包括英语语言教学，还包括文化教学，学生接触与掌握英语国家的文化，可以帮助其了解不同国家的特色文化，更好地进行英语学习。因此，教师在教授英语语言知识之外，还要向学生传递文化知识，让学生了解文化之于语言的重要性。

第五，情感态度。学生的学习活动同时也会受到其情感态度的影响，这就要求英语教师在教学过程中要时刻关注学生的情感动态，当学生情感出现波动时，教师要及时关怀学生，给予学生安慰，让其明白英语学习与其他学习一样，都是不容易的，想学好英语，良好的心态非常重要，这样就帮助学生培养出了积极的情感态度。教师还要注意激发学生学习英语的兴趣，学生只有形成英语学习的兴趣，才能在英语学习过程中将这种兴趣转变为动机，在动机的驱使下，学生就能逐步树立学习英语的信心，即使面临困难，学生也会迎难而上。

四、大学英语教学的学生因素

（一）学生的角色类型

在英语教学过程中，学生的作用非常突出，教学的核心是学生的学习方式，教学的目的是促进学生的全面、终身发展，教学的方法是以学生为本，等等，这些都充分反映了学生在教学中的参与。认识英语教学是不能忽视学生在其中所扮演的角色的。学生的角色主要有以下方面。

第一，主人。学习活动是一种知觉的活动，教师在其中只是起到引导与促进作用，学生才是学习的主体，其主动的学习才是提升其学习能力的关键。学生将自己当作学习的主人，自觉安排自己的学习计划，制定自己的学习目标，寻找适合自己的学习方法，形成良好的学习习惯，这些都能帮助学生最终建立起属于自己的知识结构体系。

第二，参与者。教学是教师与学生双向互动的过程，学生也应该是教学的主要参与者。因此在教学过程中，教师要注意提升学生的学习兴趣，激发其积极性，让其可以更加主动地参与到英语教学中来，积极给教师提供教学意见。

第三，合作者。英语学习活动不是学生一个人的独角戏，它可以是一群人的群体行为，因此，在个人学习活动之外还有小组学习活动。在学习小组中，当学生遇到不懂的问题时，其他同伴就可以为其解答，更重要的是，在共同探究问题的过程中，学生还能开阔自己的学习视野，学到不同的学习方法。

第四，反馈者。教学是一种反馈的活动，教师将知识传授给学生，学生根据自己的理解、消化情况向教师进行反馈，以便教师可以优化教学计划、目标，增强英语教学活动的开展效果。

（二）学生的个体差异

对于教育而言，其最根本的目的就是培养人，培养全面发展、终身发展的人，这就要求教育者要对学生情况有全面的掌握，既了解学生的生理、心理发展规律，又清楚不同学生之间的差异。每个学生都是独立的个体，他们在学习活动中所表现的特征都是不一样的，其学习动机、性格等都会影响其学习的效果。因此，教师应根据学生的个体差异开展教学，这样英语教学的有效性才能尽早实现。学生存在的主要个体差异如下。

1. 学生的学习潜能

英语学习认知系统内涵丰富，学习潜能是其重要组成部分，展现的是受教育者的能力程度。而对于英语学习而言，则是指学生是否具备学习英语的天赋。通常而言，教师在开展英语教学活动时需要了解学生的英语水平，而学生的学习潜能则可以很好地将这种水平展现出来。

学生在英语学习上的潜能主要表现在四个方面：①是否具有对英语语音进行编码与解码的能力；②在对英语基础知识学习完毕之后是不是具有归纳的能力；③英语学习中充满大量的英语学习，是不是具有对英语语法习得敏感性；④英语词汇是有规律可循的，是不是具备通过联想进行词汇记忆的能力。每个学生的学习潜能也是不同的，因此，在实际的教学中，教师应考虑每一个学生的实际情况，这样才能将学生的最大潜能激发出来。

2. 学生的智力水平

智力也是认知系统的一部分，不过，它是一个综合体，将观察力、想象力、记忆力与逻辑思维能力进行整合，该能力是能够外显出来的，有高智力的人往往能快速识得问题、解决问题。学生在智力水平上的差异，也会在一定程度上影响英语教学。因此，教师不能忽视智力对教学的影响，要对每一个学生的智力水平有清楚的掌握，这样，其在制定教学目标、方法与策略时就能更加灵活和科学。学生也应该对自己的智力情况有所了解，在清楚自身智力情况的前提下，学生可以选择更加适合自己的学习方法，从而实现学习效果的最大化。

3. 学生的学习风格

学习风格的形成不仅只是个人经验影响的结果，客观环境也能对学生学习风格的形成产生影响，换言之，在一定的条件之下，学生的学习风格是可变的，不过，根据不同的标准，学习风格可以有以下类别。

（1）按照感知方式进行分类。在具体的学习过程中，学生肯定会运用一些感知方式，而由于学生个体在很多方面都存在差异，所以，他们在感知偏好上也差异显著。基于此，可以按照学生感知方式的不同对学习风格进行分类，可将其分为三类，分别为听觉型、视觉型及动觉型。

（3）按照认知方式进行分类。人们在学习过程中总会涉及一些新信息与新经验，而对这些内容进行分析、组织与整理的方式就是认知方式。每个学生在学习过程中所展现的认知方式与思维方式是不同的，所以，根据学生的认知方式的不同对学习风格进行划分，可将其划分为：场依赖型与场独立型、整体型与细节型、左脑主导型与右脑主导型。以学习者对自身情况是否依赖划分为场依赖型与场独立型。

4. 学生的学习动机

从本质上而言，学习动机是学生在学习过程中所产生的一种心理状态，它能激励学生掌握科学的学习方法，向着自己的目标前进。根据学生学习动机的不同对学习风格进行划分，可将其划分为深层动机与表层动机、内在动机与外在动机。

（1）深层动机与表层动机。根据“刺激—反应”的理论，可将学习动机划分为两大类：第一类为深层动机，是一种学生为了追求自己的非物质层面的需要而产生的动力，这方面的需要不仅包括兴趣需要，而且包括丰富知识体系的需要；第二类为表层动机，是一种学生为了追求表面物质需要而产生的动力，这种需要主要表现为高报酬、好职位等。

学习动机与学习目标的关系是极为密切的，动机发生变化，目标往往也会发生变化。对于英语学习而言，那些具有深层英语学习动机的学生不仅要求自己可以扎实掌握英语基础理论知识，而且还要求自己能够具备较高的英语应用能力，很明显，他们对自己的英语有着非常高的要求，在学习英语的过程中总是充满饱满的热情。

（2）内在动机与外在动机。根据动机的来源不同，可将学习动机分为两大类：第一类为内在动机，英语学习者从自身激发出来的对学习的兴趣，该动机不仅保持学习的持续性，而且还能保持学习的独立性；第二类为外在动机，在外在条件的影响下，学生不得不进行学习活动，有时甚至可能会让学生失去对学习的兴趣。

在学生学习英语的过程中，动机依然对学生产生不小的影响。通常情况下，具有内在动机的学生不会因客观条件的影响而放弃英语学习，这主要是有两方面的原因，一方面是因为他们学习英语是从兴趣出发的，具有自发性；另一方面是因为他们对英语学习的态度是诚恳、积极的。具有外在学习动机的学生会受到客观条件的影响，它所有的英语学习活动都是被动的，这让其无法感受到学习英语的兴趣，长此以往，他们可能会丧失学习英语的仅有的热情。

学习动机与学生英语学习效果呈相关关系。如果学生的学习动机特别强烈，那么往往会有着明确的英语学习目标，在学习过程中，他们会向着这一目标努力奋进，会积极投入英语学习中，最后其也能获得很好的学习成果。而那些学习动机比较弱的学生，他们始终无法确立坚定的英语学习观念与目标，因此，他们在英语学习上往往没有太大的积极性，最终他们也就无法获得较好的学习成果。

第四节　大学英语探究式教学模式特征

大学英语教师自身教学水平，直接影响大学英语课开展的实际效果。开展大学英语教学探讨，既包括提升教师的教育理论素养，也包括提升教育能力素养，教师在教学过程中要多掌握教学模式，才能更好地开展教学。

“大学英语是高等院校里比较重要的一门公共基础课，大学英语的教学模式与中学的教学模式相差不大，但大学英语更加注重自主学习和延展性学习。”① 目前大学英语课堂主要有传统英语教学模式，多媒体辅助下的传统课堂英语教学模式，分级英语教学模式，网络环境下的以学生为中心、教师为主导的教学模式等。探究式教学模式的最早提出者是美国著名教育家杜威，他将探究式教学模式运用到大学英语课中，探究其在教学中的应用步骤，对于提高大学生学习英语的兴趣和思考能力，提高教师的教学素养，改进大学英语课堂效果具有重要的意义。

在探究式教学模式下，大学英语教师对学生的要求不仅是掌握知识，更重要的是学会学习。与传统教学模式相比，探究式教学模式具有以下特点。

---

① 徐秀颜．探究式教学模式在大学英语课堂中的应用研究［J］．英语广场，2022（36）：79.

第一，以问题为载体，以培育思维能力为核心。在探究式教学模式下，教师更加注重学生对问题提出和问题解决的敏感度，问题意识贯穿于教学的全过程。教师提出问题，学生分析问题、解决问题。在这一过程中，教师充分放手，让学生自身最大限度地投入解决问题的过程中，不仅培养了学生发现问题的本领，而且也树立了学生的问题意识，使学生对问题的发现和解决能力得到了提升。

第二，学生是学习的主体，教师与学生的角色发生互换。探究式教学模式下，教师的角色发生了根本性的转变。教师不再仅仅扮演知识的传授者和讲解者的角色，而是将学生作为教学活动的主体。学习形式也发生了变化，由学生个人自主学习和小组合作学习为主，并且教师更加注重引导，让学生从知识的被动接收者和灌输对象变成信息加工的主体以及学问意义的主动构建者。这种教学方式的最终目的是培养学生学习自觉、学习独立和终身学习能力，使得大学英语的教学更加灵活，更注重学生成长。

第三，教学目标多元化。在探究式教学模式下，大学英语教学目标具有多元性，首先，要把握系统学问和技能的基本目标。大学英语的课程有每节课要达成的教学目标，学生学会必要的知识和技能是教学活动的基本任务之一，离开了系统、扎实的学问，教学活动就失去了本来的意义。其次，注重学生个性的发展是重要目标。现代教学更加注重培养学生的个性发展，强调情意领域和非智力因素，探究式教学模式走出了单纯教授知识的旧方式，将培养学生个性的发展作为重要的目标。最后，培养学生的主动性和合作能力。在探究式教学模式之下，大学英语的讲授不再拘泥于传统的方式，课堂也不再是传统的课堂。根据大学英语的课程特点，教师在讲授时，更加注重培养学生的主动性和合作性，使学生积极主动地参与到教学过程中，在学生的主动学习下，增强自身主动性和合作能力。

第二章　大学英语教学思维与探究式学习

第一节　大学英语学习思维的具体辨析

一、通过思维导图培养大学英语学习能力

思维导图又名“心智图”，它具有四个方面的基本特征：一是，注意的焦点清晰地集中在中央图形上；二是，主题的主干作为分支从中央图形向四周放射；三是，分支由一个关键的图形或者写在产生联想的线条上面的关键词构成，不重要的话题也以分支的形式表现出来，附在较高层次的分支上；四是，各分支形成一个连接的节点结构。通过色彩、图画、代码和多维度加以修饰，将左脑的逻辑、顺序、条例、文字、数字以及右脑的图像、想象、颜色空间、整体等各种因素全部调动起来，把一长串枯燥的信息变成彩色、容易记忆、有高度组织性的图，并且绘制起来非常简单，而且十分有趣。

思维导图的制作从中央开始，围绕中心图形向外扩张，然后将与中心图形有关联的图形、文字等符号，绘制在逐渐变细、与其等长、颜色鲜明、层次明显的分支上，再根据关键词语之间的相互关联用箭头表因果等联系，最后整理草图，重新绘制，使其更简洁，更便于记忆，这样一幅思维导图就制作完成了。然而，一幅思维导图的真正魅力不仅表现在鲜亮的色彩和生动的表达上，而且还表现在它不断成长的特性上，随着吸收新的内容、新的想法，逐渐枝繁叶茂起来。综上所述，“思维导图的实质就是一种使得知识结构及思维过程变得可视化的一个重要的图形工具，它可以将人们的思维图示化，将抽象的知识转化为形象的图形”①。在大学英语教学中使用思维导图培养学生的学习能力需要做到以下方面。

---

①　宋雨晨，谭诣，王丽华．高校英语教学思维创新［M］．长春：吉林人民出版社，2020：53.

（一）新知识的思维导图导入

传统教育以一学年为目标，每天按照计划给学生讲授新知识。而将思维导图引入英语教学中会很好地将新旧知识联系起来。如果新课讲授的课程内容与上节课的内容之间联系得比较紧密，此时的新知识就可以以分支的形式加入思维导图中，达到与之前所学知识建立密切联系的目的。然而，如果新知识与之前的知识并无联系，教师需要指出该新知识的主题关键词，学生需要围绕这个主题引发新的学习内容。其中，当我们要呈现知识时，应该更多地以图片这种有趣的形式去表述，以触发他们的发散性思维，从而激发学生的学习兴趣。因而，将思维导图与教学相结合时，学生要明确新知识的关键词，把握新旧知识之间的关系，教师则要从旁辅助学生理顺及更好地归纳新旧知识，最终学生可以从整体上理解及把握所学知识。

（二）思维导图框架的构建与完善

将新知识作为分支导入思维导图后，思维导图的基本布局就呈现出来了，因而，这个导入新知识的过程可以看作对新知识进行布局的过程。在这个步骤中，教师不仅仅要综观文本全局进行新知识的布局，更重要的是要让学生掌握寻找知识点关键词的方法，并根据关键词及与原始知识的关联让学生自己去建立分支结构，这样就可以在学习新知识的同时巩固旧知识，从而使学生掌握基本布局的所有学习内容。

另外，教师在引导学生时不能简单呈现自己课前准备好的思维导图，而要求学生需要绘制属于自己的思维导图，在这个过程中可以向教师请教，也可以向同学请教。这种方式通过学生主动地学习及探索新知识与原始知识之间的关系，达到整体把握知识的目的。学生在自己动手绘制思维导图时也会收获颇多，首先，从认知结构角度来说，学生可以更好地把握新知识与原始知识之间的关系，有利于他们会议之前学习内容；其次，学生绘制属于自己的思维导图可以在一定程度上满足他们的学习成就感，从而提高他们的学习自信心与兴趣。

（三）思维导图作业的科学布置

教师让学生课后完善学习内容应该采用思维导图工具。教师可以根据本堂课所讲内容让学生通过小组合作方式相互补充，课后重新绘制一份完善的思维导图。此外，教师还可以根据本堂课学生体现出的薄弱点找到相关材料，让学生加以巩固。如果材料较难，那么教师可以先将相关的背景知识以及主题内容提供给学生作为参考。并且在这个过程中，教师不应该给出一套所谓“正确的”思维导图的布局，因为思维导图本身就没有正确布局这种定义。由于每个学生都有自己的思维方式及看问题的角度，因此学生的想法会呈现出各种思维导图布局。教师应该鼓励学生自己设计属于自己的思维导图，不应该千篇一律，或者被自己的想法所束缚。这真正体现了思维导图在教学中发散性思维的特点，也能够更好地帮助学生提高他们的归纳以及捕捉信息的能力。

（四）运用思维导图进行课后反思

在课程结束后，教师和学生都应该进行总结与反思。教师应该把思维导图看作一个总结及改善的工具。首先，在当堂课结束后，教师应该检查思维导图上的内容是否都已经讲述，并根据实际课堂情况不断调整自己的思维导图教学方案；其次，要根据学生绘制的思维导图检查他们对当堂课英语阅读课程知识掌握的程度；最后，采用思维导图分析教学效果及进程，分析学生绘制思维导图的缺陷，有针对性地调整教学方案，以便能够更好地促进学生对知识的吸收。

学生在课程结束后应该把思维导图作为一种复习及总结的工具。首先，学生应该根据自己绘制的思维导图不断复习知识，并将在课堂上自己画出的重点知识及难点知识在课后重点进行复习及巩固；其次，在课后应该进一步完善自己绘制的思维导图，并与同学多对比讨论，通过完善思维导图的方式，来检查自己知识的漏洞，根据漏洞做好复习；最后，绘制好的思维导图还可以在一段时间之后重新阅读，这样以图形方式展现的知识体系更加清晰明了，并且能够很好地储备在他们的记忆当中。

二、通过故事渗透培养大学英语学习思维

故事类教学素材对学生有着独特的学习吸引力，可以为英语教学注入新的活力，充分激发学生在英语课堂中的积极性，扩展学生英语学习的思维广度，促进其英语学科思维的多元发展。高校英语教师应该具备开发和整合教学资源的意识，并根据学生个性化的需求灵活选择故事类教学素材的应用时机，以此培养学生的英语观察思维、迁移思维、逻辑思维、发散思维和动态思维等多方面的能力，以提高学生的英语综合素养。

（一）词汇中渗透故事，调动学生观察思维

词汇知识是英语学科教学最基础也最重要的教学内容。传统英语词汇教学中，教师习惯采用反复诵读、识记的“死记硬背”式教学方法，教学效率较低。因此，教师可以将词汇知识与故事情境结合起来，配合新颖有趣的故事内容，使词汇知识变得生动有趣。英语

课堂的词汇知识以新内容为主，教师可以为学生提取故事中的词汇知识，并提供丰富的感性认知素材，调动学生的观察思维，引领学生顺利形成对新词汇的表象认知。教师在词汇教学中渗透故事素材时，要筛选理解难度较低的故事素材，以趣味性、生动性、直观性为主要原则，让学生专注于词汇知识初步感知和理解应用。

（二）会话中讲述故事，激发学生迁移思维

教师在英语课堂会话演练环节对接故事教学，组织学生通过创编英语会话学习任务，能够激发生本迁移思维。每节英语课堂中都或多或少包含一些会话教学内容，教师可以改变让学生重复诵读会话的教学模式，把这些会话演练内容融入真实具体的故事当中，促使学生深刻把握所学英语知识的应用场景。教师可以立足学生英语会话学习认知起点，先引入一些会话内容密切相关的故事素材，为学生自主创编提供参考，再引导学生完成自主创编、合作创编学习活动，推动学生英语学习迁移应用。教师深潜教材当中，以课堂教学的重难点知识为抓手，切入故事创编演练活动，启动学生英语迁移学习思维，帮助学生顺利突破这些重难点知识内容。

（三）讨论中引用故事，强化学生逻辑思维

高校英语课堂的优质教学离不开高品质的交互活动作支撑。教师可以有意识地增强英语课堂教学的协作性、交互性，在优化师生交互模式，加强对学生英语学习思维启发引导的同时，科学开展讨论交流学习活动，提高学生英语课堂交互频率和交互成效。具体操作时，教师可以将故事作为讨论学习的导学素材，依托紧密切合课堂教学英语知识的故事内容，启发学生从中提炼关键词汇、句型等知识要素，锻炼学生的英语学科综合性应用思维。教师应该在课堂讨论环节中加强思维引导，关注学生在讨论中的表现，并通过投放故事、提出思考问题、给予讨论学习任务等方式，引导学生围绕故事主线展开讨论学习，从而提高其英语学习效率。

（四）训练中推出故事，提高学生发散思维

故事素材有着很强的可拓展性，在英语学科教学中可以广泛渗透于多维度的语言训练活动。依托故事素材的独特教学优势，加强英语故事与各类训练活动的对接融合，充分发散学生英语学科学习思维，培养学生创造性学习的学科能力。教师要做好故事教学资源的发掘整合，组建内容丰富、涵盖面广的故事教学资源库，筛选投放难度不一、类型各异的故事素材，为学生英语训练提供丰富的感性认知素材，助力学生英语学科应用能力发展。

教师要树立生活化教学意识，在训练中推出生活气息浓厚的故事素材，从而创造出更加真实的语言应用场景，彰显英语知识的使用价值，实现英语学科教学的“学以致用”。

（五）实践中收集故事，构建学生动态思维

英语教师应高度尊重学生的主体地位，在加强故事教学资源整合投放的基础上，也要将学生作为故事资源开发的主体，使学生切身参与到故事资源的收集中，拓宽学生对英语学科的认知视野。大学生的英语认知体系相对完善，也具备自主完成信息收集和整理的学习能力。教师可以增强实践活动的开放性，创意设计一些与课堂教学内容、社会热点事件、节日主题活动等相关的实践学习项目，组织学生利用信息网络，完成这些故事阅读素材的收集整理，构建生本英语学科动态思维。教师要做好实践教学活动的长期规划，将收集故事的实践活动作为定期开展的一种常态化教学内容，保持学科实践训练的连贯性和持续性，从而推动学生英语信息整合能力及阅读能力的动态成长。

三、通过范例教学培养大学英语学习思维

“范例教学”① 理论是由德国的瓦根舍因和克拉夫基等教育家提出的，是借助精选教材中的示范性材料，使学生掌握规律性的知识和能力的教学理论。教师可将“范例教学”理论运用于词汇、语法、写作等教学中，激发学生的学习兴趣，培养学生英语的探究和思维能力。

第一，范例中学词汇，归类中拓思维。词汇是英语学习的基础，构词是有规律可循的。单词由词素构成，词素派生词义。如果掌握了词素，懂得了基本的构词方法，就能在规律中转被动记忆为主动理解。

第二，范例中悟语法，操练中获知识。英语语法教学不能一味地让学生机械操练，而应该将语法的范例和情境紧密联系在一起，有助于学生举一反三，进行学习迁移和实际运用。教师在运用“范例教学”时，要整合教材并选择有示范作用的典型事例和学习材料。这些材料要有利于学生发现规律、探究总结和拓展思维。

第三，范例中谋篇章，细节中促表达。在英语教材中 Task 板块是单元最终成果的展示，每一篇文章就是一个范例。教师可通过引导学生对这些文章的内容和结构的分析，从而帮助学生明确写作思路，厘清篇章结构，活用典型例句，并以此为契机，学会类似题材

---

① 范例教学，亦称示范性教学、范例方式教学、范畴教育，是借助精选教材中的示范性材料，使学生从个别到一般，掌握带规律性的知识和能力的教学理论。

作文的写法。教师可先让学生观察范例文章，然后组织学生探索类似题材作文的写作规律。

“范例教学”主张用典型的、带有基本性的教学材料作为示范，通过师生间、生生间的讨论与探究，获得共性认识，总结出一定的规律，学生再通过实践运用，将这种认识和规律进一步迁移。因此，在英语教学中，教师要灵活地将“范例教学”理论运用于课堂教学，通过“典型示范—探究总结—运用提升”的方式，开拓英语教学的新思路。

第二节 大学英语学习思维的不同类型

一、大学英语学习与创新思维

（一）大学英语学习中创新思维的作用

学生学习英语的过程不是简单的知识积累，而是要通过对知识的消化掌握，形成和纳入自己的知识体系，并熟练进行运用。这就要求在英语教学中主要培养学生的创新思维能力，注意运用各种创新思维的教学方法。运用创新思维的教学方法可以培养学生的创造性思维，强化学生在听课过程中的反思意识，建立和谐互动的师生关系，营造创新求索的教学氛围；同时运用创新思维还可以激发学生学习的主体意识，培养学生自主学习的能力，使学生加深对知识的理解和运用。

（二）大学英语学习中创新思维的运用

1. 大学英语学习中发散思维的运用

发散思维又被称作多项思维，是创新思维的一种类型，也是创新思维的核心内容，发散思维就是通过想象和联想来发现事物的新领域、新方法、新观点，因此，教师要在英语教学中运用发散性思维，可以通过设计一些适宜发散思维的多媒体课件，设计一问多答、举一反三的问题。例如，在学习了“pay attention to”这个词组之后，教师可以让学生进行发散性的思考：还有什么别的词组可以代替这个词组？有些学生会举出“focus on”，有些学生会举出“aim at”等，然后老师可以进一步提问这些词句的具体区别。又如，在学习了“salary”这个词之后，教师可以让学生比较“income、salary、wage、pay”等词的词义区别，鼓励大家发散性地去思考问题。教师还可以让学生尝试着用学过的词语去解释新学的生词，加深学生对新知识的理解。通过发散性思维在英语教学中的运用，可以使学生克服静止孤立思考问题的习惯，克服思维定式的消极影响，从而提高学生运用英语的能力。

2. 大学英语学习中求异思维的运用

所谓求异思维，就是从同一材料中探求不同答案的思维，在课堂学习中可以要求学生用不同的语言表达同一内容，用不同的方法解答同一问题，从不同的角度分析同一人物形象，用不同的观念阐述同一作品的主题等，这些都是训练求异思维的活动。

求同思维适用于学生学习的共性因素，而求异思维则更容易适合于学生的个性心理差异，使学生更深入细致、灵活变通地掌握知识和解决实际问题。在英语教学中要主要运用求异思维，这是因为学生正处于心理、生理发育的最快时期，他们好奇心强，求知欲旺盛、喜欢求新存异，有一定叛逆的特征。这些都是在英语教学中运用求异思维的基础，英语教师在进行教学时，要抓住学生的这些心理特点，鼓励学生对问题发表自己的看法，激发学生的求异思维。

3. 大学英语学习中创意思维的运用

所谓“创意思维”，就是通过视觉和感觉神经将记录下来的信息储存，然后将不同信息进行分类消化溶解到本体思维中，而当新信息涌入时，本体思维就会迅速对新信息进行逻辑判断，使本体思维在不断地注入新信息的同时产生变化，从而形成新思维的一个过程。在英语教学中运用创意思维，可以充分地借助现代信息技术和多媒体技术等教辅手段，设计多媒体教学课件，让学生对学习的内容有直接的感官认识。在使用多媒体课件进行英语教学时，要力求课件的作用能够达到使学生的形象思维转化为抽象思维，由感性认识上升为理性认识。同时，教师要在教学中对学生进行指导，让学生对学习的材料有充分的认知，同时把要教授的知识点融入课件之中，在学生观看的过程中，对其进行引导和启发，加强与学生的互动沟通。

4. 大学英语学习中逆向思维的运用

逆向思维是对司空见惯的似乎已成定论的事物或观点反过来思考的一种思维方式，这种思维敢于“反其道而思之”，让思维向对立面的方向发展，从问题的相反面深入地进行探索，树立新思想，创立新形象。当大家都朝着一个固定的思维方向思考问题时，可以引导学生朝相反的方向思索，这样的思维方式就叫逆向思维。

在英语教学中运用逆向思维，就必须要求教师解放思想，敢于突破原有的一些思维定式，如在教学中，教师不一定要严格按照大纲规定的教学进程，从 Unit 1 开始教起，教师完全可以按照自己的教学思路，在确保学生可以接受的情况下，从有利于教学开展的单元开始教学。又如新一轮课程改革后，教学的内容分为必修和选修两个部分，必修的内容不一定要花较多的课时进行学习，选修的单元也可以相对多花时间进行学习。

综上所述，大学英语教学中创新思维的运用对于培养学生的创新思维能力、激发学生学习的主体意识、建立良好的学习氛围和师生关系具有重要的作用。因此，教师应注意多角度、全方位设计各种问题，激发学生的发散、求异、创意、逆向等思维，从而使学生对学习的知识由感性认识上升到理性认识，充分发挥学生在英语教学中的主体性作用，让学生根据所学的知识去创造、去探索，教师则要在学生创新、创造的过程中给予其必要的启发与指导，从而进一步增强他们学习和运用英语的能力。

二、大学英语学习与模仿思维

（一）大学英语学习中模仿思维的作用

英语教学的目的是使学生掌握一定的英语基础知识，培养学生在实际交际中熟练运用英语的能力。因此，应该在教学中改变以教师为中心，偏重语法结构的分析、讲解及机械的句型练习的教学模式，采取以学生为中心的模式，加强训练指导，指导学生多模仿英美原声，让学生体验纯正英美发音和地道的语音语调，最后升华内化为学生自己的特色。

1. 多听多读，注意知识输入

听读是人的大脑对知识输入的过程。如果学生能够经常大声朗读英语，便能够促进其记忆，有助于英语学习的提高。同时，英文是典型的拼音文字，与汉语大不相同，学生通过大声朗读便容易懂得拼读的技巧和规则。当然，为了更好地提高朗读效果，学生在朗读前一定要多听几遍，然后试着模仿，逐渐培养自己的语感。而要想有较大收获，就必须做到每天坚持听读，这也符合语言学科的特点。

2. 大胆开口，强化知识输出

有了听读作为铺垫，学生还要多讲多说。因为开口讲话正是语言的输出，只有语言的输出足够多，才能真正学会一门语言。作为英语教师，应尽可能多地为学生创设机会，让学生开口说英语，使学生克服怕说错怕丢人的心理障碍，让他们不但在课堂上可以大胆地用英语交流，在课余时间也能积极大胆地用英语交谈。可以在班级尝试性地做英语角，每期给学生一个主题，任凭学生自己发挥，说错不要紧，就是锻炼学生开口说英语的胆量，这可以激发学生学英语的积极性，使学生对英语学习产生极为浓厚的兴趣，从而提高口语交际能力。

3. 扮演角色，强调兴趣推动

兴趣是引导学生学习的最好老师。兴趣导航，事半功倍。教学中，可以尝试让学生进行角色扮演的游戏，为他们创设最真实的语言环境，让学生能够灵活运用所学语言处理实际问题。

（二）大学英语思维中模仿教学的分类

1. 按照模仿的不同内容分类

模仿教学是多方面的，按照模仿的不同内容可分为对语音的模仿、对语意的模仿以及对形态的模仿。

（1）对语音的模仿。语言学科最主要的信息是声音。对语音的模仿包括模仿语音，模仿语调，模仿语速、语气以及模仿声音的节奏。基于此，教学重点就是语音的听说读到模仿训练。听音练耳，学腔模调，鼓励学生积极参与，大胆表达，侧重提高他们对语言的感受和初步用英语进行听、说、唱、演的能力。语言表达能力总是在模仿、使用中提高的。因此，正确地学好发音，对学生学习语言至关重要。

（3）对语意的模仿。语意模仿，是让学生在教师创设的简明语境中对语言材料的部分内容进行替代、更换的模仿方法，其目的是让学生通过在有意义的情景中模仿，进一步理解所模仿材料的意义、用法，强调句子在语义上的功能，在掌握语言材料基本结构的同时，真正明白所模仿的语言表达的意思。

（3）对形态的模仿。口腔是发音的重要表象，无论是单词、句子，还是对话教学，学生都要通过口腔进行语音操练，用身体来表达的意思是非常丰富的。教师在教学过程当中可以恰当地辅之一些身体动作，使学生在表演的过程当中进行学习，这将会激起他们的学习兴趣和学习热情。因此，结合自己的教学内容，让学生边模仿动作边朗读，尽可能把学生的注意力都集中在教学内容上。课文中涉及动作的内容，除了单纯的朗读、讲解外，老师可以通过让学生进行动作的模仿表演，加强对知识点的理解和记忆。

2. 按照模仿的不同阶段分类

按照模仿不同的阶段来分类，模仿可分为机械性模仿、意义性模仿和创造性模仿三个阶段，在每一个阶段，学生的模仿内容和教师所起的作用是不尽相同的。

（1）机械性模仿。机械性模仿是语言模仿的初级形式，也是语言学习的必由之路。机械性模仿主要是通过纯口腔性的操练，帮助学生对新学的知识形成比较稳定的语音形象。

如在音标教学中，不必把每一个音标的发音部位、发音方法都进行分解、示范、操练、整合，只需控制好教学气氛让他们进行模仿，让其感觉模仿是新奇有趣的，使他们感到模仿也是一个语音信息、语言信息的交流过程，他们就会饶有兴趣地“人云亦云”，只要老师的发音是准确的，学生的发声器官是健全的，模仿的效果就必然是好的。

（2）意义性模仿。意义性模仿是让学生在有意义的情境中进一步地进行替换性模仿，以理解所模仿的语言材料，明白所模仿内容的意思，如在学习“there be”句型时，教师可以把不同的东西放在同一地点或把同一个东西放在不同地点，让学生在预设的情境中进行替换性模仿，组织能够表达一定意思的句子，相互之间进行问答练习，从而很好地理解所学句型的意义。

（3）创造性模仿。创造性模仿是模仿学习中的最高层次。创造性模仿是指在机械性模仿和意义性模仿的基础上，将模仿而得的语言内化为学生自己的语言，并在新的情境中进行新的选择和组合，创造性地运用模仿前期所获得的语言知识，让语言在新的情境中为真正的交流和表达服务。

总而言之，模仿作为一种教学方法，既是英语教学的必由之路，也是学习英语的一种途径，持之以恒地引导学生进行科学有效的模仿是大有裨益的。

（三）大学英语学习中模仿思维的运用

第一，选择正确清晰的英美原文。利用软件的跟读来训练自己正确的语音语调，提高流利程度，培养英语语感，这是模仿的必要手段。在指导学生选择听力材料时需十分谨慎，为学生把好关，免得学生把宝贵的时间、精力浪费在模仿错误的材料上。

第二，大声模仿，注意总结。大声模仿，这点特别关键。模仿英美原文时一定要注意指导学生口型要到位。当然，学生刚开始模仿不可能像外国人说得那样流利，此时应指导学生把语速放慢，慢速模仿，只有发音到位，口腔打开，音发准了以后，才可以逐渐加快速度，并逐渐采用中速和快速，最后直到脱口而出流利的口语。

第三，反复、仔细模仿，最后升华内化。英美原声的英语固然优美，但那不是一朝一夕就能够达到的，模仿时一定要有耐心、恒心和信心。模仿的练习必须反复进行，只有不厌其烦地重复模仿，才能达到量的积累，从而实现质的飞跃。但反复、重复的操练和模仿并不等同于机械地让学生做一些无用功。仔细透析一下便发现，学生在重复模仿的过程中，或多或少都增加了思考，他们在这一过程中，实际上会形成对发音规则的潜意识，最后经过不断的由强化训练到自觉练习，长此以往就会内化为自己的发音风格。

模仿英美原声在英语口语教学中的作用日益凸显。模仿不但刺激了学生的积极性，而且能够真正地提高学生的英语口语水平，从而让学生在学习英语的道路上形成良性循环。而英语教师也在指导学生进行英美原声的模仿训练中掌握了技巧和经验，从而促进了教师自身业务水平的提高。可见，模仿的充分应用和正确应用能实现教师在英语教学中的双赢。

三、大学英语学习与艺术思维

（一）大学英语学习中艺术思维的作用

随着经济的发展和社会的进步，人们对于物质文化生活水平的要求不断提高。人们不再满足于一般的物质需求，而追求更高的文化生活和艺术的享受。社会从而加大了对艺术人才的需求，加上高校扩招，大批艺术类学生涌入高校，这对高等教育提出了更高的要求。“同时，艺术人才参与国际竞争与交流也越来越成为必要，而英语是艺术人才进入国际平台的基础条件，它不仅是实用的交流工具，也是艺术人才自身素质和层次的重要体现。”① 因此，艺术类学生的英语教师应充分认识到英语教学对培养艺术人才综合素质的重要作用，进而研究影响此类学生学习英语的因素及教学对策。

艺术类专业学生在学习英语的过程中会不自觉地受到艺术思维方式的影响，艺术思维方式在他们英语知识的学习和语言交际能力的培养上起着引导作用。艺术类专业学生作为学生中的一个特殊群体，其艺术思维方式特点使其在英语学习中存在着群体差异和特殊的心理倾向。

（二）大学英语学习中艺术思维的特征

根据思维任务的性质、内容和解决问题的方法，思维的种类可以分为直观动作思维、形象思维和逻辑思维。形象思维是指人们利用头脑中的具体形象（表象）来解决问题，表象的主要特征是直观性。直观的形象为概念的形成提供了感性基础，并有利于对事物进行概括的认识，促进问题的解决。艺术家、作家、导演、设计师等更多地运用形象思维。

1. 感性特征

艺术思维是一种渗透着主体浓烈情感因素的思维活动，是一种寓理于情的思维。因此，在英语学习中，艺术类专业学生对充满强烈情感体验的课堂活动会表现出极大的热情。比如学舞蹈的人听到乐曲会情不自禁地随着节奏摇摆，学音乐的人听到熟悉的音乐会

---

① 方燕芳. 英语思维与英语教学［M］. 成都：电子科技大学出版社，2017：103.

和着唱起来。老师在课堂中可以播放一些能够震撼学生内心情感的英语影片供学生欣赏，或把课文内容改编成戏剧，并由学生担任角色表演，以此促进学生的英语学习。

很多艺术专业的学生对英语的学习态度是消极的，换言之，班集体的消极情感占了主导地位，通常导致学生被动学习和抵制学习。教师要善于调动班集体的积极情感，发现学生的长处，善于捕捉学生的每一点进步，并让学生感受到自己的进步，进而坚定学习的信心和决心。教师要善于鼓励，及时反馈，要创造机会（如竞赛、表演、演示等），让学生展示自己学习的成果，使学生体验到一种成就感。这种成就感不但可以激发学生进一步学习的信心和决心，而且可以形成英语学习的良性循环。

另外，也可以尝试小组学习，即把大班分成自我驱动的小组，在小组中进行合作学习，这是人本主义心理学家倡导的一种学习方式。合作小组由四到六个学生组成，他们由于共同的目的而团结起来，为完成任务、使每个人得到提高而一起学习。小组学习的形式有拼版式、小组调查、角色扮演、学生小组成就分工法、小组讨论等。小组学习使学生能在轻松合作的氛围中学习，发挥团队合作精神，体验集体感、荣誉感和成就感。

2. 形象性特征

艺术思维是直观类思维方式的一种，是与形象思维有直接关联性的特殊思维方式，在艺术思维活动中，思维的对象并不是抽象的概念和命题，而是具体、直观、形象化了的东西。因此，在英语学习中，艺术类专业学生会趋向喜欢形象的东西，如更多地关注老师的体态和姿势，希望老师能借助音调、节奏、手势语、体态语等生动的形象语言来授课，或是喜欢有插图的教科书。

针对此情况，艺术专业学生的英语教师应积极探索教学方法，使得其教学过程更具形象化特点。形象化的英语教学应在遵循模仿原则的前提下展开。语言作为人类长期实践形成的认知符号，儿童的语言学习始终是一个模仿的过程。他们在日常生活中模仿父母、周围的人，以及电视等各种可模仿对象，并逐渐将所模仿的语言规律融入自己的语言表达中。模仿是学习英语的基础，在模仿的基础上进行创新。作为英语学习者，必须在模仿基础上掌握英语语言的内涵和精髓，形成自己的语言风格。

艺术类学生对语言的模仿就是对具体直观的形象的模仿，这种直观的形象反过来也就要具有艺术性。这要求教师能通过优美的板书、得体的教态、幽默的语言和机智的课堂表现，向学生展示其人格魅力和艺术修养，借此对他们进行潜移默化的感染。在教学过程当中，教师可利用简笔画、英文歌曲、英语绕口令和短剧表演等表现形式来增添教学的艺术性，使学生获得足够的审美体验。教师还要注意对课堂教学的调控，使其富于变化，有高潮、过渡，交替自然，难易适中，能调动多种感官活动。一堂好的英语课就像一首美妙的乐曲，应该是跌宕起伏、动静结合的。既有酣畅淋漓的热烈感受，也有恬静安详的轻松氛围。

3. 想象性与非逻辑性特征

在艺术思维中，主体总是浮想联翩，脑海中自始至终都不断地进行着较清晰、较具体的形象思维活动，表现为一个创造性的综合想象过程，这一思维过程打破了逻辑思维的常规性和有序性。艺术类专业学生在英语学习中倾向于能使他们进行想象的人和物，如生活中的一个故事、一段情节、一个场景、一段旋律等。因此，老师可以结合授课内容适当选择有利于构造明确、具体形象的辅助材料，并且采用学生较熟悉、易操作的内容或方式来组织具有想象性的课堂活动。比如请学生想象自己未来的生活状态，看图想象说话、作文，或为某一篇课文设计另外一个结尾等。

另外，教师可以结合生活，扩大学生词汇量。在讲单词的时候，教师可以拓展其派生词并联系生活，引起学生的联想。例如，讲 involve（卷入），可以从 Volvo（沃尔沃汽车）的象形讲到 in-的前缀；swallow 意为 yan，既是燕子的“燕”也是吞咽的“咽”；communication 意为交流，沟通，就是交通，然后从交通银行扩充到各大银行的英文名称等。最后，建议学生把英语学习融入课外生活当中，平时多注意观察生活中所接触到的英文单词，如逛街时的英文店名和商标，洗手间的“手帕纸”等。这些方法会激发学生的学习热情，提高学生学习的主动性。

人们通常将思维活动分为逻辑思维和形象思维两类，而语言与逻辑思维具有密切关系，而艺术则更多地体现了形象思维的特点。艺术类专业学生的思维方式同样包括逻辑思维，但因其受到艺术学科实践的影响，逻辑思维在思维活动中的地位相对较低，这正是艺术思维在英语学习中所面临的不足之处。通过对思维方式差异的分析，并将其联系到语言习得和英语教学理论，可以探讨适用于艺术思维的英语教学方法。

四、大学英语学习与理科思维

随着课程改革的实施、英语课堂教学改革的深入，在精彩的英语课堂教学环节中，课堂教学的有效性显得尤为重要。课堂教学有效性的关键就是平时的教学要结合学生实情，让理科思维融入英语教学，给学生以语言实践，突出课堂高效。

（一）大学英语学习中理科思维的渗透

理科是实验性学科，但是，也有大量的文字笔记需要记忆，而这些笔记则是教科书知识的浓缩、补充和深化，是思维过程的展现与提炼。“看，记，思，展”这一思想既贯穿理科，同样也适用于高校英语学习，让英语走进理科情境。

第一，“看”。看实验中的现象。在掌握最基本的物理性质的前提下，通过现象掌握核心的化学性质。看英语单词构成和句子逻辑，看清构成单词的字母顺序，对于学生学英语这点很关键，因此在教学时要提醒学生意识到这一点主要是看句子逻辑，看清句子成分，即主、谓、宾、状等。

第二，“记”。记实验现象，记方法步骤。对于英语单词，一定得记标准发音，其实熟读便是记。对于句型，同样以读促记。

第三，“思”。思分子构成，想象其空间模型。英语中则要思各种时态的细微差别，一种时态对应一种标志或暗示。这就需要教师在平时教学中引导学生自己思考总结。

第四，“展”。展，即拓展。有机化学中，一种分子结构可以构成几种物质，这就是物理本质上进行化学性质的改变。而在英语中需要怎样的拓展呢？课内英语的基本词汇量其实不多，都是在基本单词的基础上添加“y、ly、d、ing”等一些词缀。类似于这样的词，就可以合并记忆。

（二）现代教学技术在英语中的理性运用

现代教学技术①作为一种现代化的教学手段，已被广大教育工作者所认可。但是，如果把现代教学技术仍停留在将小黑板换成投影屏幕或电子白板这一层面上，就不能充分发挥现代教学技术的全部功能，也就不能真正体现现代教学技术在教学中的价值。所以，如何更有效地利用现代教学技术很关键。

英语是一门实践性很强的学科，听、说、读、写要一起发展，如同建造房子，单词是砖块，语法是设计图纸，做习题是实际建造，听力和语言表达是完善的装饰功能。教师必须把学生置于运用语言的活动中去感知、分析、理解、操练，从模拟交际到真实交际，以期达到真正掌握英语。所有这一切都必须靠发挥学生的主观能动性，激发他们的学习兴趣，使其形成良好的学习动机，同时教师为其创造良好的客观条件，才能有效地实现。即使是一个好的方法，总用也就失去了它的魅力。为了激发学生的兴趣，教师应提高知识层次和各项修养，才能达到良好的教学效果。拉近师生的距离，让学生在轻松愉快的环境中体会到学习英语的快乐，最终使每个学生都能得到很好的发展。

---

① 现代教育技术，是指运用现代教育理论和现代信息技术，通过对教与学的过程和资源的设计、开发、利用、管理和评价，以实现教学优化的理论和实践。

五、大学英语学习与思维模式负迁移

迁移是学习中的一种普遍现象，它广泛存在于知识、技能、态度和行为规范的学习中，也正是由于迁移的作用，所有的习得经验几乎都是以各种方式相互联系起来的。在高校英语学习中，负迁移现象的产生，一方面与学习者本人的认知水平较低有一定关系，另一方面也与教师在教学中忽视学生相关能力的培养有关。

（一）大学英语学习中思维模式负迁移的影响

因为英语学习者是在已具备了一套具体语言规则的基础上进行学习的，它已完成了依靠语言社会化的过程，其社会身份已确定，在学习英语时，其已有的语言知识不可避免地将成为学习英语的参照系，其原有的世界观、价值观等不可避免地发生迁移。因此，许多中国学生的语言学习其实都是“英语语法+英语词汇+中国文化背景”，他们把英语镶嵌到自己母语文化背景之中，割裂语言与文化的关系，造出了许多“Chinese English”。英语教师应该设法让学生了解学习过程中会出现的文化冲突，对母语和目的语进行分析比较，减少或阻碍文化的负迁移，促进文化的正迁移，从而提高语言交际能力，提高学习效率。

同时，从文化迁移的角度来看，要培养出具有很强语言交际能力的学生，教师需要很高的素质。教师不但应有深厚的语言功底，还必须具备较高的修养、很强的跨文化意识和跨文化交际能力。

（二）大学英语学习中思维模式负迁移的运用原则

第一，鼓励性原则。个性特征是相对稳定的心理品质，这意味着个体在进行语言学习与知识迁移活动时，不可避免地受个性特征影响。个性特征影响学生的整个学习过程，自然也影响迁移过程。在英语教学中，教师应充分考虑到这一点，鼓励学生用英语进行交流，努力尝试运用新的不同的方式来表达意义，对于学生主动使用英语的意识及其行为给予充分的肯定和支持，鼓励学生正视英语学习中的错误。同时针对学生可能存在的个性问题，教师要正确引导，使学生成为一个积极的英语学习者。

第二，情境性原则。语言作为交流的工具必然与特定的情境相联系，如果脱离实际运用而单纯孤立地学习语言知识，那么势必导致最初学习时的语言情境与将来实际的应用情境相差太大，造成迁移受阻。在汉语环境中学习英语，在一定程度上增加了学习的难度。如果不考虑这一特点，而是脱离实际、孤立地学习英语知识，则尽管学生在头脑中储存了所学的语言知识，这些知识有可能仍然处于惰性状态，难以在适当的时候被激活、提取出来加以应用或迁移。为此，教学中应考虑情境因素在语言学习中的作用，充分创设并利用各种情境，以使语言迁移达到最好的效果。

（三）大学英语学习中思维模式负迁移的具体策略

语言教学应是渐进的、自然的、启发式的、关联地，而不是集中、说教、注入、孤立式的教学。文化随时间、地点、人物的角色变换而发生变化。因此，作为文化中介人的教师，在教学中，应以培养学生的跨文化交际能力为目标，以汉语文化和英语文化为内容(还包括其他文化)，除高雅文化外，还应涉及大众文化习俗、仪式及其他生活方式、价值观、时空概念、解决问题的方式等深层文化的内容，所讲授的文化信息来源应多渠道，如阅读、交流、大众媒体、实例分析、调查、到目的语种国家实践等，多角度介绍来自不同文化背景的人编写的文化材料，并从汉语文化、英语文化及其他语言文化等多重角度，看待英语文化，采用启发式教学，强调实践，注重学习者的个人参与。教学方式可采用对比法，如让学生就某一方面将英语文化与汉语文化进行对比，找出异同，突出强调同汉语文化存在差异的英语文化现象，可以尝试从多重角度，特别是本族人的角度对英语文化进行理解，从心理上认可其在英语环境中的合理性，调整自我观念，超越文化隔界，以开放的态度从不同视角看待和理解母语文化和异国文化。以上目的可通过阅读、倾听、交谈、观察、调研等多种方法和教师、其他学习者、亲朋好友、来自英语国家的人的交流渐进、自然地实现。

第三节 基于多元思维的大学英语教学

一、基于语言思维的大学英语教学

中西语言思维方式存在较大差异，汉语思维是影响中国学生英语水平提高的关键因素。以英语写作为例，对中国学生而言，要摒弃汉语思维对英语写作的干扰，逐渐建立起英语思维模式。要想写出地道的英语作文，需要增强英汉思维差异意识，发展名词化的隐喻能力，加强形合与意合之间的转换训练，逐步养成良好的英语思维习惯。

思维和语言相互影响，相互作用。一方面，语言是思维的主要载体，也是思维的主要表现形式；另一方面，思维方式制约着语言结构，影响表达和行文的遣词造句以及文章的谋篇布局。思维和文化密切相关，不同文化背景的人会有不同的语育思维方式和习惯。不同语育的国家有着不同的经济、地域、习俗等文化背景，因而他们的思维模式存在差异。在学习新的语言时，母语思维自然而然会被迁移到新的语境中，这在双语写作中表现得尤为突出。

（一）英语语言思维方式的类别

1. 螺旋型思维与直线型思维

汉语思维注重总体，从一事物与其他事物的联系上加以认识，予以解决，是整体思维模式。中国人做事习惯从整体到具体或局部，由大到小，即先全面考虑，之后考虑具体细节，其说话写文章也通常表现出先把思想发散出去最后收拢回来，落到原来的起点上，这就使其话语或语篇结构呈圆式或聚集式。中国人说话习惯于从宽泛的空间和时间入手，从整体到局部，从大到小，由远及近，从总体到一般，通常把主要内容或关键问题保留到最后或者含而不露，是一种逐步达到高潮的方式。

西方人注重分析和逻辑推理，对待事物习惯于从具体或局部到整体，是一种解析式的语言思维方式。在古希腊，根据亚里士多德的逻辑论辩，建立起一套被称为“西方人思维基石”的逻辑体系：开头—提出问题—分析论证—结尾。用英语进行思维所要按照的顺序，从根本上说就是亚里士多德式的，这一顺序在发展形式中主要呈线性。因此，西方人的语言思维方式是直线型的，说话、写文章习惯开门见山，把话题放在最前面，即先表达中心意思，由此展开，或层层推演、逐项分列，后面的意思都由前面的语句自然引出。

2. 形象思维与抽象思维

形象思维与整体思维紧密相关，即人们可能以经验为基础，通过由此及彼的类别联系和意涵，沟通人与人、人与物、人与社会，达到协同效应。“抽象思维，通常也叫作逻辑思维，是以概念、判断、推理作为思维的形式。”①

中国人擅长形象思维。具体性、直观性、形象性是中国人思维的内核。最早的汉字中很多都源于图像，即象形字，能够不同程度地体现字义，如词语中“雪白、乌黑、绿油油”等都是形象思维的体现。形象思维不只限于字、词的层面，在句子中、语篇中也是汉语很突出的特点。比如“我原本在北京居住，由于工作的需要，前两年搬到了上海，住在了现在这套两居室里”。这句话里，汉语体现的是它的图像思维、意合思维。虽然全句只在开头出现了主语“我”，但它完全可以显示一幅完整的图像，表达一个完整的意思。可见汉语是以“意”投“形”的“意合”语言，并不刻意追求形式上的完整。通常只求达

① 宋雨晨，谭诣，王丽华. 高校英语教学思维创新［M］. 长春：吉林人民出版社，2020：96.

意，人们必须从整体入手才能把握它。

然而，西方注重形式逻辑、抽象思维，表现在西方语言样态上就是以丰满的形态外露。首先，英语的曲折形态变化丰富，如动词的时态、语态、名词的数量等。很多学生由于受汉语思维模式的影响，没有考虑这些变化，不由自主地写出无形态约束的句子。其次，英语句子的结构注重完整，任何句子都必须有一个“主语+谓语”的主谓结构，如“下雨了”应说成：“It’s raining.”在阅读理解训练中，一遇到含复合句的复杂长句，很多学生就完全失去了头绪，不知所云。这归根结底是因为没有从“主语+谓语”这个万变不离其宗的结构去把握其意思，造成理解上的困难。最后，英语注重句子之间的形式逻辑性。汉语中的流水句不能照搬到英语里的。比如“天晚了，回家吧”不能译成：“It is late，let’s go home.”两个英语句子之间必须有体现逻辑的连词，如可改为：“Let’s go home，as it is late.”由此可见，英语强调形式及规则的约束，注重句子结构的完整和逻辑的合理。这对习惯了汉语思维的学生来说，无疑是正确表达英语的障碍。因此，在教学中不仅要进行常规的语言教学，还要从宏观的思维角度对学生进行引导，使他们注意并了解中西方在思维模式上存在的差异，并有意识地模仿西方语言思维方式，从而说出、写出地道的英语。

（二）英语语言写作思维的培养

英汉思维差异的存在是客观的也是必然的。对中国学生而言，要摒弃汉语思维对英语写作过程的干扰，逐渐建立起英语思维模式。

1. 增强英汉思维差异的意识

在教学中应有意识地训练学生认识英汉思维差异及其在语言中的体现。通过对比教学，使学生充分认识到英汉两种语言在用词、造句、组段等方面的巨大差异。另外，教师应帮助学生接触更多地道的、能直观体现英语思维的资源，使其能在真实的语境中逐步领会英语的语言思维方式，从而在写作时能自如地按照英语逻辑习惯进行选词、组句、谋篇、布局。

2. 发展名词化概念隐喻能力

英语思维是线性思维。具有抽象性，其语言表达多用抽象名词。因而，要培养中国学生的英语思维，发展名词化的概念隐喻能力是很重要的。名词化主要是指将体现“过程”的动词和体现“特性”的形容词，经过隐喻化变成以名词形式体现的实物，也就是以名词形式表达本应由动词或形容词表达的过程或性状。对于中国学生而言，学会使用名词化的概念隐喻表达对于提高英语写作相当重要，它不仅能克服母语思维表达在英语写作中的负迁移，而且还能使英语句子简洁、紧凑、含蓄，从而使句子的英语味道更浓、更符合英美人的语言表达习惯。

3. 在形合与意合间合理转换

英语重形合，汉语重意合。英语句子结构紧凑严密，是因为有各种连接词起到连接的作用，而汉语句子很少有这些词语，靠语义上的联系结合在一起。因此，在写作教学中，应进行形合与意合之间的转换训练，加强英汉词汇、句法结构的对比和思维转换练习。教师可在课堂上开展将用汉语思维写成的句子改写成按英语思维写成的句子的专项训练，使学生逐步有意识地在写作中按英语思维行文。在语篇方面，应加强讲授和训练各种连接词的使用，让学生认识到衔接词在英语语篇连贯性和统一性方面的重要作用。

英汉思维差异是影响中国学生英语写作水平的关键因素。单纯的语言操练很难迅速提高学生的英文写作水平。因此，在写作教学中，应注意加强培养学生的英语写作思维，发展学生的名词化隐喻能力，进行思维转换训练。只有将语言操练和思维训练结合起来，才能更有效地开发学生的写作潜力，提高学生的英语写作水平。

二、基于多元文化思维的大学英语教学

多元文化概念本身是针对传统的单一文化概念而言的。以往的文化发展定式是在一定的区域、地域、社会、群体和阶层中存在的某一种单一文化。而多元文化则是指在一个区域地域、社会、群体和阶层等特定的系统中，同时存在、相互联系且各自具有独立文化特征的多种文化，它不同于以往的文化存在方式，在空间上具有多样性，在时间上具有共时性。

（一）多元文化思维下大学英语教学的原则

第一，文化性原则。学生学习英语不仅仅是学习单词及其语法，同时也是在学习语言文化。语言既是文化的一部分，也是文化的重要载体，因此文化教学理应成为语言教学的重要组成部分。加强文化知识的传授，鼓励学生积极参与实践，教师在强调学生基础知识积累的同时，应该贯穿英语交际能力的培养，注意英语文化知识的传授。

第二，交际性原则。英语学习的最终目的是使用英语，英语教学的最终目的是培养学生对英语的综合运用能力。因此，在教学过程中，教师要始终遵循交际性原则，以培养学生的交际能力为最终目的。

（二）多元文化思维下的大学英语知识教学

1. 英语语音教学

语言是人类交际活动的重要途径。语音是语言交流的载体，如果失去了语音，人们的日常交往，商贸活动，语言教学都将无法正常进行，因此语音教学是语言教学的基础。在语音教学上，每位教师都应该了解英汉两种语言在语音方面的异同，注意英汉两种语音的对比，从而能够预见学生在语音学习中的重点和难点，在教学方法上采取相应的措施，以提高英语教学质量，减少甚至消除母语迁移的副作用。在语音教学中，要把“听音—辨音—模仿—正音”相结合，反复练习，从而为日后的英语听说能力奠定坚实的基础。

2. 英语语法教学

词法和句法是英语语法教学内容的两大方面。词法主要包括构词法和词类。构词法主要涉及词缀、词的转化、派生、合成等内容，而词类则包括静态词和动态词两种。这里的静态词主要指名词、形容词、代词、副词、数词、介词、连词、冠词、感叹词等。静态词并非绝对地静止不变，如名词有性和数格的变化，形容词有比较级和最高级的变化。动态词主要包括动词以及直接与动词相关的时态、语态、情态动词、助动词，不定式分词动名词、虚拟语气等。句法可分为句子成分、句子分类、标点符号三个部分。英语句子的成分主要有主语、谓语、宾语、表语、定语、状语、同位语、独立成分等。从目的上考虑，句子可分为陈述句、祈使句、感叹句、疑问句。从结构上看，句子则包括简单句、复合句和并列句。与句子有关的内容还包括主句、从句、省略句等。标点符号也是句法学习的重要内容之一，此外还有词组的分类、功能、不规则动词等。

三、基于批判性思维的大学英语教学

“所谓批判性思维，主要是指对于某种事物或现象所发现的问题，并且依据自己的思考对其作出主张的思维。”[①] 批判性思维需要对信息进行判断，并且保持清醒的头脑，不能盲目跟风，要使用批判性的眼光看待其中的问题。批判性思维是创新精神中的一个关键点，所以创新和批判性思维相互补充且相互作用。对批判性思维的培养，就是对创新思维的开发。加强对大学生批判思维的培养，能够促使大学生全面发展，提升社会创新能力。高校英语教学培养学生批判性思维的方法具体如下。

第一，强化学生英语思考能力。在英语教学中培养学生的批判性思维，应当基于英语

① 王月亚. 高校英语教学培养学生批判性思维的方法探析［J］. 才智，2019（10）：113.

思维而展开。但是很多大学生在思考问题时，都是以汉语为根本。这样一来，当学生面对英语问题时，往往会将英语翻译成汉语，再以汉语进行思考，并最终将思考结果翻译成英语。在这样的思考模式下，英语课堂教学很难有效培养学生的批判性思维。因此，在教学实践中，高校英语教师首先要进行基础教学。在学生拥有足够单词量、语法知识量及阅读量后，再培养其批判性思维，往往可以发挥事半功倍的效果。

第二，鼓励学生提问。批判性思维实际上是一个提出问题和解决问题的过程，主要是提出相关的问题，经过反复思考对比之后，逐渐形成新观点。在英语教学中，尤其是在英语阅读教学中，教师要让学生明白的是，教材上的内容不一定是真理。英语阅读材料有的是事实真相，而有些则是作者的判断与观点。在这种情况下就需要教师提出问题和假设，经过论证来质疑作者的观点，并提出自己的观点。所以，教师在教学中不要只是简单地提出学生使用是与否就能够回答的问题，而是要提出不同层次的问题，让学生可以经过一定的举例和验证，给出令人信服的答案。还可以鼓励学生自己提出问题，让学生养成敢于质疑的思考习惯。

第三，组织辩论，培养学生分析问题的能力。英语分组讨论或辩论活动能够让学生谈论相关的话题，并进行深入思考，对主题进行多方面的理解，进而使学生之间相互交流，提升学生解决问题的能力，使其树立以理服人的理念。在大学英语教材中每个单元都有一个话题，教师在讲课之前，可以以此话题为中心展开讨论，让学生进行思考，并且阐明自己的观点。这种方式不仅可以训练学生的口语能力，还能让其养成敢于批判、敢于思考的良好习惯。随后，学生通过激烈的讨论，会逐渐抛弃一些错误的观点，最终仅对少数几个观点展开讨论。在这种情况下，教师可以将学生分成若干小组，让各小组对相应观点进行内部讨论，并在讨论结束后推荐代表进行辩论。

四、基于跨文化交际思维的大学英语教学

（一）跨文化思维下的大学英语教学体系

语言与文化是共生的，二者相互影响，相互作用，一方都不可能脱离另一方而存在。因此，在英语教学中，英语教师不仅要向学生传授英语语言知识，而且还要积极为学生创设绝佳的语言环境，使其可以在具体的语言环境中学习词汇、语法知识，形成学生跨文化的语用意识，了解英语国家社会习俗、文化习惯，长此以往，学生的跨文化交际能力必定会有所提高。

1. 跨文化思维下的大学英语教学意义

(1) 跨文化思维下大学英语教学的现实意义。语言与文化相互影响，并由交际连接起来。人们学习语言与文化的经历会对其思维的形成与发展产生一定的影响，正是因为如此，说着不同语言、处于不同文化背景中的人才会形成不同的思维模式，而思维是交际的基础，有着怎样的思维模式便有着怎样的交际习惯。其实这也在表明，语言、文化与交际之间的关系是非常密切的，它们总是相互影响的。人们在运用语言交际的过程中会将自身的价值观、思维习惯等文化层面的内容表达出来，而社会文化又在一定程度上给语言提供了形成与发展的“营养基”。交际则是作为一种中介，将语言与文化紧密地连接起来。

语言、文化与交际之间密切的关系对外语教学产生了不小的影响，语言教学即文化教学，而且这种观念甚至被传播开来。早期的外语学习是一种单纯地停留在语言本身上的学习，不过，这里需要指出的是，虽然早期的语言学习确实也让学习者具备了一定的语言技能，但是这并不意味着这种学习是一种真正意义上的语言学习，而是因为学习者只是获得了一个与母语不同的符号系统。该符号系统是单纯的语言系统，学习者并没有掌握外语的文化符号系统，这导致学习者在使用外语进行表达时只能表达一些浅层次的内容，如果他们想要与目的语语言群体进行深层次的交流，往往是不可行的。很明显，单纯的语言符号系统虽能独立存在，但是当其被应用时必须要与文化符号系统相结合，否则其就像没有血肉的身躯，没有任何活力。

依据不同的标准可以制定出不同的英语学习目标，而且不同的教育场所对学习者的学习要求也不同，学校重在培养学生的外语交际能力。学习者外语能力的提高的前提条件是其必须要了解目的语的文化，并且在了解目的语文化的基础上，完成对该文化与自己母语文化的对比，这样就能保证自己可以熟练地掌握两种文化，毕竟语言的学习涉及的也是两种文化的学习。因此，对于语言教学而言，如果教师只是关注语言符号与形式，而不对文化教学予以重视，这必定会削弱语言教学的效果，同时，学生的跨文化交际能力培养与提高也会受到一定程度的影响。

第一，跨文化交际能力是人才培养需要。跨文化交际能力的培养不仅对个体发展有重要的影响，而且对国家，甚至对世界的发展都有一定的影响，基于此，跨文化交际能力培养问题受到了人们的广泛关注。在这个背景之下，跨文化交际学也形成与发展了起来，它是一门注重跨文化研究的学科，提倡要对语言学习者进行跨文化培训，为培养跨文化交际人才提供了学科指导。不过，需要明确的是，跨文化交际能力的内容十分丰富，不仅包括学习者的情感、心理等行为层次，而且还包括价值观、交际模式等文化层次，可见，一般培训时间较短的跨文化培训对于学习者跨文化交际能力的培养并没有实质性的帮助。要想实现学习者跨文化交际能力的显著提高，跨文化交际学必须将文化人类学、心理学等学科相结合，这样跨文化交际能力理论将会更加充实，在语言教学中培养学习者的跨文化交际能力就能变得十分顺利。

目前对英语人才的要求越来越高，不仅要求英语学习者要掌握一定的语言理论知识，而且还要具备跨文化交际能力，尤其是在全球化进程不断推进的背景下，跨文化交际能力显得愈加重要。“高校的英语教学旨在提高学生在跨文化交流中的技能，以满足全球化的发展需求。”① 跨文化英语教学必须肩负起应该承担的责任，努力为社会输送具备较强跨文化交际能力的英语人才。

第二，跨文化英语教学是教学发展需要。英语教学虽然是一门强调应用的学科，但是其理论体系的构建同样重要，而且因为这一学科受到教师教育观念、学生学习心理以及社会环境等多重因素的影响，以至于其理论体系的构建必须与其他学科的研究成果相结合。与此同时，英语教学主要为社会输送社会需要的人才，因此教师的教学理念必须要与时代发展需求相适应，教学大纲也应该与时俱进。在多元文化发展的今天，文化为英语教学打开了一条新的发展道路，跨文化英语教学逐渐被提上日程。

总而言之，跨文化英语教学意义重大，要对其予以足够的重视。一方面，文化确立了其在英语教学中的重要地位，它为学生的语言学习提供了比较真实的语境，使学生在语言学习中能考虑文化场景，连接真人、真事，这就在一定程度上激发了学生学习英语的积极性，并促进了英语教学质量的提高；另一方面，语言教学与文化教学的结合符合跨文化交际能力培养的需要，学生学习文化的渠道广泛，尤其是在信息技术快速发展的今天，他们可以从互联网上轻易地获得自己想要的文化知识。但需要指出的是，通过网络渠道获得文化知识只是一种间接的文化学习，而通过语言学习文化知识则是一种直接的学习，学生在语言学习中可以亲身体验文化，从而使自己可以在情感与行为层面上与跨文化交际能力培养的要求相一致。因此，在英语教学中开展跨文化培训能够取得良好的效果：一方面，使学习者语言学习的需求得到了满足；另一方面，则让学生的跨文化交际能力获得了培养与提高，这同时也表明，英语教学的潜力被挖掘出来了。

（2）跨文化思维下大学英语教学的研究意义。

第一，跨文化英语教学研究在英语教育中地位。跨文化英语教学研究对于跨文化英语教学有着很大的现实意义，这是因为二者存在一定的共性，跨文化英语教学研究的目的是培养人们的交际能力以及其适应不同文化的能力，而中国跨文化英语教学把帮助学生完成

① 柳菁菁. 试论高校英语教学中跨文化意识培养［J］. 食品研究与开发，2021，42（22）：252.

成功的跨文化交际，提高其跨文化交际能力看作教学最根本的目标。

语言与文化关系密切，相互作用、相互影响，这让文化在语言教学中也占据了非常重要的地位，其实也在表明，在英语教学中，文化是必需的内容，是学生进行跨文化交际的基础。在英语学习中，学习者总是能体会到母语对英语学习的干扰，但是他们并没有认识到文化也能对英语学习产生影响。其实，文化对语言学习的影响很大，一个人要想获得成功的交际，其不仅要掌握一定的语言知识，更重要的是，其还必须要了解交际对象的文化背景，并对相关文化知识做到清楚地掌握，这样才能实现跨文化交际。

一是，跨文化英语教学研究为跨文化英语教学实践活动提供理论支撑。英语教学受到许多因素的影响，这些因素包括语言环境、社会规范以及文化规则等，只有将这些因素与语言符号系统紧密结合在一起，才能实现英语教学的有效性，学习者才能顺利地完成跨文化交际。而对影响英语教学的这些因素所进行的研究其实也是跨文化英语教学研究的一部分，可见，随着英语文化教学的不断开展，跨文化英语教学研究可能会成为英语教学的重要部分，为英语教学实践活动的开展提供理论支撑。

跨文化英语教学研究成果源于教学实践。例如，对跨文化英语听力教学进行研究就必须要对英语听力教学实践展开必要的分析，在英语听力理解中，教师经常会听到一些学生在抱怨明明自己已经花费了很多时间去训练听力，可是效果并不好，尤其是当其听到一些生词时，理解起来相当费力。究其原因就是学生对英语语言背后的文化没有做到清楚的了解，如果他们能对西方文化有深入的了解，那么即使他们不懂得这个生词的意思，只要联系一下该词汇所处的文化语境，其实就能明白其意思，进而也就能顺畅地理解听力材料的内容。鉴于此，文化对听力教学的影响可见一斑，我们可对这一问题展开探讨、研究，还可以将研究成果应用到后续的听力教学中。

二是，跨文化英语教学研究指导跨文化英语教学根本目标的确立。跨文化英语教学的根本目标就是要培养与提高学生的跨文化交际能力，而具体通过跨文化英语教学实现这一目标就需要一定的理论支持，跨文化英语教学研究就为目标的实现提供了必要的理论支持。跨文化英语教学研究会包括对跨文化英语教学目标的研究，而且这些研究都是在分析、总结跨文化英语教学实践的基础上得来的，因而既科学，又合理，对跨文化英语教学目标的确立有一定的指导作用。

第二，英语跨文化教学研究推进英语教育进程。当前，国家大力提倡素质教育，培养学生的人文素质、创新素质等已经提上教育的日程，并且开始在高校各专业教学中具体实施。英语跨文化教学在语言教学的基础上重视文化教学，有利于学生掌握较为全面的文化知识，帮助其培养自身的文化素养。而究竟怎样在英语跨文化教学中培养学生的人文素质，这不仅需要教师的努力，而且还需要研究者们的助推，英语教学研究者们通过对英语跨文化教学规律进行探索总结出了不少跨文化英语教学方法，以及一些培养学生人文素质的策略。这些研究成果极大地推进了英语素质教育的进程，使英语教学也能成为素质教育实施的有力工具。

2. 跨文化思维下的大学英语教学内容

（1）目的语教学和目的文化教学。目的语教学与目的文化教学这两方面教学内容与当前英语教学内容是一致的，经过这两类知识的学习，学生不仅能够掌握目的语语言知识，而且还能运用所学的知识与目的语群体进行有效的交际，这种能够有效交际的能力就是外语交际能力。此外，在这两个模块教学中，还可以增加语言意识和文化意识教学。之所以要将语言意识纳入模块之中，主要的原因就是希望学习者在学习完英语之后，可以将英语与自己的母语进行比较，进而发现二者的差异，总结语言的普遍规律，最重要的是要能认识到社会、文化在语言形成与发展过程中所起的重要作用。而培养学习者的文化意识则是让他们对中西方文化有足够的了解，保证其跨文化交际能力能有所提高。此外，文化教学还涉及文化交流这部分的内容，文化交流是学习者本族文化与目的文化之间的交流，换言之，学习者在学习英语的过程中还要多接触西方文化，从而保证自己可以在中西文化对比中认识到本国文化的优势以及西方文化学习在英语教学中的重要性。文化交流与文化使用并不是单独存在的，二者一般属于一个范畴，相互作用。

（2）其他文化教学。跨文化交际能力是学习者在掌握目的语言以及文化的基础上产生的，同时学习者还要兼顾母语以及本国文化，以使自己可以在两种文化的交流中实现跨文化交际能力的提高。由此可见，英语教学不能排除其他文化的内容，一旦其他文化内容脱离于英语教学内容之外，那么，学习者在语言学习过程中就会忽略其他文化，显然，跨文化交际不是一种文化的交流，其他文化也要参与其中，这就导致学习者很有可能无法形成跨文化意识。当然，英语教学的课时是有限的，教师与学生在课堂上的精力也是有限的，学生无法较为全面地体验多种文化系统，但是教师通过选择恰当的教学教材，组织新颖的教学活动，是可以让学生在情境中体验不同文化的，虽然这种体验可能与目的文化有一些差距，但是这在一定程度上也能摆脱母语文化对英语学习的影响。

（2）跨文化交际能力培养。跨文化交际能力的培养涵盖了知识、能力与情感的诸多层面，也就是学习者不仅要学习跨文化交际知识，而且还要培养跨文化交际态度，具备一定的跨文化交际能力。具体到跨文化交际能力的培养问题，还是需要跨文化交际实践来完成，教师为学生创设文化交际情境，学习者在情境中扮演角色，完成文化交际，这样学习者就能在交际中了解到一些交际注意事项，认识到文化冲突是无法避免的。当学习者在具体开展跨文化交际实践时，其就会更加自如。

跨文化交际能力培养还包括了跨文化研究方法方面的教学，因为跨文化交际能力的培养并不是一蹴而就的，它需要学习者通过一生的努力来完成，如果只靠在校期间的教育来学习文化知识，显然是非常不切实际的，教师根本无法预知学习者在学习过程中遇到的所有跨文化交际问题，掌握一定的跨文化研究方法，对于学习者而言非常重要，这些方法能帮助其在具体的交际实践中自行选择交际策略。

3. 跨文化思维下的大学英语教学原则

从语言使用层面上来看，语言使用需要在一定的文化环境中进行，正是从这两方面看，英语语言教学必然会涉及跨文化教学，而且跨文化教学必然也会通过语言教学来实现。跨文化英语教学活动的开展需要遵循以下原则。

（1）输入与输出并重。跨文化英语教学中的知识的输入与输出可以从以下两个方面具体展开。

第一，文化层面。英语教师在跨文化英语教学中，要让学生明白西方文化对于英语学习固然重要，但是如果不了解中国文化，不清楚中西方文化的差异，英语学习也只能停留在语言层面，深层次的文化学习是无法实现的。同时，教师要加大在英语课堂上中国文化的输入，让中国学生了解到中国文化的魅力，从而使其可以在与外国人进行交际的过程中向其进行中国文化输出。

第二，语言层面。跨文化英语教学并不是简单地将文化知识直接展现在学生面前，让其学习、消化，而是要以语言为载体，使学生完成对文化语言知识的输入、吸收，当学生进行文化语言输出时，其就能完成高质量的输出。文化语言输出是十分必要的，其最重要的作用就是要树立学生的自信心，这样就能在跨文化交际中使用流利的文化语言完成交际。在跨文化英语教学中，输入与输出这一原则对于培养学生文化知识的双向导入的能力至关重要，可以让学生在国际交往中用英语友好而顺畅地交际。

（2）教学体现有效性。跨文化英语教学的最终目的就是要对学生进行跨文化交际能力的培养。有效交际的实现需要一定的条件，前提条件是交际双方要共享一套语言系统，而其他条件还包括交际环境、情境以及规范系统。需要指出的是，这里的交际环境包括两部分：第一，宽泛的交际环境，它主要包括地理环境、文化环境等，这类环境能对交际产生间接的影响；第二，具体的交际环境主要包括交际双方的角色、交际发生的具体场合等，这类环境一般可直接对交际产生影响。情境一般是指文化情境，是交际双方在交际时所处的文化背景。规范系统是保证交际双发交际顺利进行的基础，双方都必须遵循一定的规范。

文化英语教学内容其实是十分丰富的，教师要实现教学的有效性，就必须要将这些内容都纳入教学中来。具体而言，文化知识的引入可以循序渐进进行，首先，可以将地理文化、情境文化这类相对而言比较浅层的文化引入教学中，先让学生对文化有最基本的了解。其次，教师再将文化深层次的内容——价值观与社会规范引入教学中。这种内容设计与组织是符合教学规律的，因此，教学的有效性能很快实现。

（3）与语言教学相融合。跨文化教学并不仅仅是文化层面的简单教学，它必须要与语言教学结合起来，这是因为跨文化英语教学的目的是帮助学生培养其跨文化交际能力，使其在跨文化交际中能规避语用失误，因此，跨文化教学绝对不可能离开语言教学而存在。文化教学必须要与语言教学相结合，教师最好可以将文化内容贯穿到语言教学的所有环节中。学生在学习语言的过程中，同时也完成了对文化知识的学习，对于语言知识与文化知识的扎实掌握，能够帮助学生认清文化教学与语言教学的关系，同时也能帮助其进行成功的跨文化交际。

（4）以文化学习促进语言学习。英语课程是一种兼具工具性与人文性的课程，要求学生不仅要掌握基础语言知识，而且还要掌握语言背后的文化知识。因此，教师在进行大学英语课程设置时，必须要考虑学生的文化素质培养以及跨文化交际能力提高问题。

语言是文化的载体，它记录与传承文化，所以，语言的教学与学习也不可能脱离文化而存在。同时，因为语言也承载着丰富的文化，所以语言也变得更加多姿多彩，语言的使用才更加灵活多样。因此，学习者学习英语，不能仅仅学习语言知识，而且还要了解语言背后的文化内涵，只有这样，其才能灵活地使用英语。而对于英语教师而言，在英语教学过程中，其不仅要向学生传授词汇、语音、语法等语言知识，而且还要向学生传授文化知识，让其将文化知识的学习融会贯通到语言学习中，这样其语言综合运用能力就能有所提高。

英语教学应该强调以文化为中心，学生在学习语言的过程中完成对文化知识的学习。不过，这里的文化知识是全面的。跨文化英语教学给学生提供的文化知识很全面，这可以在一定程度上拓展学生的知识面，拓宽其文化视野，在此基础上，其就能了解到文化知识对于英语语言学习的重要性，从而根据自己实际的学习情况调整自己的学习目标与学习计划，将文化知识学习纳入自己的学习体系之中，对中西方文化知识的了解与掌握，能帮助学生成为真正的跨文化交流人才。

4. 跨文化思维下的大学英语教学方法

（1）课堂教学方法。

第一，挖掘教材中所蕴含的人文精神，结合教材丰富学生的人文背景知识。学生英语学习并不仅仅是语言的学习，文化知识的学习同样重要，这是因为英语文化背景知识能帮助学生理解语言的语境，使其可以准确理解词汇、句子的含义。在英语学习中，不少学生经常会遇到这样一个情况，明明这篇文章中的每一个单词都认识，每一个句子也能翻译出来，但是如果从整体上把握整篇文章，学生就非常吃力，这主要是因为学生缺乏必要的文化背景知识。这就给学生提出了新的要求，学生不仅要学习语音、词汇与语法等语言知识，而且还要对各种文化知识有所了解，只有对文化有清楚的了解，其才能感知文章的主要内涵，准确地理解文章含义。

语言是文化的一部分，如果学习者只学习英语，而不了解英语背后的文化知识，那么，英语学习只是一种浅层的学习，这就要求教师在课堂上可以在分析英语教材的基础上，向学生传授一些与教材相关的文化背景知识，从而帮助学生更好地理解语言与文化。

英语教材所收录的内容十分丰富，其并不是简单的一本书，它囊括了不少西方人文知识，能帮助学生了解地道的西方文化。教师向学生传授人文知识，不仅是要让他们掌握这些知识，更重要的是要让这些知识对学生的世界观、人生观以及价值观的形成产生积极影响，以使他们可以在社会上生存并发展。

第二，通过对文学和影视作品的鉴赏来培养学生的人文精神。许多文学作品与影视作品中所呈现的英语表达恰恰是英语的地道表达，同时还呈现了西方文化的真实面貌。因此，在跨文化英语教学中，教师在讲解某一部分内容时，可以适当地为学生播放一些与内容相关的经典英文电影，也可以推荐给学生一些与此相关的经典文学作品。经典的电影与文学作品往往是人生观以及世界观的准确传达途径。

第三，运用教学方法来塑造学生的人文品格。教师要将传统教学的以教师为主体的教学方法转变为以学生为主体的教学方法，并对学生的自主性学习意识与能力进行培养。在这个网络时代，教师要多用微信等与学生进行交流，了解学生的人文诉求，这样教师就能根据学生的实际需求来搜寻文化知识。文化知识当然是多多益善，教师可利用网络搜寻文化知识，丰富的文化知识有利于对不同学生的人文品格进行塑造。

（2）“第二课堂”教学方法。

第一，组建各类英语社团或俱乐部。每个高校都会存在着大量的社团与俱乐部，这里是发挥学生所长的地方，是激发其主动性、想象力、创造力的场所，是培养团队合作意识和协调能力的绝佳平台，当然也是其英语语言实践的有利场所。社团和俱乐部可围绕某个特定主题开展相应活动，并聘请外教和骨干英语教师作为特邀嘉宾予以指导。

第二，举办英语文化节。为了让学生更加主动地学习英语，高校可以为学生设立一个英语文化节，同时，对学生展开调查，了解学生们喜欢的活动形式，并在节日期间举办多种多样的活动，如英语歌曲比赛、英语电影配音等。同时，在这些活动中，学生是主体，但是高校也不能将所有的活动组织都推给学生，高校以及外语学院有关部门也应该积极参与进来，共同推动英语文化节的举办，这在一定程度上还能拉近教师与学生之间的距离，促进教学有效性的实现。更重要的是，举办英语文化节可以被当作一种学校文化传统延续下去，长此以往，学生们就会更加乐于学习英语，认识到英语的魅力。

第三，编辑英文杂志。可以在学校设立一个英文杂志编辑部，只要是喜欢英语的学生都可以将自己的英文稿件投稿到编辑部，当学生的稿件一经选入并在杂志上刊登时，学生的自信心就能迅速建立起来，其学习英语的积极性也能调动起来。不过，为了确保英语稿件的质量，编辑部审稿的征稿、审稿的人必须了解一些常规的出版知识，具备较高的英文水平。

第四，举办英语竞赛。高校还可以为学生提供多样的竞赛平台，以保证学生可以获得展示自己英语才华的机会。高校举办的竞赛活动形式要多样化，同时举办频率也要高一些，这样学生就能时刻都有竞赛可以参与，其英语水平也能有所保障。英语竞赛活动要注重趣味性，不能过于死板，只有这样，才能激发学生参与的积极性。

第五，在日常生活中学习英语。英语学习当然要重视理论的学习，毕竟理论知识是学生运用英语的基础与前提，但是与英语基础理论知识学习相比，英语实践教学更加重要。因此，学生要想学好英语，就必须要将英语学习践行到生活中，从日常生活中接受西方文化的熏陶，多与学校的留学生交朋友，多与学校的外教交流，这样学生就能使自己置身在英语文化环境中，从而培养自己的英语应用能力与跨文化交际能力。此外，高校还可以为通过设立英语广播站随时为学生播报英语新闻，让学生学习英语的地道用法。同时，还可以在校园报告厅中定期放映一些经典英语影片或生动有趣的视听材料，让学生经常领略英语的魅力。

第六，创办“英语学习种子班”。可以从不同学院中选拔一些英语成绩较好的学生，并对其进行统一的口语、听力等方面的培训，这些培训必须要在“第二课堂”中进行，当这些接受培训的学生顺利“毕业”之后，其就可以回到各自学院，将英语学习的先进方法传授给其他同学，从而带动其他同学的英语学习积极性。

第七，建立基于网络的大学英语自主学习平台。教育领域的研究内容有不少，而自主学习长期以来都是研究的重点与热点。在课程与教学论领域，自主学习能力被看作一项教学目标，培养学生的自主学习能力成为教师的任务之一；在学习论领域，自主学习被看作学习方式的一种，且与原有的学习方式相比，这种学习方式水平高，能保证学生学习的质量。

在“第二课堂”中开展自主学习，可以通过不同的手段进行，主要包括三个方面。一是，自主学习中心。这是一种比较特殊的教学方式，该方式的使用转移了人们的注意力，人们的注意力从自主学习的组织转变为自主学习与课程的结合。二是，计算机辅助教学。计算机技术的发展给教育领域带来了巨大变革，英语教学也不例外。英语跨文化教学需要大量的文化资源，利用计算机技术，学生可以自由地从互联网上获取相关资源，并且能对获取的资源进行分析、思考，从而有效地提高其自主学习能力。三是，串联学习。两个学生之间分别学习对方的语言作品，并对作品进行合理的评价，促进彼此的再进步。通常情况下，它与自主学习往往相伴而生，两种学习方式的学习能发挥更大的效力。

随着计算机技术的飞速发展，人借助网络能较好地实现学生的自主学习目标，网络在这一目标实现上往往表现出两大优势：首先，能为学生创设比较生动的语言环境，传统跨文化英语课堂比较枯燥，学生一般提不起学习的兴趣，网络以图片、音频与视频给学生带来了丰富的感官刺激，极大地刺激了其英语学习的积极性；其次，能将学生的主体地位凸显出来，网络能让不同的学生找到适合自己的学习资料与学习方法，能促进学生个性化学习的实现。

基于网络在跨文化英语教学中的重要性，高校可以建立一个基于网络的大学英语自主学习平台，为学生提供自主学习、交流探讨、教师指导等不同模块，如自主学习模块是学生自主完成探究的模块，交流探讨是学生与学生之间就某一问题进行探讨的模块，而当学生遇到无法解决的问题时就可以在教师指导模块上向教师请教。

（二）跨文化交际思维下的大学英语任务教学模式

“任务”（task）这一术语可以从不同角度进行解释，具体如下。

第一，有助于达到语言学习整体目标的所有课堂活动都可看成是任务，包括简短的语法练习和更为复杂的涉及真实的意义交流活动。

第二，任务是语言加工的产物或语言理解的结果，如边听录音边画地图、听指令做动作等。教师通常需要明确任务要求，以衡量学习者是否成功地完成任务。多样化的任务可以增强课堂活动的目的性，使学生有机会运用语言，从而使语言教学更具交际性。

第三，任务是一项有特定目标的工作或活动，通常作为课程的组成部分，或在研究中用于搜集数据。

第四，任务是学习者通过对已知信息进行思考加工而达成某一结果的活动。

第五，交际性任务是学习者理解或掌控目的语，并用目的语进行互动的活动。在使用语言的过程中，他们的注意力主要集中于交际意义而非结构形式。

第六，任务是学习者关注意义，使用语言达成目标的活动。

第七，学习者应用目的语所进行的促进语言学习，涉及信息理解、加工，或解决问题、决策问题的一组相互关联的、具有目标指向的课堂交际或互动活动都可以被称为“任务”。

第八，任务应具备五个要素：①要有意义；②要有待解决的交际问题；③与真实世界的交际活动相似；④首先要完成任务；⑤根据结果评估任务。

第九，任务的主要特征有三。①输入材料。输入材料指学习者完成任务所使用或依据的书面材料或视听材料。②角色。角色指学习者在完成任务时所需扮演的角色，如信息发出者或信息接收者。③情景。情景指任务所产生和执行的环境或背景条件，包括语言交际的语境，同时涉及课堂任务的组织形式。

第十，程序。程序指学习者在完成任务过程中所涉及的操作方法和步骤，即“怎样做”，包括任务序列中某一任务所处的位置、先后次序、时间分配等。

第十一，监控。监控指确保任务顺利完成的监督过程。

第十二，目标。目标任务具有目的性，一方面是任务本身要达到的非教学目的，另一方面是利用任务所要达到的预期教学目的。

第十三，反馈。反馈指教师或同伴对任务完成的整体情况，包括语言使用的纠正性反馈和其他有用的反馈。

任务型教学模式自20世纪80年代产生以来一直备受瞩目。任务型教学模式将“任务”置于课程规划的核心地位，认为学习者通过完成特定的课堂任务而习得外语，并将交际法语言教学重塑为基于任务而不是基于语言的交际法教学大纲。

任务型教学模式是以具体的学习任务为学习动力或动机，以完成任务的过程为学习过程，以展示任务成果的方式体现教学效果的教学方式。

任务型教学模式重视学习过程，在传统语言知识教学基础上，着重培养学习者的两种能力，即交际能力、综合运用语言的能力。任务型教学模式所代表的理念被鲁子问等人归纳为：语言是一种工具，用于表达思想、交流情感、解决问题；语言学习不能只依靠以形式为中心的机械训练，也要依靠语言的使用。

1. 任务型教学模式的理论基础

任务型教学模式的理论基础是俄罗斯心理语言学家维果茨基的语言和学习理论，该理论强调语言学习的社会性以及教师和学习者对促进个体学习的重要作用。语言的获得，先是人与人之间相互作用的结果，然后才转变为自己的知识。学习是一种有社会真实性的协同努力，其中“师生”共同参与有明确目标导向的互动性任务。

任务型教学模式的理论依据还包括互动假说、输出假说、有限容量假说和认知假说等。互动假说强调语言习得中的互动，即意义协商，在二语习得中起到决定性作用。意义协商是当沟通理解发生困难时，交谈的双方必须依据对方理解与反馈，进行诸如重复、释义、改变语速等语言上的调整，从而使输入变得可理解。互动假说关注选择性注意和负面反馈在语言习得中的作用。

输出假设提出对输出的关注可以促进二语习得，给学习者提供语言输出的机会是语言发展的关键所在。在目标语输出过程中，学习者会注意到“知”与“不知”，“会”与“不会”之间的距离，进而了解自己对外语的掌握情况。输出还为学习者提供了在运用中尝试新语言的机会，并对外语的结构形式进行反思。

有限容量假说指在注意力有限而需要关注的语言侧面不止一项（如语言精确度、语言复杂度、语言流利度）的情况下，学习者会进行优先排序，将注意力更多地投入某一项中。

认知假说是基于一语习得提出的。在一语习得的发展过程中，概念化发展为其创造了条件。

“任务”在二语习得过程中具有促进作用的原因主要包括以下方面：①能够为学习者提供理解输入语境的机会，有助于进行意义协商；②能够为学习者提供吸纳、纠正和反馈的机会，有助于学习者的输出水平提高；③能够为学习者提供机会整合、内化和修正输入；④能够揭示自身输出与源输入之间的差距，以便进行调整；⑤能够促进学习者对特定形式的语法化和输出的精确性的关注；⑥认知难度较低的任务有助于促进输出的自动化和流利度；⑦认知难度较高的复杂任务能够提高学习者的句法化程度和输出的复杂度；⑧任务的认知要求能够促进概念化的重塑；⑨任务排序有助于加强学习者的记忆；⑩上述优势必须在具体的交际语境中建立。

从上述结论中可以看出，任务型教学模式研究发展的轨迹，起初人们关注如何互动和意义协商，从而加强输入的理解；现今，人们更加关注如何使输出的意义和目的语的言语更为一致。

2. 任务型教学模式的任务特征

对任务特征分类的研究主要考查哪些特征对互动和习得最有影响力，以利于教学任务设计。对此，可以根据语言的复杂性、认知的复杂性和交际的紧张度划分任务的难度，也可以从输入、任务条件、认知加工过程和任务目标四个方面描述任务特征。

（1）输入包括四个变量：媒介、语言复杂性、认知复杂性和信息熟悉度。

（2）任务条件包括三个变量：参与者关系、任务要求、完成任务所涉及的话语模式（对话或独白）。

（3）认知加工过程指完成任务所涉及的认知加工层次，从信息交流到进行推论，再到进行观点的交锋。

(4) 任务目标包换三个变量：媒介（通过图画、口头或书面语展示结果)、任务结果是开放式的还是单一的解决方案、任务结果所涉及的语篇模式（描写、叙述、分类、指示、辩论等)。

任务难度是一种主观因素，主要因为二语学习者存在个体差异，主要涵盖情感和能力两个维度。任务复杂度是一种客观因素，由任务对学习者的认知加工要求决定。任务复杂度与学习者个人能力无关，只与任务本身的结构和设计有关。因此，对不同学习者而言，一项既定任务具有不同的任务难度和相同的任务复杂度。

将任务复杂度进一步细分，可以分为“资源导向”和“资源分散”两个维度。在完成二语任务过程中，两个维度对学习者注意力资源的分配产生截然不同的影响。在资源导向维度上增加任务复杂度，能够将学习者的注意力资源导向特定的语言结构和形式，使产出的语言更加准确和复杂。在资源分散维度上增加任务复杂度，则会消耗学习者更多的注意力和工作记忆，使学习者分配给语言形式的注意力资源相对减少。学习者可以调用多重注意力资源，任务复杂程度的提高也有可能使学习者的表现得到提升。因此，学习者对形式和内容的关注并不一定是矛盾的。

任务型教学模式分为真实任务和课堂教学任务两种任务类型。真实任务是根据学习者需要，模拟真实交际而设计的演练任务。例如，学习者有“假期出游计划”，则需要进行目的地的决定、预订航班、选择旅馆、预订房间等一系列演练任务；学习者有“申请高校”的需求，则需要进行写申请信、回复信件、咨询经济资助、选择课程、电话或网络注册、支付学费等一系列演练任务。课堂教学任务不一定能反映真实交际，而是根据二语习得研究设计的语言学习任务。

任务型教学模式以教学的角度分为六种任务类型，包括列举、排序、比较、解决问题、分享个人经历和创造性任务。其中，创造性任务比较复杂，一般来讲，完成创造性任务时可以拆分成几个阶段，必要时还要进行前期、调查。

从认知角度可将任务型教学模式划分出三种任务类型：①信息沟任务，指对所给信息进行由此及彼的传递，由一个人传递给另一个人，或形式上的转换（如将文字信息转换成图表)，或时空的转换，涉及对语言的解码和编码；②推理沟任务，指根据所给信息，通过推理、演绎，或对关系、模式的识别等过程，推导出新的信息，如根据班级课表推导出教师课表；③观点沟任务，指针对所给情境，明晰表达个人喜好、感受或所持态度，如续编故事、参与讨论等。这类任务的结果通常是开放式的。

任务型教学模式的三个步骤：①任务前活动（Pre-task)；②任务环（Task-cycle，包括任务、计划、报告)；③任务后活动（Post-task，包括聚焦于语言形式的分析和操练)。此外，任务教学的课堂教学程序分为五个阶段，即任务的设计、准备、呈现、开展和评价。任务型语言教学途径不是一种教学方法，而是一种教学思想。在实际运用中，任务型教学的操作方式根据任务的难度不同而不同。部分简单的任务可能只需一两个步骤，而一些复杂的任务则需要划分不同的阶段进行。

在任务型语言教学中，教师有着多重角色，在选择任务并决定任务顺序时，教师是选择者和决策者，要充分考虑学生的需要、兴趣和语言水平；在引导学生进行完成任务的过程中，教师是组织者、协调者、参与者、评价者等；在学习语言过程中，教师还要扮演本职角色，负责培养学习者的语言意识。在完成任务的过程中，学生则是参与者，参与整个活动；学生是探究者，观察自己和同伴的表现；学生是监控者，监控自己和同伴使用语言和学习策略的情况；学生是发明者，尝试用最好的办法解决问题。

任务型教学模式自诞生以来，已经被广泛地运用于全世界语言课堂中，“任务”已经成为许多教学流派语言教学主流技巧的一部分。

（三）跨文化交际思维下的大学英语文化体验教学

“语言是文化的重要承载形式，学习某种语言与了解该语言背后的文化是分不开的。”① 在我国，培养学生的英语交际能力对于英语教学具有重要的意义，主要体现在以下方面。

第一，培养跨文化认知能力。为了使高校培养的大学生能够符合社会对人才的需求，为了使大学生在未来的实际工作中能够运用英语这门语言，高校的英语教师在日常的教学过程中就需要注重培养学生的多方面英语能力，从而提升大学生的英语综合素质，如大学生的英语口语能力、听力能力以及阅读能力等。可见在跨文化交际中，学生的跨文化认知能力十分重要。通常学生的跨文化认知能力包含多种不同的因素，如学生的情感因素等，其主要是指学生在学习英语的过程中不仅要了解和熟悉我国的优秀传统文化，还要了解和熟悉西方文化的文化传统，这样学生才能够在熟悉中西方文化的基础之上对世界有更加深刻的认识和领悟。

第二，培养跨文化情感能力。情感因素就是指在具体的跨文化交际实践中交际双方的态度以及表达的情感、情绪等，这种因素也会对交际的顺利开展产生很大的影响。在很多情况下，情感因素的发挥会影响交际双方交际的成败。因而在实际的英语教学中，教师要

① 向刚. 跨文化背景下茶文化在高校英语教学中的应用［J］. 福建茶叶，2021，43（7）：179.

着重培养和提升大学生的跨文化情感能力，使学生在不同的场合能够恰当地处理自己的情感，从而使跨文化交际更加顺利地开展。

第三，培养跨文化行为能力。行为因素就是指在具体的跨文化交际实践中交际双方运用的各种技能以及一定的交际能力。例如，两个具有不同文化背景的人在交谈中如何切换他们交谈的主题或者如何有礼貌地结束这次谈话的能力等。在跨文化交际中，学生的跨文化行为能力也是其交际成败的重要影响因素，因而教师要适当地采取适合的举措来提升学生的跨文化行为能力。英语文化体验教学是一个全新的教学方式，它能够显著提升大学生的英语学习效率，能够使学生热爱英语，愿意用英语进行沟通和交流。

跨文化视域下英语文化体验教学方法主要包括以下方面。

1. 积极创设英语文化的体验情境

在实际的大学英语教学中，学生需要掌握大量和英语语言有关的文化知识，这些文化知识有一些是浅显易懂的，还有一些比较生僻和拗口，需要大学生在一定的情境中体验并掌握。对于高校的英语教师而言，他们在课堂中创设英语的教学情境一定要注重体验内容的真实性。教师创设的英语情境离学生的日常生活越近，学生越能够深刻地理解这些文化知识。

在大学英语的文化情境体验里面有很多互动的环节，如教师与学生之间的互动、学生与学生之间的互动以及学生与情景之间的互动等，在这种互动的过程中，学生很容易理解和掌握相应的文化内涵，这种情境还能够加深学生的记忆。因而教师要积极地为学生创设一定的文化体验情境，帮助学生更好地学习英语知识以及文化等。

2. 合理布置自主学习的体验任务

目前，我国的教育改革强调以学生为中心，要调整教师和学生的角色定位，从而使学生成为学习的主人。因而在高校的英语文化体验教学中也要强调以学生为主体，教师要引导学生开展自主学习，让学生真正成为自己英语学习的主人。这就要求教师无论在课堂的教学中还是在学生课下的学习中，教师都要突出学生的主体地位，让学生在体验中学习和掌握相关的英语文化知识。众所周知，在现代化的信息技术时代，每个学生都有多种途径来获取信息资源，学习西方的文化知识，因而英语教师可以借助先进的信息技术来辅助高校的英语教学，从而提升教学的质量。具体分析而言，教师可以给学生布置一定的自主学习体验任务，让每个学生都能够合理分配自己的学习时间，通过网络等多种渠道来完成教师布置的自主学习体验任务。这不仅能够提升学生的学习积极性，还能够让学生在有限的时间内掌握更多的文化知识。

3. 科学有效地引导学生文化体验

在实际的教学中，教师应用英语体验文化教学方法时一定要遵循循序渐进的原则，要兼顾教学的需求以及学生的实际英语水平。在实际的大学英语文化体验教学中，教师需要在课堂中为学生选择适合的教学内容，教学内容既不能太简单，让学生失去兴趣，也不能太难，打击学生的自信心，教师可以遵循最近发展区的原则为学生设计教学的内容，先为学生提供带有难度的内容，调动学生的积极性，发挥其潜能，超越其最近发展区而达到下一发展阶段的水平，然后在此基础上进行又一个发展区的发展。

（四）跨文化交际思维下的大学英语教学策略分析

1. 丰富课堂教学的内涵

丰富课堂教学的内涵，能强化教学中的文化性。具体而言，教师可以采取以下策略。

（1）充分利用多媒体直观教学。多媒体直观教学将教学材料生动地呈现给学生，能调动学生学习的积极性，给学生留下深刻的印象，更好地完成教学任务。例如，在具体的教学过程中，教师可以通过电影短片来反映中西文化差异，多媒体便于控制，并且能反复播放，学生可以对短片进行模仿或改编，将学习与练习相结合，更好地理解与把握文化差异。需要指出的是，多媒体教学也存在一些不足之处，如果教师不注意克服，会使教学流于形式。教师在制作多媒体、实施教学环节设计时要把握好科学性与实用性，从而获得良好的教学效果。

（2）加强英汉语言、文化差异的宏观比较。语言是传递文化的媒介，通过对语言进行宏观比较，可以更好地理解文化差异，促进语言学习。通常而言，一个人对文化理解越透彻，对语言理解就越深入。在大学英语课堂上，教师对英汉语言、文化差异进行宏观比较，有利于学生从整体上把握两种语言与文化的差异，从而正确地使用英汉语言，促进跨文化交际顺利进行。

（3）发掘文学作品中有益的文化素材。文学作品中通常含有很多文化素材，能体现出较为深层的文化底蕴。中国与英美国家在历史、地理、风俗等方面存在显著的差异，但是文学作品中都蕴藏着浓厚的民族文化意蕴。人们可以通过其他文化对自身文化进行反观，在接触其他文化的过程中，对自己民族和世界其他民族的差别与联系有更深入的理解，进而对文化有更好的认知，这些文学作品中的精髓通常会对民族性格与精神产生深远的影响。学生经常阅读这些作品，能够锻炼并提高思维能力、鉴赏能力，能够对不同社会的文化行为与价值观进行理解。

2. 组织课外的文化活动

（1）文化讲座。教师可以邀请文化学者和专家进行文化讲座，有效地帮助学生提高文化修养。文化讲座通常主题明确，论证有力，兼具高度、深度与广度。通过文化讲座，学生能快速地了解英美国家的文化背景知识。此外，文化讲座中经常会安排讲座者与听众的互动，学生可以就自己思考的问题与讲座者进行交流，这有利于锻炼学生的文化思维，提高学生对文化的认识。“通过对英语国家的历史地理、风土人情、传统习俗、生活方式、文学艺术、行为规范和价值观念等文化知识的学习，不断强化英语文化意识的培养，有助于学生深入了解英语国家人的思维方式和思维习惯，理解英语所蕴藏、承载的思想内涵。”①

（2）关注大众传媒。文化传承是大众传媒的主要功能之一，在日常生活中，常见的大众传媒有广播、电视、图书、报纸、杂志、网络，它们一般具有较强的实效性。通过大众传媒，学生可以了解最新的资讯，把握世界文化的脉动，教师可以就某一文化热点问题给学生布置作业，要求学生对此展开讨论，使学生通过对这些问题的关注逐渐了解相关文化的内涵，更好地认识世界。

（3）英语文艺会演活动。英语文艺会演活动可采取多种形式，对提升学生的英语学习热情、巩固英语运用能力等都具有不可替代的作用，具体体现在：①在英语文艺会演之前，每个参与者都必须进行相关准备，这有利于在无形中提高学生的语言能力；②英语文艺会演的节目水平通常与学生的英语学习水平相当或者更高一些，这对于表演者、观看者都能起到巩固学习成果、深化对语言知识理解的作用；③英语文艺会演气氛轻松、趣味性强，可使学生真实感受英语的实际作用，所以很容易激发他们对英语学习的兴趣与热情；④参与表演的过程是一个极好的展示机会，学生既可使听、说技能得到很好的锻炼，还可以通过表演树立自信心。

（4）英语专题性活动。开展专题性英语实践活动，不仅有利于学生协调发展阅读、写作和口语交际能力，还有利于提高学生在实践中综合运用语言文字的能力，因而也是英语课外教学活动的一种有效方式。英语教师组织专题性活动时，应从三个方面进行综合考虑：①学生的英语水平和生活经验；②学校和学生的实际情况；③依据活动主题的不同特点，灵活选择完成方式，如独自完成或小组合作完成。

（5）英文歌曲演唱。在课外活动中，英文歌曲演唱也是比较常见的一种活动。教师应鼓励学生参加英文歌唱小组，这样既能使学生的心理需求得到满足，也有利于促进学生听

① 张懿．论大学英语教学中“跨文化交际意识”的培养［J］．大家，2010，（13）：358.

力水平的提高。与此同时，教师可将英文歌唱小组与英文歌唱比赛两种活动结合起来，并计算出成绩，依次排序，使学生获得成就感，同时提升学生的集体荣誉感，培养学生的团队合作精神。教师应认真选择英文歌曲，具体需要注意以下三点。①内容的趣味性。为了激发学生的兴趣，使学生主动参与活动，教师应尽可能选择内容有趣的英文歌曲，让学生感受听歌与学歌的乐趣。②语言的真实性与可操作性。教师既要确保所提供的英文歌曲语言的真实性，使学生在真实的语境中学习纯正的英语，又要确保歌曲语言具有可操作性。③难度的层次性。学生的语言水平与听力水平不同，教师可以据此分配小组成员，并为不同的小组选择不同难度的英文歌曲。

（五）跨文化交际思维与大学英语教学的融合

1. 跨文化交际思维与大学英语听力教学的融合

在学习者使用英语这门语言的过程中，听力是十分重要的环节。通过听力，学习者可以听到和接收各种语言的信息，然后处理信息。在高校的英语教学实践中，英语听力教学是一项重要的教学内容，这是因为对于大学生而言，他们在交际中首先就是需要听得懂对方的交际内容，接着他们才能够进一步交流。此外，需要强调的是，英语听力教学非常重要，是人们交际的重要基础，然而大学生英语听力的提高是一项长期而艰巨的教学任务，不是一朝一夕就能够完成的，其需要教师和学生付出长期的努力才能够实现。

在我国传统的英语课堂教学中，通常英语教学都是由教师的知识讲解作为首要的步骤。具体分析而言，英语教师先在课堂中系统地讲解相应的英语知识点，接着学生初步地分析和理解教师讲授的内容，接下来学生就开始通过反复的英语口头练习来进一步巩固教师的讲授知识，并把这些知识内化吸收到学生的知识结构中。但是，根据建构主义的相关理论可知，学生学习一定的知识实际上是学生自身对知识的建构，并不是完全依赖于教师的讲解，因而要教学中要强调学生的主体作用。

教学活动是一项复杂的活动，它的活动主体主要就是教师和学生。因而在高校的英语教学实践中，教师和学生都发挥着重要的作用。从教师的角度进行分析，教师是大学生英语学习的重要指导者和辅助者。从学生的角度进行分析，学生才是英语学习的主体，大学生通常在教师的指导下开展英语的学习活动，在自己的头脑中构建知识。因而英语教学过程不仅能够促进教师的发展，也能够促进学生的成长和发展。然而在实际的教学中，不管是教师的教学过程，还是学生的学习过程，师生需要面临的一个共同问题就是如何激发学生的英语学习兴趣，从而使学生主动地学习英语。尤其在英语听力教学中，教师要创设更多的条件来激发学生的英语听力学习兴趣。

英语听力教学可以大幅度提升大学生的英语学习兴趣，其具体表现在四个方面：第一，为学生的英语学习呈现新的信息；第二，帮助大学生整合学习的新知识和旧知识；第三，促进学生使用已经习得的知识并合理评价习得的知识情况；第四，促进学生把英语听力技能和其他技能进行结合。

交际能力是指大学生在英语学习中不仅要学习和掌握正确的英语语法规则等知识，大学生还要能够在具体的地点、面对不同的交际对象而使用恰当合理的语句进行交际和对话。换言之，对于大学生而言，大学生学习一门语言，不仅要掌握其语法规则等重要知识点，还要学习在适合的时机运用这门语言。一般而言，交际能力主要包括四种不同的能力：一是语言能力；二是社会语言能力；三是语篇能力；四是策略能力。这四种能力对于大学生而言都是十分重要的，需要大学生在学习语言时不断提升各方面的能力，从而使学生通过英语听力的教学最终提升其实际的交际能力。

（1）文化差异对英语听力教学的影响。在英语教学中，要重点培养大学生的英语听力、口语、阅读、写作以及翻译能力，其中大学生的英语听力教学一直比较薄弱。因此，在英语教学中，教师要合理地引导学生了解和熟悉中西方文化之间存在的差异，使学生意识到文化差异对英语这门语言学习的影响。

第一，语言语用失误。所谓语言语用失误主要是指学习者在使用某种语言的过程中套用语义失误的现象。实际上，在英语的听力教学实践中，英语的语用失误会给学习者的听力理解带来很大的负面影响，会严重影响学习者的判断。在实践中，所谓语用失误就是指交际的对方并没有真正理解说话者表达的意思，他们之间的沟通存在误解，因而他们之间的交际很难正常进行下去。通常语言的语用失误都是由一定的原因造成的，具体包括以下内容。

一是，不恰当的母语迁移。汉语和英语是两种完全不同的语言，这两种语言的结构、词汇等都不同，且中西方文化之间存在较大的文化差异。对于学生而言，他们在学习英语的过程中几乎都是使用汉语进行交流的，因而汉语的表达以及思想等必然会对大学生的英语表达等产生一定的影响，即母语迁移。在具体的英语听力课堂教学中，学生极有可能把汉语的一些表达习惯以及方式迁移到英语的表达中，从而出现失误的现象，这就是一种负向的迁移，非常不利于学生的英语学习。

二是，不了解汉、英词语的文化差异。由于文化之间的差异，英语和汉语这两种语言没有办法做到词汇对等。因而对于大学生而言，他们在学习英语的过程中一定要充分学习和了解中西方文化之间的异同，从而更加准确地理解英语表达的意思。实际上，由于部分大学生不了解西方的文化，更不了解中西方文化之间的差异，因而会从本民族语言的视角来学习英语，从而出现一些交际中的失误。

第二，社交语用失误。社交语用失误主要是指交际的双方由于社会地位、身份以及学识等不同而在交际的过程中出现的语用失误，这种失误产生的原因有很多，如交际者的身份特殊、交际者的文化程度以及交际者秉承的价值观等。下面重点探讨态度和习俗对社交语用失误的影响。

一是，态度对社交语用失误的影响。所谓“态度”一般是指人们对某种现象或者对象所保持的一种习得性倾向。人们在日常的生活和工作中一旦形成了某种态度，那么这种态度就会相对比较稳定，有一定的持续性。通常态度由三个部分的内容构成：①认知；②情感；③意动。态度有多种不同的类型，下面具体分析态度中的定式以及偏见。

首先，定式。定式一般也称为“刻板的印象”，它是人们在分析和感知外界事物时所采取的一种相对比较简单、粗糙的态度。在跨文化交际的研究范畴中，定式一般就是指人们过分地夸大了不同群体之间存在的差异，而忽视了不同个体之间存在的差异。通常定式包括两种类型：第一种是社会定式；第二种是文化定式。通常情况下，定式对人们判断的影响和人们获得的信息数量有很大的影响，即当人们获取了比较少量的信息时，人们在判断问题时就会过多地依赖于定式，反之则依赖较小。实际上，定式并不一定完全带来负面影响，因而人们在生活、工作以及学习中也不能够直接消除定式。在学习者的日常学习中，学习者应该更加科学、准确地了解定式，并且合理地看待不同学生之间存在的个体差异，这样才能够使定式产生积极的正面影响。

其次，偏见。偏见一般是指人们的某个个体或者群体持有的一种不是十分准确的判断，而且这种判断往往是负面的，是一种否定性的看法。在人们的生活以及工作中，有很多种因素会导致偏见的产生，如生理方面的因素、社会化的因素、社会利益的驱使以及经济利益的因素等。

事实上，定式和偏见有很多相似的地方，而且在一定的条件下二者可以进行相互转化。在定式中，其一般由两部分的内容组成：一部分是符合事实的部分，即人们熟悉和了解的内容；另一部分是不符合事实的部分，这部分内容实际上就是一种偏见。

二是，习俗对社交语用失误的影响。所谓“习俗”一般是指人们在长期的生活中和实践中形成的一种约定俗成的规范，这种规范被一个地区或者区域内的大多数成员遵守。需要强调的是，这种习俗的规范不受到法律的约束。一旦某个地区的人们在日常的生活和工作中形成了某种习俗，那么这种习俗就会延续较长的时间。一般情况下，习俗对于某个固定地区人们生活习惯等都会产生较大的约束，从而持续规范人们的各种行为。习俗的感染力是非常强大的，一旦集体中生活的某个人意识到自己的行为和其他人不同时，习俗就会促使他转变自己的行为，从而使自己融入集体之中。

习俗的内容十分广泛，其中习俗中的禁忌文化就是重要的内容。所谓“禁忌”就是指人们在日常的生活和交往中不能够提高和接触的事情。在大多数人的观点中，禁忌一般有两种：一种是禁忌的事物；另一种是禁忌的事情。总而言之，禁忌文化的来源十分复杂，人们很难确定它的来源以及发展历程，但是禁忌习俗对人们的生活起到了一定的约束作用。

（2）跨文化交际思维下的大学英语听力教学。对于大学生而言，听力能力是一种十分重要的能力，英语听力要求大学生具备较强的语言敏感性。语言敏感性的培养不是一蹴而就的，它要求在熟练掌握语言的基础之上了解中西方的文化差异，从而主动地去了解和学习语言背后的文化知识。

教师在英语教学中要把英语的听力教学和英语的口语教学结合起来，从而使学习者可以在练习英语听力的同时练习英语口语，这也是一个积极的互动过程。教师可以通过听与说的结合，把交际互动观直接引入英语听力教学。在学习者的日常学习活动中，学生练习英语听力最常用的方式就是开展英语对话。对话就会有交际的双方，他们之间也会有一定的互动，也会有语言的听和说。在开展英语对话的过程中，交际双方都要掌握一定的英语听力技巧和口语技巧，从而使交际更加顺利、高效。由此可见，在高校英语的听力教学中，把英语听力和英语的口语结合起来进行学习，就可以使单一的英语听力练习变成一种互动的对话。换言之，教师把交际互动观引入英语的听力教学中不仅可以丰富学生的练习内容，激发学生的听力学习兴趣，还能够增强学习的互动性，使学生乐于学习英语，这也使英语听力的学习过程变得更加有趣味性。

听力教学应尽力让学生全方位、多层次地接触不同层面的英语。英语听力课和阅读课以及写作课等有很大的不同，它要求学生充分运用自己的听觉器官，同时大脑要快速地运转来分析获取的信息，从而做出合理的判断。在练习英语听力的过程中，如果学生一直处于一种十分紧张的状态之中，学生就很有可能判断失误，从而降低听力学习的效率。教师可以引导学生通过具体的语言实践，了解和掌握各种文化背景知识的方法。从影视作品、书本等渠道了解说英语的人的说话习惯和交流方式，这样会提高英语学习者的学习兴趣，使学生减少听力理解的障碍和失误。

2. 跨文化交际思维与大学英语口语教学的融合

英语口语教学的主要目的在于帮助学生敢于开口说英语，敢于使用英语与其他人进行交流和沟通，从而更好地发挥英语的交际工具的作用。在英语口语训练中，涉及两个步骤：第一个是传递信息；第二个是接收信息。具体分析而言，英语口语教学的步骤主要为：输入、操作、输出，这是一个循环往复的过程。

（1）文化差异对英语口语教学的影响。

第一，词汇文化因素对高校英语口语教学的影响。对于学生而言，如果在交际中想要表达一定的思想以及情感，就必须具备一定量的词汇储备，这样他们才能够在交际中做到有话可说。此外，随着国际的交流变得越来越密切，我们与其他文化背景的人进行交流的概率变得越来越多。因而对于高校而言，教师在开展英语口语教学时一定要向学生讲授不同文化之间存在的文化差异，从而增长学生的见识，提升学生的跨文化意识。

第二，思维模式因素对大学英语口语教学的影响。英语和汉语是两种完全不同的语言，因而使用这两种不同语言的人们也会持有不同的思维方式以及思考模式。实际上，这种差异也会影响大学英语的口语教学实践。例如，对于很多学生而言，他们在生活和学习中几乎都是使用汉语进行沟通和交流，因而当他们开口尝试着用英语进行交流时，他们习惯于开口讲"中式英语"，他们往往使用汉语的表达习惯和句子结构等来表达英语的句子，实际上这是一种错误的表达方式，它不符合西方人的英语表达习惯，难以被西方人接受和理解，因而这种母语产生的负面影响极有可能影响英语口语教学的顺利开展。除此之外，思维模式的不同还会在一定程度上影响大学生的英语口语的流利程度。对于大多数学生而言，已经有了固定的汉语思维，当他们用英语表达思想时，他们就需要转换思维模式从而确保意思准确，但是这种转换需要花费一定的时间，使学生的英语口语表达变得不是很流利。

（2）跨文化交际思维下的大学英语口语教学。

第一，跨文化交际思维下的大学英语口语教学原则。

一是，先听后说原则。在英语的表达中，学生听英语和开口说英语这二者之间有紧密的联系，它们二者互为基础。实际上，在实际的英语口语对话和交流中，交际双方都必须先听取对方的讲话内容，才可以进一步继续回答对方的问题，用英语口语表达自己的思想和看法等，因而在跨文化交际中，交际者需要遵循先听后说的原则，从而促进交际的顺利开展。

二是，互动原则。在英语口语教学中，口语练习是一个重要的组成部分，它需要教师耐心地指导和教授，它还需要学生付出较多的时间以及学习精力来学习和练习。众所周知，学生的英语口语练习本来就是一件比较单调和枯燥的活动，这时候如果学生没有适合练习英语口语的环境，学生就很有可能放弃学习英语口语。由此可见，在英语口语的教学中，教师为学生创设一定的口语练习环境至关重要。这也要求教师在英语口语教学中要坚持互动的原则，让大学生都能够在互动的过程中学习和练习英语口语，在提升学生兴趣的同时激发学生的热情，提升每个大学生的英语口语表达技巧。

三是，循序渐进原则。英语口语的练习和掌握是一个长期的过程，需要学习者在练习的过程中遵循循序渐进的原则，从而由浅入深地学习和掌握英语口语的相关知识和技能。来自不同地区的大学生往往会使用不同的方言，这些学生在学习英语口语时一定要适当地克服方言发音对英语口语发音的影响，从而使自己的英语口语发音更加准确、合理。此外，在具体的教学计划安排中，学校的相关管理人员以及教师等也需要遵循循序渐进的原则来开展各项英语口语教学工作，即教师制定的目标不能太高，否则就会给学生造成很大的心理压力，使学生在学习英语口语时始终压力重重，体会不到学习的乐趣；教师制定的教学目标也不能太低，否则难以激发学生的学习积极性，从而打击学生的积极性和自信心。

四是，科学纠错原则。实际上，在高校的英语口语教学中，学生出现口语错误是非常常见的现象，这时教师一定要采取正确的态度来分析和看待这件事情。在高校具体的英语口语教学实践中，当学生在训练英语口语时，教师可以认真地倾听学生的训练过程，对于英语对话或者交际中出现的不太重要的英语口语问题，教师可以适当地忽略不计，只要学生的英语口语训练没有实质性的大错误，教师就不要频繁地打断学生的练习，因为教师频繁打断不仅会扰乱学生的思路，还会打击学生的自信心，学生会对教师比较失望。教师正确的做法应该是，在学生完成相应的练习之后，教师在所有的学生面前统一指出学生英语口语练习中常见的错误以及注意事项，从而避免学生在接下来的练习和实际应用中重复犯错。

第二，跨文化交际思维下大学英语口语教学方法。

一是，文化植入法。在人们的现实生活中，如果某个平台没有任何的播放信息，只是一直在播放广告，那么无论这个广告多么生动有趣，它都很难持续地吸引人们的目光。文化的学习也是相同的情况，如果只是单独地开设一门文化相关的课程，那么由于文化往往内容庞杂而会使很多学生提不起兴趣。但是在实际的英语教学中植入一定的文化则会带来比较好的效果，它不仅能够恰当地吸引学生的注意力，同时能够加深学生的理解，使学生在掌握背景文化知识的同时学好英语的口语知识和技能。

首先，文化植入的原则，主要有三。①在精不在多原则。在具体的英语口语训练中，教师一定要选择适合的机会和节奏来植入文化，不要求教师要植入大量的文化，但是教师植入的文化一定要注重质量，要找准“切入点”，从而激发学生对英语口语的学习兴趣，使每个学生都愿意开口主动练习英语口语。②适当原则。在实际的英语口语教学中，英语教师并不是肆无忌惮地植入文化，他们在植入文化时也要遵循适当的原则，即教师要充分考虑学生的年龄层次、兴趣以及学生的实际学习情况等，从而通过文化植入来提升大学生的英语口语技能。所以，英语教师在植入文化时一定要准确地把握适当的原则。③服务于口语教学原则。在实际的高校英语口语教学中，教师进行文化植入的目的性非常明确，那就是要服务于英语的口语教学，提升大学生的英语口语水平，因而文化植入还要遵循“服务英语口语教学”的原则。

其次，文化植入的方式。在植入文化的时候，并不能采用非常生硬的方式，要是这样的话，就和一般的文化课程没有差别了，所以对于教师而言在教学的时候就应该采用比较合适的方式，将这些内容融入教学中，让它能为口语教学服务，同时需要注意的是不能喧宾夺主，而是应该起到潜移默化的效果，具体而言，可以采用直接呈现和间接呈现的植入方式。

在教学的时候不可避免地会遇到许多与文化有关的主题，教师就可以将这些内容更为直观的呈现给学生，引导学生深入理解此类文化主题。对于教师而言，就可以灵活选择教学手段导入教学内容。例如，如果教师的讲授与建筑物有关，那么在课堂上就可以多一些建筑物的表达呈现方式，如教师可借助多媒体，将不同时代的建筑播放给学生看，直观的视觉作用就会让学生对这些不同的建筑有更深刻的理解。在教学的时候教师也应该掌握教学的不同表达方式，让学生能对所学习的内容进行实际操练。在表达的时候，学生对这些知识的印象就会更为深刻。

除了直接呈现的方式，教师还可以根据不同学生的情况采取间接呈现的方式，逐步将与文化相关的内容融入教学活动中，如在学习商务礼仪的时候，就不可避免地会遇到与酒有关的礼仪，此时教师就应该在其中植入酒文化，让学生对其有一定的了解。一般而言，教师可以设计一些比较有趣的英文选择题，可以让学生进行抢答，这样显然可以提高课堂效率，让学生以更为饱满的热情投入学习中，学生在锻炼的过程中能逐步提高自己的口语交际能力，并拓宽自己的知识面。

二是，文化渗透法。在教学中，文化植入与文化渗透之间还是有一定的共同点的，教师需要在教学中导入一定的文化因素，一般而言，因为语言是在不同的文化背景之中产生的，所以就应该结合不同的语境去分析语言的含义。在具体的口语教学过程中，教师也可以通过文化渗透的方式逐步提高学生的口语表达能力，一般而言，教师可以采取以下方式。

首先，文化对比法。在具体的口语教学实践中，教师可以将两种文化进行对比，这样就可以帮助学生了解不同文化之间的差异，从而逐步培养他们的跨文化意识。在教学的初始阶段，教师就可以将东西方之间那些不同的文化差异讲解给学生听，在交流的过程中，也应该点明那些易犯的错误。很显然，错误的产生与文化差异密切相关，在反复的理解过程中，学生就能对中西文化之间的差异有更为深刻的认知，并在之后的交流中注意克服。除此之外，学生可以通过分析不同文化之间的差异，让他们更为尊重不同地区的文化，这样也可以逐步提高他们分析与处理文化的能力。很显然，文化对比是一种非常有效的教学方法。

其次，交流学习法。经过一段时间的学习，学生的英语水平已经得到了很大的提升，并且在学习与交谈的过程中，他们也会遇到文化障碍，所以，教师就可以结合实践让学生之间多交流、多学习。

最后，教师引导法。在与学生的交流过程中，教师应该对学生进行有效引导，如果学生产生了交际障碍，教师就应该积极对学生进行启发，这样不仅尊重了学生，还能让学生感受到文化知识的熏陶，从而不断激发他们的语言学习思维。

3. 跨文化交际思维与大学英语阅读教学的融合

（1）文化差异对英语阅读教学的影响。

第一，词汇方面。词汇是语言系统中的支柱部分，同时也是构成文化信息的基本载体，在阅读的时候，学生的词汇量显然是一个非常重要的影响因素。助力学生了解词汇的文化内涵能逐步提高英语阅读教学的效果。具体到教学中，教师应该意识到词汇知识的重要性，并让他们逐步了解同样的单词在不同的文化语境下所表达的不同意思，这样就可以逐步提高学生的文化意识，从而助力他们阅读能力的提高。

第二，习语方面。习语也是文化的重要组成部分，在英语中有大量的习语，如果不明白这些习语背后的文化含义，就无法做到真正的理解这些习语。例如，动词的后边不能直接跟宾语，但是在某些习语中，就会出现这种情况，如“She can talk the hind leg off a donkey.”（只要她一开口就能滔滔不绝）中，talk 后面就接了宾语，如果熟悉这一习语，就会知道这句话的意思，但是对此不熟悉，就会认为这是一个病句。教师应该有意识地给学生输送一些常用的英语习语，让学生逐步积累、掌握更多的习语，从而也可以提高学生的阅读能力。

第三，语篇方面。英汉语篇之间的差异性很大，一般而言，英语语篇的观点等会在文章的开头直接说明，并且作者会在开篇的时候摆正自己的态度，后面的才是论述环节。但是对于汉语语篇而言，其往往是归纳型的，一般而言是先进行陈述，在末尾的时候才会亮出自己的观点与态度。在阅读教学的过程中，教师就应让学生明确英汉思维的差异，并且明确这种差异对篇章结构的影响，这样学生就可以根据不同的语篇特点选择合适的阅读方式。

（2）跨文化交际思维下的大学英语阅读教学。

第一，立足语篇和语境。在读英语篇章的时候，有些学生可能明明知道某个单词的意思，但是仍然没法体会出这个单词与上下文的关系，也无法对篇章做出正确的理解，有的学生在阅读的时候并没有意识到中西方的异同，这样显然会给学生的阅读带来障碍。为了解决这个问题，教师就应该从整体的层面出发展开教学，并应该让学生拥有全局意识，只有这样才能不断提高学生的阅读能力，首先，让学生明确不同语言之间逻辑结构上存在的差异；其次，让学生明确不同语言的表达方式；最后，让学生明确不同语言的修辞差异。

第二，灵活应用各种阅读策略。

一是，预测。在阅读的过程中有一个重要的环节那就是预测，预测在阅读中发挥的作用是非常重要的，在阅读之前，学生就可根据课文中的一些关键词展开想象并对相关的情节进行预测，这不仅能锻炼学生对知识的运用能力，还能有助于他们逻辑能力的提高，在不同的文章中会有不同的题目，这些题目往往就是文章中心思想的凝练与总结。教师可以引导学生通过标题去预测课文的主要内容，不论猜测的结果是怎样的，这都会有助于学生对课文的理解。

二是，略读。在阅读的时候可以以很快的速度通读原文，这样可以从总体上把握文章的主要意思，在阅读的时候并不需逐字逐句地读，往往仅仅需要读一下每段的首与尾即可。具体到实践中，在阅读的时候需要重点注意的内容包括：①段首与段尾；②文章的标题以及作者着重指出的部分；③文中的关键词；④文中的关键词语。

三是，跳读。如果我们的阅读目的是寻找到合适的信息，那么就没有必要仔细地读，而是要采用跳读的方式，如果我们的阅读任务比较紧，无法进行通篇阅读的话，跳读就是一个不错的选择。

四是，寻找主题句。在英语阅读教学中，教师可以将主题句出现的大体位置告诉学生，并且应该辅以具体的实例，一般而言，主题句的位置是比较灵活的，出现的位置包括三个。①位于段首。有时候作者会将自己的观点态度先摆出来。②位于段尾。有时候作者也会将自己的观点放在段落的末尾，在此种情况下，这种主题句往往是对上面论述所有问题的总结。③同时位于段首和段尾。此时段尾的主题句是对段首主题句的总结与升华。从结构上而言，不同位置的主题句在结构上也是存在差异的。

五是，推理判断。有时候并不能从文章的字面意思上找到所需要的信息，这时我们就需要动用自己的判断。在进行推理判断的时候，学生应该从全文的角度出发进行推理，这样才能得到文本的正确思想。一般而言，推理判断包括直接推理与间接推理，直接推理比较简单，一般理解原文的表面意思之后就可以得出结论，但是，相对而言，间接推理就是一种比较复杂的推理方式了，它要求学生能够挖掘文章背后的深层次含义以及作者隐晦所指。

第三，融入背景知识。教师在开展阅读教学的时候需要围绕中心材料展开，那些材料的背景知识等对文章内容的理解是非常重要的，所以在教学的时候教师也应该着重对待。教师自己就应该明确关联性原则，并且在运用这种原则的时候就应该激活与此材料相关的话题与图示等。在具体的教学中，教师就应该将这些知识自然而言地融入教学中，并把握好比例。

（3）大学英语阅读教学中跨文化交际思维培养。

第一，利用教材扩展学生的跨文化知识。在培养学生的跨文化交际能力时，教师应该明确语言知识以及文化知识的重要性。

一是，相对于其他的材料，教材具有更高的权威性，学生完全可以根据教材上的内容进行学习与模仿。

二是，在特定的语境下，作者会发表自己的见解并表达自己的感情，其中就会涉及表层文化以及深层文化。为了让学生有足够的时间去了解多元文化，让跨文化交际能够得以实现，学生就应该掌握一定的文化知识。

三是，如果学生缺少某些跨文化理论，但是教材中所涉及的相关文化知识就能对此进行有效弥补，从而降低文化冲突的发生。

学生在学习教材中的文化知识时，能够帮助自己后续进行语篇的理解，并且更能把握好作者的言外之意。所以，教师在授课的时候应该全面挖掘语篇中的文化内容，让学生能更好地吸收其中的跨文化知识，从而发挥语篇阅读教学的效果。

第二，强化学生的跨文化意识。教师就应该重视阅读教学中文化渗透的重要性，一般而言，阅读不仅仅是去读各种文字，还应该体察到文字背后所蕴含的文化因素，如果没有在思想的层面上意识到文化的重要性，就容易导致理解偏差，所以就需要教师在阅读教学中逐步培养学生的跨文化意识，并逐步抛弃原有的一些死板的教育方式。

在跨文化意识养成的最后阶段，行为主体能通过自己的理解去评判现存的某些文化现象，此时，其认知水平已经能够超越对文化的理解，而是从文化的优缺点出发进行评判。教师就应该让学生正视不同文化之间的差异，并能尊重不同的文化，同时也应该有自己的看法。

第三，开展有效的文化研讨。在探讨英语文化的时候，教师可以将其分成若干个小主题，并且在一定的时间里让学生对此展开讨论，在讨论的时候应该追求讨论的效果，而不应该流于形式，教师要尽力激发所有同学的积极性，让更多的同学都能加入讨论的环节中。

在讨论之前，教师就需要确定出一个合适的主题，同时在整个的讨论环节，教师都应该发挥好自己的支配以及控制地位。在学生讨论的时候，教师应该给他们一些建议，并帮助学生解决可能遇到的跨文化交际问题。随着这种讨论活动的开展，学生们的文化背景知识也会得到进一步提高，从而增强他们的文化底蕴。

在各种课堂活动方式中，课堂讨论是极为重要的，讨论效果如何会影响到课堂的具体实施，在课程开始之前，教师就应该让学生提早做好准备，让他们明白阅读的重要性，并与之探讨相关的阅读对策。在具体的课堂教学实践中，教师应该让学生明确教学的目的，并让学生能反思自己的所得。同时，教师也应该明确规则的重要性，让讨论活动能够有秩序地进行。

4. 跨文化交际思维与大学英语写作教学的融合

（1）文化差异对大学英语写作教学的影响。对于英语的写作，其构成的基本单位是词语，所以应该引起学生们的重视，在众多构成语言的要素中，文化与词汇之间的关系是最为密切的，并且词语也是语言中最为活跃与有弹性的成分。在跨文化交际的研究中，对词语文化内涵的理解是一个非常重要的组成部分。在语言学领域中，那些拥有特定文化内涵的词语被称为“文化词汇”，这些词汇与文化之间有密切的关系，往往蕴含着深刻的文化含义。

在英语写作过程中会涉及很多文化词汇，如成语、俗语、禁忌语、称谓语、动植物词汇等。作为一名英语教师，应该在日常的教学活动中引导学生分析这些文化词汇，理解他们背后所展示出的文化内涵，这样才能让行文更为流畅，从而实现顺利交际。同时，思维以及价值观念等的不同也会对英语的写作教学产生重要影响，这主要展示在句子的以及文章的布局上。对于教师而言，就应该站在布局的高度指导学生写作，从而逐步培养起学生良好的思维习惯，并使他们的英语写作水平能够得到进一步提高。

学生在写作的时候不可避免地会遇到一些结构方面的问题，在中西方思维差异的影响下，需要注意两个方面。首先，在赘言方面，为了引起其他人的注意，学生往往会为了引起读者的注意而多次强调自己的观点，表现在一句话中就是某些内容的重复、多次出现。在英语中，虽然有时候也会用到这种重复的手法，但是这种情况并不多见。其次，汉化方面，学生是在汉语文化背景下学习英语的，所以就不可避免地会受到汉语文化的影响，一般而言，学生自己并不能意识到存在的问题，所以就无法进行改正。

英语句子一般而言比较紧凑，句子之间的逻辑关系非常强，句子中的那些衔接词一般都是具有特定意义的，我们可以据此判断句子的含义。与英语相比，汉语更加重视意合，从结构上来看是比较松散的，句子之间的逻辑关系并不是那么清晰。

在汉语句子的内部我们有时并不能发现那些具有某种逻辑关系的连接词，但是尽管如此也不会影响我们对句子的理解，在篇章布局方面的问题，其根源就是英语重形合，汉语重意合。

一般而言，在阅读英文文章的时候，在开篇就能明确其基本观点，随着阅读的推进，我们可以进一步找到每段的中心句。在行文中，我们还可以发现很多连接词，从而让不同的句子与段落之间有更强的逻辑关系。但是我们在阅读汉语文章的时候，一般而言并不能通过开头以及中间部分明确作者所要阐明的主旨，而往往是读到末尾之后才能明确文章的主题。受到汉语意合的影响，学生在写作文的时候往往会出现重点并不突出的情况，要想让学生克服这一问题，就应该让他们多练习。

（2）跨文化交际思维下的大学英语写作教学。

第一，跨文化交际思维下的大学英语写作教学的原则。

一是，交际性原则。在写作课上，教师就应该多给学生展示一些交际的场景，让他们能从中感受到文化差异。写作之前的讨论活动以及写作之后的修改活动都可以小组的方式进行，这样就可以增强学生之间的交流。通过交流，学生可以获得更多的写作素材，在写作的时候也能更加得心应手。所以，在教学中遵循交际性原则是非常有必要的。

二是，注重基础原则。随着教学活动的开展，学生存在的各种各样的问题就会逐步显现，如拼写以及时态错误等，也有一些学生没有意识到细节的重要性，还有的同学在写作时会套用一些作文的模板，这些都是需要引起教师高度重视的问题，在实际的教学中，教师应该辅助学生打好写作基础，从而让他们的写作能力能得到切实提高。具体到教学中，教师就应该让学生明确上下文语境，避免学生进行套译。在开展句法教学的时候，教师应该让学生在理解语义的基础上进行句子的练习，同时，教师还应该从多处着手，让学生明确英汉思维的差异体现与背后原因。

第二，跨文化交际思维下英语写作教学的有效策略。

一是，培养学生的英语思维模式。在英语写作教学的过程中，教师应该引导学生对比中西文化与特征，让他们掌握英语篇章的组织方式，并逐步引导他们，让他们写出更高质量的文章。

二是，开设文化选修课，导入文化知识。教师除了应该在写作中融入文化知识以外，还应该进行有针对性的写作训练。一些与文化相关的选修课，如“语言与文化”“语用学”等就可以逐步开展起来，这样不仅能让学生拥有更为广泛的接触西方文化的途径，还能让学生的视野得到进一步开阔，从而培养他们的文化意识。

三是，重视学生写作基本功的训练。教师应该加强学生词汇以及语篇等方面的训练，这样就可以逐步提高学生的写作能力。句子是文章的基本构成部分，所以教师就应该教导学生把握基本的句子成分以及特征等，这样就可以逐步提高学生们的语言基本功。除此之外，学生还应该对英语的语法有明确的认知。

四是，增加英语阅读量，强化英语语言应用能力。学生只有通过大量的阅读，才能积累足够多的词汇并对词汇的不同含义产生深刻的认知，在阅读的时候，学生可以通过作品去了解某个时代的概况，跟随故事中人物的情感去体味作者的感想，这样也可以给学生积累下丰富的素材，并陶冶他们的情操。所以，阅读是非常重要的，不仅可以开阔学生视野，还能在一定程度上推动学生写作能力的提高。

五是，引导学生规范跨文化写作格式。在英语写作教学中，教师应该让学生明确不同的语言的文化要素，并且让他们能按照特定的表达结构进行书写。例如，当教师在指导学生写作信封文体的作文时，就应该让学生明确一般的写作顺序，因为英文的信封写作与汉语是截然不同的，所以教师就应该着重进行讲解，以免学生犯错误。

5. 跨文化交际思维与大学英语翻译教学的融合

(1) 文化差异对大学英语翻译教学的影响。翻译活动包括三个方面：一是理解原文；二是表达原文；三是校验原文，翻译者要想将文章完美的翻译出来就应该对原文有深入的理解。在翻译中的理解与普通的阅读理解是不同的，译者除了应该从句子含义的角度入手理解，还应该从词语与语法的基础上进行理解，如果在翻译的过程中没有融入跨文化意识，就会影响译文的准确性。

翻译并不是源词语和语句之间的转换，也不是在目标语中找寻对应的词汇结构，如果在翻译的过程中，学生仅仅关注源语的表层，那么就会让翻译的内容流于形式，从而导致翻译内容与源语的差异。在开展翻译教学的过程中，教师应该让学生明确不同文化之间语言形式的差异，并且需要根据译入语的习惯做出相应的调整，如果学生没有意识到英汉两种语言之间的差异，而是进行一字一句地翻译，就会破坏源语的情感，所以在具体的翻译实践中，学生应该意识到中西文化的不同差异，明确作者的思想情感，从而更好地把握原文进行翻译。

(2) 跨文化交际思维下的大学英语翻译教学。

第一，英语翻译教学中跨文化交际能力的培养。

一是，文化语言能力的培养。在翻译人才的培养过程中，应该逐步扩大人才的知识面，对于学生而言，英语学习环境是很匮乏的，如果培养观念再不更新的话，就会使学生的学习积极性更低。高校需要多设置一些文化类的课程，如英美文学等，让学生能明确不同的文化形式，从而逐步提高自己的文化意识与翻译能力。此外，教师应该立足英美文化，给学生讲解不同文化之间的差异，这样学生就能对文化产生不同的感受，从而提高学习兴趣。

二是，文化翻译策略能力的培养

首先，归化与异化策略。在进行文化翻译时，译者可以采用两种主要的策略：一种是归化；另一种是异化。翻译的对策有很多种，但是异化与归化依然是占有主导地位的翻译对策，为了照顾读者，译者会采用归化的翻译策略，这样可以让读者对原文有更深入、清晰的理解，异化策略则与之相反。如果译者面对的是那些比较严谨的科技类文章，就可以多采用异化的对策，因为作者写作此类文章的目的在于宣传，在采用异化对策时，译者可以让读者对译入语文化产生更为深刻的认知。

译者在翻译的时候应该多秉承异化的翻译原则，只有这样，才能精准传神地表达出原作的意思。所以，在进行文化翻译的时候，译者如果感觉采用异化翻译能实现意义的自由转换，那么就可以采用异化策略。如果仅仅采用异化策略但是无法将原文的意思做到全面转达时，译者就需要将其与归化策略结合起来使用。如果囿于原文的限制，译者也可以不使用异化的对策，而是采用规划的方式，这样也可以表达其意义。

总体而言，译者在处理这二者的关系时，就需要根据原文的情况做出正确处理，如果选择了异化的策略，就要保证译文能准确传达出原作的内涵；如果采用了归化的翻译对策，就应该使得译文与原文的风格对等。需要指出的是，就算是在同一篇文章中，译者所采用的翻译策略也不具有单一性，译者可以根据文本的需要灵活选择翻译对策。

其次，文化间性策略。对于译者而言，应该以广博的心胸接纳不同的文化，只有这样才可以从容不迫地展开翻译。译者应该拥有开放的心态，还应该秉承共性的思想，去分析源语的文化，通过采用灵活的翻译方式，将这种文化被更多的人所熟知。在具体的翻译实践中，应该综合利用多种翻译方式，从而实现翻译的“信、达、雅”目标。

最后，文化对应策略。在中西方文化中，也有一些地方是有相似之处的，在遇到这种情况的时候就可以采用文化对应的策略进行翻译。例如，人们都知道梁祝化蝶的凄美故事，但是在西方人的眼里，“梁山伯”与“祝英台”仅仅是两个普通的名字，他们无法透过这两个名字理解其背后的爱情故事，但是，要是我们将其翻译成“中国的罗密欧与朱丽叶”，显然就能引起西方读者的共鸣。

第二，跨文化交际思维与英语翻译教学融合发展的优化举措。

一是，重视中西方文化在思维模式上的差异。教师应该注重学生跨文化能力的培养，并让学生能意识到东西文化的差异，并明确人与人思维方式的差别。在不同的文化背景下，人的思维模式是不同的，并且随着社会的发展，处于同一地区的人们的思维模式也会产生些许的变化。所以，学生应该明确不同思维的差异，从而在翻译的时候能做到兼顾。

二是，提高学生对不同文化背景下生活环境以及经验的重视。文化的不同也会影响人们的语言，所以处于不同生态环境下人们的语言也会有所不同。例如，我国不同的地区有不同的方言，甚至在见面时他们所探讨的话题也不一样，要是将这个范围扩大到其他国家，这一现象就会更加明显。比如英国处于西半球，他们的气候受海洋的影响最大，所以见面时讨论的一般都是天气如何。教师在开展翻译教学的时候，就应该重视不同地区人们生活的环境，并且学生也应该将自己代入具体的情境中，逐步提高自己对文化的认知能力。在具体的教学实践中，关注学生的翻译能力如何最能体现出学生的跨文化交际能力，所以学生应该重视不同文化背景下人们的生活经验，并不断提高自己的翻译能力。

三是，对第二课堂进行合理的安排，对教学观念进行不断创新，从而对课程改革的要求进行积极的响应。在教学活动中，课堂教学是一种最基本的形式，我们还可以把课堂教学称为第一课堂。但是，因为英语翻译是一项具有较强的应用性的语言交际技能，并不能只是依赖于第一课堂的教学，还需要对第二课堂进行较为充分的运用，对课堂教学的内容进行详细的研究和了解，从而对学生的跨文化交际能力进行培养。教师可以积极创造好的环境来对文化学习的氛围进行营造。学习的环境影响学生的学习情况，而且这种影响是非常之大的，当具有较好的西方文化学习环境的时候，学生的跨文化交流的热情就可以逐渐被培养起来，使学生对英语翻译产生一定的学习兴趣，如教师可以在课堂以外培养学生的跨文化交际能力，积极组织学生开展各种各样的活动，加深学生对跨文化交际能力的解读。除此之外，还可以积极组织英语社团，在社团中，成员主要是学生，教师只是对社团进行一定的指导，当学生遇到不懂的问题的时候，可以积极寻求老师的帮助，当然，也可以向其他学生寻求帮助，这样就可以尽量减少在学习中出现的遗留问题。

第四节 英语学生中的探究式学习思维

“探究指学生为了达到获取知识的目的，通过领悟科学家的思想观念和研究自然所用的研究方法而进行的一系列活动，其意图是培养学生的实践能力与创新精神。”[①] 探究式

① 陈雪梅. 非英语专业大学生探究式学习思维的探索研究［J］. 湖北开放职业学院学报，2019，32（9）：184.

学习的核心要素是问题，探究式学习的问题主要通过三个途径：①学习者在学习过程中自己提出的问题；②学习者根据对现有问题的思考，提出的新的问题；③教师、学习材料或通过其他途径提出的问题，这类问题需要学习者自己体会其含义，问题不那么直观。探究式学习的本质是提出问题，分析问题，解决问题。

英语学生中的探究式学习思维主要从以下方面培养。

第一，引领学生思维方向，使其多渠道获取信息。在教学中引导学生学有所思，思有所获。学习方法尤为重要。在英语学习过程中，学生要学会总结与思考。每一次课后，每学完一个单元以及一本教材后，学生都要进行整理与思考。这样做的目的是学生可以将已有知识构建成新的知识框架，优化自身的学习方法，使自己的学习更加高效，在遇到新的问题的时候能够应用到这些知识去解决实际问题，学生的英语学习实践能力才能得到根本上的提升。学生的学习过程从一开始的整体感知到具体知识的局部赏析，然后总结出规律性的认识。从文本角度提出思考的方向，引领学生的思维模式。积极鼓励学生通过自主学习，发现符合学生当前学习水平的学习规律。非英语专业学生在学习了一个单元的教学内容后，大致了解了一个单元的教学流程，对该单元的句法和知识点有了清楚的认识，学生通过课后的自主学习对所学知识进行更全面，更细致地了解，再将其用于日常表达中。由此足以看出，教师的作用必不可少：充分发挥其引导作用，指引学生从多渠道获取学习信息，才能促使学生掌握英语学习的规律，提高其自学能力。

第二，既激发学生竞争意识，又培养其合作观念。学习小组成员之间既是竞争的关系，亦是相互学习的最佳伙伴关系。成员之间要做到彼此之间相互学习，并为对方的学习负责。学生之间的竞争更能激励学生相互学习，取长补短；同时，只有学生之间相互合作才能博采众长，培养智慧。一堂课在课时分配上，学生的自主学习与小组讨论应该是一堂课的主线，教师的引导穿插于学生活动之中，教师在课堂结束前根据小组表现，选出“最佳合作小组”。在新课标下，提高学生自主学习能力的有效方法之一就是通过合作学习。例如，学生在进行定语从句的学习过程中，教师可在课前让学生收集关于定语从句的资料，在课堂上让学生结合收集到的资料，开展形式多样的小组讨论活动。学生对于不同于自身的解释充满了浓厚的兴趣。在热烈的小组讨论活动中，学生既学到了定语从句的语法知识，又培养了学生的创造性思维能力，学生的互助合作意识也愈加强烈。教师在整个教学过程中不是逐一检查学习情况，而是进行随机抽查小组合作情况。这样既激发了学生之间的竞争意识，又培养了学生的合作能力。

第三，鼓励学生大胆质疑，培养其创新意识。书本是学生学习本领的基础材料，但不可盲从，要勇于大胆地质疑。学生提问，然后学生或者教师作答才是一堂课的价值所在。

在学习中，始终明白一个道理，问题提出的教学价值远比问题解决的教学价值更重要。学生对学习材料不进行积极思考，自始至终没有参与到学习过程中，是不可能提出有价值的问题的。在此过程中，教师起着不可或缺的作用。教师要创设一个平等、自由、宽松的学习氛围，在这种氛围下，学生愿意并乐于讲解自己对教学材料的理解，感受与发现的问题与质疑。学生提问比教师提问在教学效果上显然要好得多，而且只有充分发挥了学生的创造性思维才有可能提出一个有价值的问题，这也是教学活动本身所追求的教学目标。

第四，依据创新想象，培养探究精神。在教学过程中，教师应该给予学生思维想象的自由，让学生乐于想，敢于想。鼓励学生的思想在知识的海洋里自由飞翔，在头脑里努力创造新事物。此外，学生的想象大多数时候能够和课本保持一致。学生的想象力，思维能力以及语言表达能力不但能够得到极大提高，而且课堂氛围也非常活跃。对于学生的积极表现，教师要及时地给予肯定，同时对于学生的创造性想象要给予恰当的引导，从而保护学生的自尊心，培养其探索精神。总而言之，要培养探究式学习思维方式，提高学生自主学习能力，教师需要从根本上转变观念，成为新课程的践行者。

综上所述，探究式学习思维的培养重点是学生对学习材料的感知与实践，使学生的学习活动建立在实践活动基础之上，将直接经验与间接经验相结合，目的是促进学习者的个体发展。注重培养学生的自主学习能力，鼓励学生勇于质疑与探索，乐于主动而富有个性化地学习。学习内容来源于学习生活和社会中，重点在于培养学生主动提出问题与解决问题的能力。通过具体的实践教学证明探究式学习思维的培养真正体现了学生才是教学活动主体的思想，使学生的学习过程不再是单调的被动接受者的过程，而是一个再发现、再创造的过程，学生才愿意主动学习，并乐于探索发现。

第三章　大学英语课程教学与探究式教学

第一节　大学英语课程教学的具体要求

“高校英语作为高校学生的一门重要课程，对学生英语水平的进一步提高起到关键性作用，关系到向社会输送英语人才的整体水平。”① 大学阶段的英语教学要求分为三个层次，即一般要求、较高要求和更高要求，这是我国高等学校非英语专业本科生经过大学阶段的英语学习与实践应当选择达到的标准。一般要求是高等学校非英语专业本科毕业生应达到的基本要求；较高要求或更高要求是为有条件的学校根据自己的办学定位、类型和人才培养目标所选择的标准而推荐的。各高等学校应根据各自的实际情况确定教学目标，并创造条件使那些英语起点水平较高、学有余力的学生能够达到较高要求或更高要求。

一、大学英语课程教学的一般要求

第一，听力理解能力。能听懂英语授课，能听懂日常英语谈话和一般性题材的讲座，能听懂语速较慢（每分钟 130～150 词）的英语广播和电视节目，能掌握其中心大意、抓住要点；能运用基本的听力技巧。

第二，口语表达能力。具备在学习过程中用英语进行交流，并且能够就特定主题进行讨论；具备在日常话题上使用英语进行交谈的能力，同时能够经过适当准备对所熟知的话题进行简短的发言，表达相对清晰并且在语音和语调方面基本正确；懂得并能够运用基本的会话策略进行英语交流。

第三，阅读理解能力。能基本读懂一般性题材的英文文章，阅读速度达到每分钟 70 词；在快速阅读篇幅较长、难度略低的材料时，阅读速度达到每分钟 100 词；能就阅读材料进行略读和迅读；能借助词典阅读本专业的英语教材和题材熟悉的英文报刊文章，掌握

---

①　彭杰，刘晓庆. 高校英语课程教学问题探析［J］. 读与写（教育教学刊），2019，16（11）：17.

中心大意，理解主要事实和有关细节；能读懂工作、生活中常见的应用文体的材料；能在阅读中使用有效的阅读方法。

第四，翻译能力。能借助词典对题材熟悉的文章进行英汉互译，英汉译速为每小时约300个英语单词，汉英译速为每小时约250个汉字；译文基本准确，无重大的理解和语言表达错误。

第五，书面表达能力。能完成一般性写作任务，能描述个人经历、观感、情感和经历的事件等，能写常见的应用文；能在半小时内就一般性话题或提纲写出不少于120词的短文，内容基本完整，中心思想明确，用词恰当，语意连贯；能掌握基本的写作技能。

二、大学英语课程教学的较高要求

第一，听力理解能力。能听懂英语谈话和讲座，能基本听懂题材熟悉、篇幅较长的英语广播和电视节目，语速为每分钟150~180词，能掌握其中心大意，抓住要点和相关细节；能基本听懂用英语讲授的专业课程。

第二，口语表达能力。能够以比较流利的英语进行一般性话题的交流，能够基本表达个人意见、情感、观点等，同时也具备基本陈述事实、理由和描述事件的能力，在表达方面较为清晰，语音和语调也基本正确。

第三，阅读理解能力。能基本读懂英语国家大众性报刊上一般性题材的文章，阅读速度为每分钟70~90词；在快速阅读篇幅较长、难度适中的材料时，阅读速度达到每分钟120词；能阅读所学专业的综述性文献，并能正确理解中心大意，抓住主要事实和有关细节。

第四，翻译能力。能摘译所学专业的英语文献资料，能借助词典翻译英语国家大众性报刊上题材熟悉的文章，英汉译速为每小时约350个英语单词，汉英译速为每小时约300个汉字；译文通顺达意，理解和语言表达错误较少；能使用适当的翻译技巧。

第五，书面表达能力。能基本上就一般性的主题表达个人观点，能写所学专业论文的英文摘要，能写所学专业的英语小论文，能描述各种图表，能在半小时内写出不少于160词的短文，内容完整，观点明确，条理清楚，语句通顺。

三、大学英语课程教学的更高要求

第一，听力理解能力。能基本听懂英语国家的广播电视节目，掌握其中心大意，抓住要点；能听懂英语国家人们正常语速的谈话；能听懂用英语讲授的专业课程和英语讲座。

第二，口语表达能力。能较为流利、准确地就一般性或专业性话题进行对话或讨论，能用简练的语言概括篇幅较长、有一定语言难度的文本或讲话，能在国际会议和专业交流中宣读论文并参加讨论。

第三，阅读理解能力。能读懂有一定难度的文章，理解其主旨大意及细节，能阅读国外英语报刊上的文章，能比较顺利地阅读所学专业的英语文献和资料。

第四，翻译能力。能借助词典翻译所学专业的文献资料和英语国家报刊上有一定难度的文章，能翻译介绍中国国情或文化的文章；英汉译速为每小时约400个英语单词，汉英译速为每小时约350个汉字；译文内容准确，基本无错译、漏译，文字通顺达意，语言表达错误较少。

第五，书面表达能力。能用英语撰写所学专业的简短的报告和论文，能以书面形式比较自如地表达个人的观点，能在半小时内写出不少于200词的说明文或议论文，思想表达清楚，内容丰富，文章结构清晰，逻辑性强。高校英语课程教学的一般要求、较高要求和更高要求是作为各高等学校在制订该校英语教学计划时的参照标准。各高等学校可以根据各自学校的实际情况，对三个要求中的听力、口语、阅读、翻译、写作以及词汇量的具体要求与指标进行适当的调整，但要特别重视对听说能力的培养和训练。

第二节　大学英语课程教学的设计体系

各高校应根据实际情况，将综合英语类、语言技能类、语言应用类、语言文化类和专业英语类等必修课程和选修课程有机结合，确保不同层次的学生在英语应用能力方面得到充分的训练和提高。大学英语课程的设计应充分考虑听说能力培养的要求，并给予足够的学时和学分；应大量使用先进的信息技术，开发和建设各种基于计算机和网络的课程，为学生提供良好的语言学习环境与条件。无论是主要基于计算机的课程，还是主要基于课堂教学的课程，其设置都要充分体现个性化，考虑不同起点的学生，既要照顾起点较低的学生，又要为基础较好的学生创造发展的空间；既能帮助学生奠定扎实的语言基础，又能培养他们较强的实际应用能力，尤其是听说能力；既要保证学生在整个大学期间的英语语言水平稳步提高，又要有利于学生个性化的学习，以满足他们各自不同专业的发展需要。

第一，大学英语课程教学的专业设计。部分学生在大学学习的时候，会需要掌握某类专业的英语知识。例如，学生主修计算机专业的时候需要学习计算机英语，学生主修经济学知识的时候需要学习商务英语等。教师可设计专业化的英语课程，引导学生加强专业英语的学习。教师可以设计商务英语的选修课程，引导商务经济管理类专业的学生在这门选修课上加强商务英语知识的学习，商务英语课堂教学中以项目式的方法开展商务实践技能的训练，这些训练能够取得良好的教学效果。

第二，大学英语课程教学的个性设计。“科学合理的高校英语课程体系，必然要基于对学生的个性化需要的分析，划分多个难度层级，同时提供相互依存的、动态平衡的课程模块。因此，个性化高校英语课程体系应以课程咨询与定制为先导，横向上考量语言知识、应用技能、人文素养，纵向上区分难度层级，测评上以阶段水平测试为评估手段，跟踪监管、动态评价课程体系的执行效果。”① 高校在开展英语课程设计的时候，需要通过英语课程培养学生的英语基础，这些英语基础包括基本的听、说、读、写能力，学生只有具备一定的英语词汇基础、句型应用基础和英语语法基础，才能够持续地向前发展。如何为学生奠定听、说、读、写能力的基础是部分英语教师的教学难题。大学英语教师需了解到，为了让学生愿意自主地吸收英语知识，教师要设计出具有个性化的英语课程，使学生觉得在学习英语的基础上，自己的兴趣爱好能得到满足，从而使学生愿意自觉地学习英语知识，奠定扎实的英语基础。

第三，大学英语课程教学的应用设计。当前社会，人们要求学生能应用流利的英语与他人交谈，能即时写出各类英语材料，能跨文化地与其他国家的人交流，这就意味着高校英语教师除了要帮助学生奠定良好的英语基础以外，还要加强学生的应用能力。为了提高学生的英语应用能力，大学教师要在英语教学中加强英语翻译能力的训练、英语交际能力的训练、阅读写作能力的训练等。

第三节　大学英语课程教学的基本方法

一、大学英语课程教学方法的标准

教学方法是联结师生的桥梁，从过去到现在，从传统到现代，人们创立了各式各样的教学方法。任何教学方法，都是为实现教学目的服务的。教学方法与教学目的、教材内容、教学对象，有着内在联系。运用教学方法，实际上就是把教师、学生、教材内容有效地连接起来，使这些基本因素有效地发挥其各自的功能作用，从而通过所产生的教学效果，来实现教学目的。因此，选择教学方法必须依据教学目的、教学对象、教材内容，还

① 江琳. 高校英语课程体系的“个性化”构建［J］. 福建江夏学院学报，2022，12（1）：103.

要依据教师本身的特点和素养条件。

第一，依据教学目标选择教学方法。不同领域或不同层次的教学目标的有效达成，要借助于相应的教学方法和技术。英语教师可依据具体的可操作性目标来选择和确定具体的教学方法。教学目标将教学的一般性任务具体化，是一个有着多种具体内容的目标群，既有知识信息方向的，也有认知技能、认知策略方向的等。每一方面的目标都须有与该目标相称的教学方法，不同的教学方法有不同，没有一种最好的能适应各种教学情况的教学方法。

第二，根据学生的特征选择教学方法。学生特征直接制约着教师对教学方法的选择，这就要求教师能够科学而准确地研究分析学生的基本特征，有针对性地选择和运用相应的教学方法。学生特征主要是心理特征和知识基础特征两方面。学生的心理特征主要在于强调学生年龄差异造成的在心理发展水平上的差异，教学方法应该顾及不同年龄的不同心理特征；学生知识基础特征主要是考虑学生原有知识基础或认知结构，强调学生已掌握的知识及其认知方式对学习新知识学习的迁移作用。

第三，根据学科内容选择教学方法。不同学科的知识内容与学习要求不同；不同阶段、不同单元、不同课时的内容与要求也不一致，这些都要求教学方法的选择具有多样性和灵活性的特点。学科内容决定了一般教学方法在各门学科中的特殊形式。艺术性强的学科知识和科学性强的学科知识在教学方法上是有着很大差别的，这是因为通向这些知识的心理过程不同。某些方法具有较强烈的学科特点。

第四，依据英语教师的自身素质选择教学方法。任何一种教学方法，只有适应了教师的素养条件，并能为教师充分理解和把握，才有可能在实际教学活动中有效地发挥其功能和作用。一般而言，教师往往使用那些掌握得比较好的教学方法，当然教师在实践中总会因自身的某些方面的特点，并根据自己的实际优势，扬长避短，选择与自己最相适应的教学方法。

二、大学课程教学方法的实际运用

教师选择教学方法的目的，是要在实际教学活动中有效地运用，具体包含以下方面。

（一）不断丰富和调整教学方法

在大学英语教学实践活动中，每一种课型、每类问题，都有其自身的特点。教师在教学实践中，都不同程度地积累了自己富有实效的应对方法，这些方法也许是学来的，也许是自己创造的，但都有一个共同的优势，那就是适合自己的特点。选择怎样的教学方法要看它是否适合眼前的学生、是否符合新的教材和大纲要求，新的年级、其他班级的学生、别的教师等能否应用，不能用又将如何修改、调整，这些也是教学方法积累中必须要考虑的。

（二）积极吸取优秀的教学方法

在大学英语教学实践活动中积极吸收优秀的教学方法是每一个教师的愿望，目前在国内外，存在着大量的经过实践证明是行之有效的教学方法，这些方法通过不断地应用并在实践中检验、论证，日臻完善，如电化教学法、引探教学法、发现教学法、建构主义教学法等，与传统的教学法相比已有许多新的发展。根据教学实际的需要，吸取已有的教学方法为自己的教学所用，是应该提倡的。应用中要注意遵从教学策略的要求，要适应英语教学的实际条件。

（三）有效组合恰当的教学方法

在高校因故教学活动中，一节课，一个问题的解决，依靠一种方法往往难以完成任务，这就需要各种教学方法的搭配或有机组合。可以一法为主，多法相助，如利用演示法教学时应有谈话法作为补充，也可以用其他方法来补充某种方法的不足。在组合、搭配教学方法中往往存在着方法之间的问题，从而影响解决问题的效率。在具体的教学中，应使所需要采用的多种方法构成有机的整体，以便更高效地解决问题，这就是已有教学方法的有机组合，也是形成教学策略的又一重要途径。

（四）对已有教学方法进行改造

由于实际中的主客观条件不同，原有的教学方法可能无法实现教学目标，那么要想更有效地完成教学任务，就必须改变原有的教学方法。在大学英语教学中，采用自学辅导教学法，是在教师的指导下，通过阅读教材的课文和例题，在已有知识的基础上通过自学、自练、自己批改作业等手段达到学习目的。在素质较好的班级中，教师就可以大胆放手，让学生按规定目标，自觉参与学习并完成学习任务，这时可以是学生自学为主，教师指导为辅。

（五）科学构建新型的教学方法

为了不断适应新的社会环境和新的教育观念，为了各学科知识体系的不断更新和教学条件的不断改善，教学方法也必须有新的发展。在大学英语教学实践中，在充分吸取原有教学经验的基础上，激发学生学习兴趣和求知欲，强调教学应该教学生如何学，促进学生个性的发展。

三、大学英语不同课程的教学方法

（一）大学英语语法课程的教学方法

大学英语专业的语法教学一直是教学界的重要内容，在实践教学过程中，从课程一开始就讲授“动词”知识要点：非谓语动词（动名词、不定式、分词），动词的时态，动词的语态，动词的语气（虚拟语气），情态动词，助动词等，有关动词的全部内容讲授完毕后，再按照传统语法教学的顺序讲授的名词、冠词、数词、形容词、副词等。

英语语法是大学英语教学的必修课，它的教学目的是帮助学生掌握比较系统、比较完整的英语语法知识，能运用语法规则指导语言实践，判断、改正语言错误，提高实际运用英语的能力。课程讲解简明扼要，其中有丰富的例句，以帮助学生深入理解语法概念。每章都附有练习题，以供学生练习提高之用。英语语法课程不仅仅是以往英语语法知识的简单再现，它涵盖的内容是复杂的，英语专业的语法课程教师，必须遵照以上规定来开展教学实践，即使是开辟新的教学方法，也必须要达到相应的教学目标。

（二）大学英语听说课程的教学方法

要提高学生的听力口语水平，并使学生在以后的工作生活中能够更好地运用所学到的知识，需要做到以下方面。

第一，教学目的要明确，教学目标要具体，突出课型。教师可以按照听说教学法的模式，直接用所要学的目标语言，也就是英语来教学生。教师借由充分的操练，使学生学会自动自发地使用特定的文法结构。应用在实际的语言课堂中，一方面，要求教师上课尽可能地用英语授课，学生也避免使用母语，但是对于非英语专业的学生，也要根据学生的英语水平，当学生的理解发生问题时，教师会以肢体动作、辅助教具或举例帮助学生了解，或适当使用母语解释说明；另一方面，教师要充分利用课本上的材料，练习，呈现正确的范例，让学生模仿、重说。

第二，听说课教学目标的设计应有层次感，反映知识目标，能力目标和情感目标。教学过程的设计对教师的要求很高，要求教师考虑语言输入和输出的关系，处理好二者的比例。此时，就可以充分利用情景教学法。情景教学法是在教学过程中，教师为了达到既定的教学目的，从教学需要和教材出发，有目的地引入或创设具有一定情绪色彩、以形象为主体的生动具体的场景，以激起学生热烈的情绪，引起学生的情感体验和态度体验，帮助学生迅速而正确的理解教学内容，来提高教学效率的一种教学方法。

（三）大学英语精读课程的教学方法

英语精读课对我国的高等教育的发展起着重要的作用。高校英语精读课程的教学过程具体如下。

第一，课前预习。课前预习在英语学习中占有很重要的位置，教师可以要求学生在课前认真预习新课，充分利用已有的教学参考书或者多媒体资料，熟悉课文内容。在课前明了全文大意及作者的写作意图后，学生课上会积极主动参与教学过程，从而能够学有所获。

第二，课堂授课。学生学习英语的终极目的是获得运用英语进行交际的能力。多年来，高校英语教师都推崇交际教学法，借助教学参考书、多媒体光盘把语言知识的学习、吸收交给学生自己去完成，课堂上教师不必对课文及语言点进行详细的讲解分析，应用大量的时间开展以培养学生英语交际能力为中心的课堂活动。

第三，课后复习。听说法中的记忆背诵原则对学生学习英语有很好的帮助，要求学生务必背诵课后练习中指定的段落。因为在语言的学习过程中，背诵对培养学生语感、增强口头及书面表达能力起着积极的作用。另外，充分利用每个单元附带的课后练习来巩固学生所学的知识，课后的词汇练习和理解性练习可作为课堂训练，检查学生所学所用，这是一个实践练习的环节。高校英语精读课教学模式改革的重点之一就是促进学生个性化学习方法的形成和学生自主学习能力的发展。

第四节 大学英语课程教学的模式构建

随着教育质量的改革，高校英语教师必须创新自己的教学方法和全面提升英语教学质量，选择最有效的教学方法来提高教育质量，帮助学生的英语水平进行的全面提升。

一、大学英语课程教学中的内容型教学模式

内容型教学模式与交际法具有相同的心理学和语言学理论基础，是交际教学法的一种。与交际法不同的是，内容型教学模式关注学习输入的内容，主张围绕学生需要掌握的课程组织语言教学。因此，可以将内容型教学模式定义为：一种主张围绕学生所学的学科

内容而展开教学的交际语言教学形态，它强调围绕学生需要获得的内容或信息，而非语言或其他形式的大纲组织教学，以达到内容教学和语言教学互相促进、共同提高的目的。内容型教学模式的语言观主要有三个方面：①语言是一种获取信息的工具，而信息是在语篇中建构和传递，因此，语言教学要以语篇为基础；②在现实生活中，听、说、读、写四项技能不能分开使用，语言教学也应把四项技能综合起来培养；③语言的使用是有目的的，学生在学习过程中要清楚所学语言材料的目的，并使之与自己的目标联系起来。内容型教学模式强调关注语言技能以外的能力和素质，因为语言本身是一个符号系统，是一种排列组合，本身的深度和美感来自“运载”的内容。

（一）内容型教学模式的原则

关于学习理论，内容型教学模式有一个核心观点：语言学习不局限于语言本身，而是作为一种了解信息的途径，语言学习才能成功，这个核心原则衍生出以下主要原则。①当所学习的内容被认为有趣、有用且能够指向预期目标时，学习的语言习得才能成功。因此，增强学习效果，必须要加大学习内容与学习者的实际需要联系。②有针对性地进行英语教学，才是良好的教学，符合学生需要的教学，才会取得好效果。内容型教学模式强调学习的内容要有针对性，必须符合学生的需求。尤其在有特殊用途或学术用途的培训课程时，更要充分考虑学生具体的行业需求或学术需求。③教学要在学习者已有经验之上进行，教学要充分考虑到学生进入课堂时已经具备一定的学科高校英语知识。

（二）内容型教学模式的应用

内容型教学模式的倡导者开发了多个中国企业品牌竞争力指数（CBI）[①] 项目，探索出多种教学模式，并将内容型教学理念描述成一个连续体，一端是内容驱动型教学，另一端是语言驱动型教学，在两极之间存在多种教学模式，使语言与内容有着不同权重。在完全和部分沉浸式教学过程中，内容是主导，二语是媒介，正规的学校课程是教授内容，它的有效性更多地取决于学生对内容的掌握，而语言的掌握是一个副产品。保护式教学的授课对象是非本族语者，由学科领域专家担任教师，但在授课过程中需要关注学生的英语水平，调整教学话语使教学内容更容易被学生理解。

此外，教师还需要选择适合于学习者难度的教学材料，并根据学习者的语言能力调节

---

① 中国企业品牌竞争力指数（CBI），是能够反映中国自主企业品牌整体竞争力水平的体系，涵盖财务、市场、潜力及客户四项指标，对中国自主品牌建设评估和预测具有重要作用。

课程要求。附加式教学强调语言学习和内容学习同等重要，附加式教学中的语言和内容融合可以通过团队合作实现，即语言教师负责学术读写等语言技能，内容教师则负责学术内容的讲授。主题式教学通常在二语或英语教学情境中进行，课程大纲围绕主题或话题，最大限度地利用内容传授语言技能。偏向于内容驱动型的教学模式要求学生具有中级或更高的语言水平，以及相关的学科内容知识；偏向于语言驱动型的教学模式与传统的语言教学更为相似。

内容型教学模式秉承“做中学”的教学理念，鼓励学生进行自主学习、合作学习和体验学习，要求学习者扮演积极的角色，积极地理解输入材料，有较高水平的歧义容忍度，愿意探索新的学习策略，多角度阐释口头或书面语料。学习者可参与学习内容和活动方式的选择中，为学习内容提供资源。学习者要对内容型教学有十足信心，积极适应新的角色，成为一个合作型、参与型的自主学习者。内容型教学模式通常选择真实语言材料作为教材，真实性一方面指本族语学习者所使用的教材，另一方面指源于报纸或期刊文章，并非为语言教学目的而编写的材料。

二、大学英语课程教学中的构建交际型教学模式

英语教学水平和研究水平的提高，既得益于语言学理论研究的进步，也是人们进一步认识语言本质的结果。人和人之间交流的是语言信息，语言属于信息系统，也是人类在交际过程中必不可少的工具。有交际才有语言，语言教学的目的不仅在于提高交际能力，还在于解决交际问题，因此，“高校英语课程教学既要传授给学生语言知识，也要培养学生的语言交际能力和交际能力”[①]。大部分语言教学理论都认为让学习者具备良好的语言交际能力，才是语言教学的目标，因此，交际是高校英语的教学方向，即在交际过程中提高学生的口语运用能力。

在大学英语教学中，策略能力、语法能力、话语能力和社会语言能力都属于交际能力范围，要求学生掌握，这些要求学生不仅具备一定的交际手段和良好的语言表达能力，还要求他们掌握一定的交际规则。人们常用口语和书面语两种语言交际方式，而口语和书面语正是这两种交际方式存在的区别。书面语能力通常指英语交际能力，但无准备性、对可视情景的依赖性、交际的直接性、手势及面部表情的使用性、相对独立性等，又是英语交际能力具备的特征。因此，口语交际本身的特征比较特别，但在交际时则强调互动性。

① 王璐. 高校英语交际教学模式浅谈［J］. 西部素质教育，2017，3（22）：184.

（一）交际型教学模式的原则

教学的场景和内容、学生和教师共同构成英语口语交际教学系统。教学信息通过这些构成要素，实现在教授系统和学习系统之间的切换，因此也推动这个系统的发展。信息在英语交际教学过程中并不是一直存在，师生在这个过程中要遵循相应原则，并且创造良好的交换环境。

1. 意义原则

意义是交际教学法的核心，因为人们在用英语沟通的过程中，重点并不在于语言的正确与否，而是在于意义的传达是否到位。教师在进行交际教学时，尽量不要对学生在语法上出现的每一处错误都给予纠正，而是应该增加容忍度。教师应意识到，无论是语言学习，还是其他学科的学习，都是在错误中取得进步的。

2. 互动原则

英语交际的重点在于交际，双方在交际过程中的沟通都是以口头语言为主。因此，“交际”应该与听说一样，成为口语交际教学的重点，让课堂教学中的信息实现双向互动或是多向互动。在英语交际教学活动过程中，教师要始终以学生为中心，保证学生在交际活动中的主体地位。教师也要让自己成为平等的参与者，实现师生之间的平等交流。

3. 平等原则

交换和传递信息的人都是参与口语交际教学的主体，而且他们都是有意识且具有能动性，其实是交往活动。他们在这个活动中始终保有积极状态，也说明这个过程并不是强制性、没有互动的单边活动，而是主体之间始终有交流的双边活动。保证教师和学生之间实现平等，英语教师要始终以学生为中心，让学生成为课堂活动的主体。首先，在英语交际教学过程中，教师应及时鼓励学生，让学生发挥自身具备的资源优势，与教师共同进行信息的交流和沟通；其次，在教学活动过程中，教师应充分意识到学生群体是充满了充沛的情感和无限的个性，每个学生在人格、语言表达和认知方式上都存在不同。教师要做的是对学生自身具备的情感和人格给予充分尊重，才能让公平和平等出现在口语交际教学活动中，这也是双向或多向交往的前提。

（二）交际型教学模式的应用

第一，掌握听的技巧。听是英语交际的重要组成部分，交际的双方可以选择和调整自己的说话方式，却不能改变别人的说话方式，无论对方是怎样说的，从交际和沟通的角度而言，都要求听话者能听懂。在课堂教学中，学生要听教师的讲授、回答教师的提问，倾听同学的发言，这些都要求学生掌握听的技巧。因此，口语交际教学要教会学生成为一名合格的“倾听者”，只有听清楚、听明白，才能提高说的质量。

第二，掌握说话的技巧。听和说在口语交际过程中不可分离。说话的目的不仅是传达信息，还是表达思想。成功的口语交际需要高超的说话技巧，而说话技巧也体现在说话的连贯性上。训练学生说的能力，应从敏锐的感知力、高度的注意力、快速的记忆力、深刻的理解力、丰富的想象力、正确的品评力等方面着手。

第五节　大学英语课程中的探究式教学

一、大学英语课程中的探究式教学方法

所谓的“探究式教学方法”，是一种在课程教学中常用的教学方法，是一种以研究和发现为主要途径的教学方法，这种学习方法从学生的角度来说，有助于其在学习课程中的概念与理论知识内容时提高学生的自主探究能力，并锻炼和指导其形成一种在自主观察实验的基础上，得出学习结论的教学方法，这种教学方法，有利于突出学生在教育教学中的主体地位。“从教师的角度分析，探索式的教学方法更加突出体现了教师在探索式教学方法中的教学设计思路和教学模式。”① 由此可见，无论是对教师还是对学生来说，探究式教学方法都是一种具有实践应用意义的教学方法。

大学英语课程中探究式教学方法的实施流程主要有以下方面。

第一，创设教学情境，激发学生探究欲望。探究式教学方法，实际上是在一种教学情境中才能实现的教学方法。且探究的主体，实际上是教学过程中提出的具体问题，虽然随着年龄的增长和自主学习能力的提升，学生的学习活动并不完全依靠学习兴趣为依托，但对探究式教学方法的实施来讲，创设一个具体的教学情境，激发学生的探索和学习欲望，是这种教学方法应用的必要条件。

第二，增强问题本身的开放性。增强问题本身的开放性主要是指探究式教学的开展中，要想给学生留下适宜且充分的探索空间，教师就应在问题设置上注意难度和开放性。一方面，要保证提出的问题有充分的教学辅助资源和材料引导并帮助学生解决问题；另一

① 陈勤. 英语课程与教学论课堂探究式教学研究［J］. 黑河学院学报，2019，10（4）：115.

方面，也应注意问题的设计，给学生留下足够的自主探讨和学习空间。为了促进课堂教学中，大部分学生都能取得良好的自主探究学习效果，在具体的探究学习模式上，教师也应鼓励学生应用小组式合作学习方法开展学习。并勇于提出不同的学习思路和方法。学生与学生之间的合作学习和探讨，也是促进其相互借鉴学习思路和方法的重要渠道。

第三，在课后作业和训练的环节中增强主动性。课后训练的环节是检验和观察学生探究式学习效果的重要环节。因此，教师在课后作业的布置中，也应注意课后练习环节内容安排的合理性和科学性。在这一环节中，需要遵循三个方面原则完成课后训练的开展：一是课后训练环节要注意创新性，使学生保持探究学习的热情；二是课后训练环节要注意针对性，这里所指的针对性，就是指课后训练的内容应适当结合不同学生的实际教学需求来进行设置；三是课后训练环节注意发散性，这一点主要是为了保持探究式学习的探索性。在一个阶段的知识学习完毕后，仍然给学生留下足够的发散思维空间，激发和保持其探索性的学习精神和态度。

二、大学英语课程中探究式教学的应用

第一，在课程内容讲解的过程中融合探究式教学方法。教师直接进行的课程讲解过程，对学生在课堂上的学习欲望激发和探索欲望激发都有非常重要的作用。尤其是当学生对个人的学习目标和探索方向尚不明确的情况下，教师的讲解引导更是发挥着非常重要的作用。为了取得更好的探究式教学效果，教师需要首先对学生对相关知识的需求和兴趣点有一个准确的了解，从课程教学的实际角度出发，尤其是对学生学习趋向和兴趣并不稳定的教学对象群体来说，探究式教学方法开展前，就更有必要对其的学习需求和心理状态有一个全面充分的了解。在具体的实现路径上，可通过开展问卷调查的方式实现。而从这门课程的学习者来讲，其感兴趣的教学内容主要包括以下两个方面，即学生的心理状态，常见学习问题的类型和解决策略。另外，教师评语也是学习者比较关注的一个重点。因此，教师在具体的教学过程中应注重对学生学习需求的考量。从引导和启发的角度入手，帮助学生在不断归纳总结中开启探究式学习的模式。

第二，多媒体教学案例学习中探究式教学方法的应用。这个环节，是通过多媒体教学平台播放一些相关的教学案例，帮助学生从实践的角度提高教学效果的探究式学习方法，这个环节中，探究式教学方法的实现方法是教师可要求学生在观看多媒体教学案例时，结合个人的学习需求和层次记录或提出一些具体的教学问题，随后，教师就可以有针对性地通过组织小组学习模式的方法，对案例中的实际问题或学生在观看中提出的具体问题进行共同的探究和讨论，在这个过程中，教师主要承担的是对问题解决的方向进行引导的责

任，关于具体的问题解决路径则主要由学生通过组间讨论和自主学习的方式自行探寻。另外，从多媒体教学工具引入的作用角度分析，可知这一教学元素的引入，本身就达到了丰富学生的课堂教学体验的目的。对于激发学生自主探究的兴趣也有一定的促进作用。

第三，课堂实践教学中探究式教学方法的应用。这一方面内容的提出与英语课程本身的实践性学习要求有非常密切的关系。英语课程的教育教学中，学生通过实践活动达到听、说、读、写四个方面的能力锻炼是非常重要的，基于探究式教学模式的背景，在实践教学的环节，教师应注重实践教学过程的设计，从实训课程的开展方案制定到具体的实践环节，都应做好前期规划。为学生提供一个更好的实践教学机会和平台，教师可以采取选取一个固定的课程内容，安排学生进行课程讲解的实践教学模式，并注意在实践课程的进行过程中为学生的实践探索教学留出足够的空间。例如，鼓励学生在教学过程中大胆尝试如微课、翻转课堂等新型的教学模式，或者在教学思路方面进行新的尝试。

第四章　大学英语教学方法与探究式分析

第一节　大学英语教学的自主学习方法

“随着互联网在英语教学领域的渗透，自主学习越来越成为一种重要的方式。网络为自主学习提供了良好的支持平台，在网络自主学习中，学习者拥有了更多的学习主动权，可以根据自己的学习风格和需要选择学习内容、时间和地点，学习自然更加方便和高效。”① 可以从横向和纵向两个角度来定义自主学习。横向角度涉及的是学习的各个方面，纵向角度涉及的是学习的整个过程。所以，大学英语自主学习指的是学生能够根据自己的实际情况对英语学习现状进行自我评估，通过信息反馈，确定英语学习目标、制订学习计划、采取学习策略、监控学习进度，并在此基础上进行总结、评价和信息反馈的循环。

一、大学英语教学自主学习的模式

学习者对学习的负责是自主学习的核心内涵。互联网作为一个多语言的媒体，为英语自主学习带来了空前的支撑作用。网络自主学习和传统自主学习的主要功能和服务模块是一致的。在网络自主学习中，只有学习者对学习足够负责，互联网提供的各种支撑条件才能发挥作用。

（一）创设真实的语境

第二语言的学习之所以困难重重，主要原因在于缺乏真实语言环境。学习一门语言时，只有浸润在该语言的环境中，不断接受该语言的刺激，才能取得较好的学习效果。当英语交流具备真实的语境时，才能达到良好的效果。在网络上学生可以通过浏览国外网站，参与英美本国人的网络互动，如 BBS 或聊天室的讨论交流等形式，实现真实语境中的

① 黄燕鹏．“互联网+”背景下大学英语教学体系的反思与重建［M］．成都：电子科技大学出版社，2018：140.

语言练习。这是课堂语言学习无法超越的优势，因为课堂内的语言操练大多是在假设的情境中进行，学生常常是为学语言而学语言，无法提高学习者的积极性。

（二）提供海量的学习资源

传统的学习资源总是有限甚至是匮乏的，难以满足全面深入学习的需要。但是，互联网可以提供文字、图像、音频、视频并茂的语言载体和超文本、超媒体等多种形式的信息输入，对学习者形成多种感官刺激。学习者除了搜索已经存在的信息资源之外，还可以通过电子邮件、网上论坛等方式直接向世界各地的专家请教问题，以获取资源。形象化、立体化、生动化的学习资源，极大地激发学习者的学习兴趣和记忆力，提高学习效率。

（三）运用丰富的交互形式

网络可以实现形式丰富多样的实时交互。交互的方式有师生互动、生生互动和人机互动。学生可以利用网页技术、电子邮件、网上论坛、在线交谈等方式，实现教师和学生之间、学生和学生之间、学生和陌生人之间的信息反馈与交流。实时交互及其具有的实时反馈效果可以提高学习者的兴趣和效率。另外，网络的平等模式促进了师生之间的平等交流和协作关系的建立。而且学习者在进行在线英语交谈等语言输出过程时，还能减少自己的焦虑和紧张。

二、大学生英语自主学习能力培养

（一）激发学生学习动机

由于在网络英语自主学习模式中，学生通常与教师处在时空分离的状态中，取而代之的是和电脑的面对面互动，这样学生容易产生心理上的孤独感和情感上的冷漠感，因此也就无法调动对自主学习的动机。另外，传统的接受式学习已经让学生习以为常，学习者习惯了对教师的依赖，这在一定程度上影响了部分学习者的英语学习动机。由于自主学习能力低而导致的自主学习的低效率又造成学习者自我效能感较差，这反过来影响学习动机，形成恶性循环。

网络本身的特性对提高学习者的学习兴趣具有良好的推动作用，为改善学习动机的各构成要素提供了前所未有的优势。而自我效能感等因素，则将依赖学习者的策略能力的提高得到相应的改善。自我效能感的改善又会使得学习者的自主学习得到进一步、自觉的继续和深入，这样就会形成互相促进的良性循环。

（二）学习者训练的方法

在网络自主学习中，教师的一个重要任务就是让学习者对自己的学习负责，并且改变学习者的一些观念、态度。学习者训练中所有方法的主要目标都是帮助学习者成为“更好”的语言学习者。目前的方法也往往把自主性发展看成这一目标不可或缺的一部分。很明显，学习者只有能识别和使用各种合适的学习策略，才可能自己管理学习。他们不仅需要了解有效的学习策略，更重要的是要能找到最适合自己学习目标和性格特点的学习策略。因此学习者训练的目的就在于提供给学习者各种选项，让学习者明智地决定他们学什么、怎么学、为什么学、什么时候学、在哪里学等。在一定的心理条件和策略准备的前提下，成功的学习者训练才可能实现。

第二节　大学英语教学的体验学习方法

体验式学习模式在 20 世纪 80 年代提出后，得到了迅猛发展，对我国教育发展产生着重要的影响。大学英语体验式学习模式是英语教学改革与发展的产物，也是一种新型的英语教学方式。

体验式学习通过关注学生英语学习的动机，使学生在学习中获得一种心理和情感上的体验，并扩大积极情感在体验学习中的作用范围，从而提高教学与学习效果。体验式学习需要教师根据学生的认知特点进行教学情境的设计，从而呈现与还原教学的内容。学生在体验过程中建构知识，从而发展自己的能力、产生情感并最终生成意义。体验式学习尊重学生对知识的获得过程，体现出了教学的人文性。学生在体验式学习过程中并不是简单地获得知识，而是更加关注对经验的总结与反思，因此带有实践性与思考性。

一、大学英语教学体验学习的特征

体验式教学主要是以外部事物对学生思维的影响度为出发点，采用相关情景呈现等方法，调动其语言学习的自主性和积极性，从而达到提高英语水平的目的。具体而言，体验式学习的特点主要包括以下方面。

第一，强调个体参与。体验式学习注重学生在做中学、在乐中学，因此产生积极的情感体验成为体验式学习的重要特征。这种学习方式强调个体的参与性，注重学生情感体验的获得。因此，教师需要以此为根据设计丰富多样的教学情境，从而激发学生的学习兴趣，让学生获得愉快的学习感受。

第二，强调真实语境。体验式学习主张将学习活动置于真实的语言环境中，学生在这种场景中来感知自身角色，学习一系列与生活相关的语言知识。

第三，注重学习者对经验的获得与利用。体验式学习把需要熟悉的未来场景引入学习者的视线。学生通过场景的反复模拟，能够积累自己的生活与交际经验。这种知识的积累带有乐趣性，能够使学生产生积极性与主动性。

在信息技术日新月异的发展下，将大学英语教学与网络相结合也引起了众多教育工作者的关注。体验式网络学习主张以学习者为中心，通过真实或虚拟情境使学生获得知识。

体验式网络学习较传统英语学习方式相比更加重视主动经验的生成，因此是一种带有主动性的学习方式。在学习的过程中，学生可以进行人格塑造，对自己的心智和潜力也有重要的挖掘作用。通过积极有趣的体验，学生会认识到知识的重要性，树立正确的价值观、人生观，提高自身对环境的适应能力与明辨是非的能力。

二、大学英语教学的体验学习模式

大学英语教学可以采用多种体验学习模式，以下是一些常见的体验学习模式。

第一，情境模拟体验学习。通过创造真实的语言环境和情境，让学生通过交流、体验来学习英语，如模拟购物、旅游、约会等场景，让学生在这些场景中用英语进行交流。

第二，游戏化体验学习。通过将英语学习与游戏化结合起来，让学生在玩游戏的过程中学习英语。例如，通过电子游戏、语言游戏等方式，让语言学习更加有趣。

第三，社交体验学习。通过让学生与母语人士进行交流，加强学生的口语表达能力。例如与海外留学生进行语言交流，或者在线社交平台上与海外用户进行交流等。

第四，多媒体体验学习。通过多种多媒体形式进行语言学习。例如，通过音频、视频、图片等方式，让学生在感性认识和理性认识之间达到更好的平衡。

体验学习模式在大学英语教学中的应用，可以让学生更加主动、积极地学习英语，提高学生的学习兴趣和学习效果。

第三节　大学英语教学的合作学习方法

学习模式的教学，合作学习模式主要依托于构建主义原理，重视学生的主体教育地位。在这样的模式教学下，学生可以通过学习小组的形式进行教学内容的研究与探讨，并在实际交流中分工协作，获取知识的同时也锻炼了学生综合能力，教师将团体成绩作为评价标准而互联网的加入丰富了合作学习模式的教学内容，使其具有开放性、探索性、交互性、综合性以及多样性等特点，让学生根据自身的学习爱好和学习需要进行自主学习内容的选择，自主发现问题、解决问题，强化了合作学习模式的作用，提高大学英语教学的质量和效率。

合作学习主要是学生们为了实现共同任务的目标，有序地进行责任分工的一种互助性学习，积极引导和鼓励学生为了集体利益与个人利益进行协作，在完成任务中不断地进行自我完善、自我优化以及自我发展，实现合作学习的目的。在实际的应用过程中，合作学习属于一种结构性学习策略，一般由教师进行分组，每组成员为 2~6 名，通过合作与互助的形式进行学习活动的实施与开展，提高整体成绩，保证以组为单位的小组学习水平。互联网+合作学习模式在大学英语教学中的运用如下。

一、大学英语教学的合作学习内容

在大学英语教学的过程中，教师要积极引进互联网+合作学习模式，通过网络资源丰富教学内容，在大量的网络信息资源中进行筛选，选择有效、积极的信息内容作为教材内容的延伸，教师要对其进行整理，应用在课堂教学中，利用腾讯 QQ 等软件或教学工具上传到班级群中，让学生根据自身的兴趣爱好和学习需求进行下载。

二、大学英语教学的合作学习过程

在大学英语教学中，教师要通过互联网不断完善课堂教学过程设计，构建动态课堂教学。首先，学生、教师、教学资源要呈现出多元互动教学状态，开展合作学习活动。例如，在《Belief》教学设计中，教师要以“belief”为主题，组织个人英语演讲活动，让学生根据自己的理解和切身经历，谈一谈信念，学生演讲后，教师要组织学生代表对其演讲内容进行评估，进而评选出“最佳演讲人”，深化教学内容的同时也提高了学生学习英语的积极性和主动性，并通过师生与生生间的交流，提高学生语言运用能力。

三、大学英语教学的合作学习活动

在大学英语教学中，可以通过网络通信技术实现学生课后的辅导、测试与教学管理在课堂上，教师要向学生提供学习资源网站，鼓励学生在课后时间上机练习，通过网络测试平台检验学生的学习成果，学生也可以在网络平台中进行互助学习，延续课堂中的合作学习交流，借助网络平台实现课堂教学内容的深化。另外，教师可以利用微博、腾讯 QQ、微信、聊天室等通信平台实现课后一对一或者一对多指导，有计划地进行单元测试，了解学生实际情况，进而不断提高大学英语教学的有效性。例如，教师可以通过互联网实现互动助学，学生自主建立学习小组，利用互联网平台创建语言学习与交流平台，补充了课堂英语交流不足的现象，并作为一个解答疑惑的平台，强化教师的指导，实现互联网+合作学习模式的作用和预期效果

综上所述，互联网+合作学习模式的应用可以有效提高大学英语教学的有效性，并作为一种新型的教学模式，通过互联网平台将课上与课下、教师与学生紧密地联系在一起。"在实际应用的过程中，要将互联网+合作学习模式贯穿到教学内容、教学过程、教学活动中，进而形成完整的大学英语教学体系，提高学生学习英语的积极性和自主性，实现大学英语教学的目的。"①

第四节　大学英语探究式教学方法分析

目前传统英语教学讲授法已经不适应当前大学英语教学的实际需求，探究式教学方法的应用目的是突出在英语教学过程中学生的主体地位，而教师大多以引导性为主，让学生主动地探索、掌握认识和解决问题，是当前英语教育领域应用较为广泛的英语教学方法。

"探究式教学与传统英语教学模式的应用方法有着本质的不同，探究式教学不是被动学习的过程，而是主张学生在英语学习过程中主动发现问题、解决问题。"② 通过了解英语学习的方法来加深自身的学习体会，形成自己的理解和认识。大学英语教育改革倡导教师采取探究式教学方法，通过科学探究，引导学生自己开展质疑、调查、探究的过程，进而让学生体验英语探究学习的过程，激发学习兴趣，提高英语学习效率。使得被动学习转为主动学习，英语学习的创新能力和实践能力得到进一步提高，有助于学生的综合素养发展。

英语探究式教学过程中，学生通过对问题的分析和探究，在自主学习过程中锻炼自己解决问题的能力。不仅可以引导学生主动掌握英语课程知识要点，还能够帮助学生掌握自主英语学习的方法，在论证、评估、交流的过程中增强自己的各项素质。在英语教学中强调对学生英语应用能力的培养，探究式教学正是迎合了这一英语教学目标，探究式教学的

① 曹雪. 互联网+合作学习模式在大学英语教学中的应用研究［J］. 知音励志，2016（10）：32.

② 杨弈. 大学英语探究式教学方法分析［J］. 科教导刊（下旬刊），2020（27）：76.

实践性、自主性、开放性更强，更能够调动学生主动探究的积极性，培养学生的科学思想和精神，使之能够形成科学研究的态度。

一、大学英语探究式教学方法的价值

大学英语探究式教学体现的是学习的主观能动性，是学生自身学习策略的运用过程。在探究式教学模式下，学生主动参与学习，从探究活动中获取知识，学会科学研究所必备的各项素养，领会科学探究的精神，培养自己的科学态度。大学英语探究式教学显著调动学生的参与积极性和主动性，尤其是大学阶段是英语学习的关键阶段，灵活运用多种教学方法能够提高学生的英语能力、思维能力，对学生的英语学习发展起着重要的作用。可以说，探究式教学是对传统英语教学模式的创新和发展，是有助于学生综合能力发展的学习方式。

大学英语探究式教学开展过程中，教师和学生的沟通效率得到加强，二者在共同互动的过程中提升了学习的效果，且学生是整个过程的主体。探究式教学是革命性的英语教学思想转变，英语教学要求更高，也更符合当前我国大学英语教育发展的客观要求。

二、大学英语探究式教学方法的建构

（一）利用信息技术来设置情境问题

当前大部分教师在探究式教学中均采取了多媒体信息技术，符合当前信息时代发展的背景，也是对传统英语教学手段的创新和发展。但探究式教学不应完全依赖于多媒体工具，而是应注重英语教学手段与探究式教学目标的协调性和统一性。

探究式教学应从设置问题开始，探究式教学与情境问题的结合，可以帮助英语专业学生找到解决问题的渠道，激发起学生的探索兴趣，使得每个学生都能融入问题探究的过程中。探究式教学与多媒体信息技术的结合，接下来组织学生开展探究式学习，针对这些问题进行思考和讨论，引导学生在探究学习中理解所学习的知识，加强对解决问题思路的认识，同时也符合培养英语专业学生探究能力的目标，提高英语专业学生的综合素养为深入探究英语教学打下了良好基础。英语教学与探究式教学的结合满足英语专业学生参与科研探究的愿望，也能够达到事半功倍的英语教学效果。

（二）深入探究并且鼓励猜想与验证

猜想与验证是解决问题的必经之路，在探究式教学中教师不会过度地干预学生的学习，通常会在课堂中向学生预先布置探究的主题，然后由学生进行结果的猜想，并自己选择解决方法的方式和渠道，虽然学生猜想的结果不一定符合客观事实，但学生在进行猜想的过程也是主动探究能力的训练，教师要鼓励学生根据所学的知识大胆猜想与假设。验证是检验自己的猜想是否正确的过程，在此过程中教师发挥引导性作用，组织学生查阅资料，制定验证的思路和流程，指导学生进行，验证猜想的正确与否。

（三）对获得的结论进行分析及总结

学生在自主猜想与验证之后，就可以对获得的结果进行分析，并回顾探究过程的成功的经验和失败的问题，培养归纳总结的能力。并且通过分析和总结，实现对所学知识的实践应用，使得学生更好地认识所学知识和应用方法。

综上所述，探究式教学方法的应用可以提高英语专业学生独立解决问题能力和创新思维能力，激发学生的探究积极性，未来应继续开展针对英语探究式教学研究工作，最大限度地提高英语教学效果。

第五章　大学英语教学模式与探究式构建

第一节　大学英语的慕课教学模式构建

慕课（Massive Open Online Course，MOOC），即大规模在线开放课程，是指通过互联网面向所有人开放的一种网络教学课程。“在教育信息化的时代背景下，慕课受到了世界教育工作者的关注。该教育模式将互联网作为平台，实现了大规模的网络教育，实现了优势教育资源的整合，促进了教育公平的实现。”① 慕课的出现，为大学英语教学改革带来了机遇。慕课比较大的优势就是资源的免费，那些无法享受到高质量教学资源的学习者就可以借助慕课平台完成相应的学习，同时，其还可以根据自己的学习进度与学习能力制订学习计划。学习成绩好的学生可以搜索更难的资料以实现进一步成长，而成绩相对不高的学生则可以通过搜索简单的资料巩固基础知识。

一、大学英语中慕课教学模式的认知

（一）慕课教学模式的特征与功能

相比视频公开课等其他在线教育模式，慕课有着三方面特点：第一，慕课课程规定有严格的学习时间，课程上传完成后，学习者必须准时完成章节学习及配套作业、考试和互评等；第二，慕课的教学资源需要精心准备，资源内容比较丰富，选择多，精心准备的资源能确保课程的顺利开展；第三，正式的考评认证机制，与其他网络教育模式不同，慕课课程的考评机制比较正规，因此可为学习者提供学习成果的相关认证，在院校、企事业单位等具有很高的认可度。

---

① 王怡云. 基于慕课视角下大学英语混合教学模式的构建路径探索［J］. 校园英语，2021（22）：85.

1. 慕课教学模式的特征表现

（1）自主性特征。慕课网络课程学习的全过程都是在线完成的，具体而言，就是事先录制好视频，然后上传到网络平台，学习者通过搜索找到自己想要了解的那部分资源进行在线学习。此时，学习者的网络在线学习是可以不接受教师指导的，具有很强的自主性，他们借助网络可以在慕课平台上自行寻找想要的资料，这样慕课就推动了学生的个性化学习，同时，也有利于学生自主学习能力的提高。另外，慕课还有一个比较大的优势，就是其可以将学习者的碎片时间进行最大效率的利用。

（2）互动性特征。与传统课堂教学相比，慕课在线网络课堂教学这种网络教学模式有着其突出的教学优势，因此，一经推出就获得了许多学习者的喜爱。慕课在强调学习者自主学习的同时，也强调互动，因此，慕课平台上会有许多的线上交互工具。例如，人们熟悉的留言板、问答社区等，当学习者对某一知识点产生疑问时，其就可以通过线上交互工具向资源上传者或者同类知识学习者提问，在获得答案之后，也可以与其一起讨论，这样学习者就能更加高效地丰富自身的知识结构体系。

（3）开放性特征。传统课堂教学相对比较丰富，慕课由于依靠互联网，所以其学习资源具有很大的开放性，所有资源都是面向所有人的，只要是网络平台上的用户都可以下载相关资源。在慕课平台上学习的入学门槛不高，只要有网络，平台上的免费资源都可以供学习者学习，这为那些身处教育资源较少地方的学生提供了更多、高质量的学习资料。学习者只要热爱学习、拥有网络，那么就能随时随地学习。需要注意的是，学习者在慕课平台上下载学习资源时其是一个知识的消费者，而当其向平台上传资源时其就成了知识的生产者。可见，从本质上而言，慕课确实是一个比较开放的学习平台，所有学习者都可以在上面获取、整理以及分享知识，它满足了人们在信息时代与知识时代的双重需求。

（4）大规模特征。慕课是一种网络教学模式，它在网络教育平台上有着大规模的特征，这种大规模主要体现在三个方面：第一，参与课程的学生数量比较多；第二，由于用户可以随时随地上传数据，因此平台数据量颇大；第三，参与慕课课程建设的高校以及教学团队较多。传统课堂的场所就是教室，教学场所固定、有限制，这就对参与教学的人数有了限制，但在慕课在线网络课堂上，学习者的人数是不会被限制的，只要有网络，全世界范围内的人都可以在相应的网络平台上选课学习。慕课能为学习者提供海量的学习资源，它包括社会科学知识，也包括理科知识，能为不同专业的学习者提供学习指导。

2. 慕课教学模式的功能分析

（1）根据学习者慕课学习情况，适当调整课堂教学内容。慕课的一大特点就是允许学习者根据自己的实际情况制订学习计划。具体而言，可以在三个方面做出改变：第一，教师要关注学生在慕课课堂上的表现，对于学生在课堂上提出的问题要能够给予及时的解答；第二，教师要主动进行调研工作，总结学生在英语学习过程中遇到的问题，找到解决之策，从而在后续教学过程中对不同的问题予以适当强化；第三，在慕课课堂上，学生的作业评价主要是通过其同伴来实现的，但学生一般都非常希望教师能给予自己合理的评价，因此，教师应该在以后的慕课教学中，多给予学生作业适当的评价。

（2）依托国际慕课，激励学生学好大学英语。语言障碍一直都是学生无法较好地完成慕课学习的原因。所以，英语教师应该抓住解决这一问题的机会，鼓励学生积极学习国际慕课，这样，学生英语环境有所改善，其英语水平也会有质的提高，更是会激起其学习英语的兴趣。

（3）根据慕课课程需要，适当调整大学英语课程体系。每个高校可根据自身发展以及学生对慕课学习的热情状况，设置“大学通用英语+大学英语后续课程”的课程体系。

（二）慕课教学模式的适用性探讨

慕课的出现，有利于转变我国当下高等教育人才培养模式，所以在实践应用中要严格遵循适用性原则，充分结合不同高校的实际情况和不同学科的专业特点，有针对性地量身制定教学模式与应用方式。

1. 不同类型的院校采取不同慕课策略

综合性的研究型高校，不但要充分利用慕课提供的世界各地优秀教学资源，而且要自主创新和开发品牌课程参与慕课平台上，供别人学习交流。普通高校主要是学习和吸收慕课平台上的优秀资源，并将这些教学资源有效应用到自身教学工作中，提升整体教学质量，继而利用应用型高校的学科优势创新和开发部分专业实用性课程参与慕课平台中。

2. 慕课模式对多学科课程适用性不同

目前，慕课的某些设计还无法满足高校所有学科复杂的知识结构体系和特殊的思维能力要求，并不是对每个学科都适用，其对高校学科课程的适用性主要包括以下方面。

（1）理论课程。慕课网络课程有利于先进理论教学资源的共享和交流，从而有助于更好地优化理论课程设计，提升教学质量。但难以适用实践课程，因为实践课程对现场实验和调研等实地操作方面的要求较多，在实践中才能够更好地提升学生的专业技能。慕课虽然有在线模拟实验室功能，但学生无法真实地感受，往往达不到好的教学效果。

（2）程序化的学科课程。慕课模式比较适合结构化知识的传授，要实现相对高层次、高难度的数理推理和逻辑思维能力培养等课程的效果较为困难。

（3）外语类和双语教学课程。因为当前慕课平台的授课用语基本上都是英语，中文只出现在极少部分课程的字幕中，有利于学生在获取专业知识的同时，接触和学习纯正的英语。但是，这种语言运用方式也在一定程度上限制了慕课的其他课程在我国更广泛地推广和普及。

慕课优势明显，但也存在很多不足，需要全面、客观地认识和研究，有效借鉴和引用慕课的优势资源及课程设计等优点，尤其是正处于慕课筹建阶段的应用型高校更应如此。各个高校要以慕课为契机，着力推广“线上+线下”的混合式教学模式，促使学校和教师改变传统的教学观念，正确认识在线教育的优势和意义，从而更深刻地领会高等教育的发展方向。

应用型高校要从理论、技术、创新应用和可持续发展等体系入手，全面、系统、深入地推进混合教学改革；充分借鉴慕课经验，构建更加开放的教育体系，深刻理解和贯彻自身职能。慕课也有助于高校进一步利用现代信息、新媒体、互联网等高新技术平台，更加全面深入地优化整合“线上+线下”教育模式，充分集聚和共享多方优势资源，更好地服务社会。应用型高校可借助慕课这一全球化资源平台，加强国际合作与交流，实施国际化协作办学策略，在互联网生态圈内不断深化高等教育改革，培养能力更强、综合素质更高的应用型人才。

（三）慕课教学模式构建的优势

随着慕课模式在全国高等教育领域的深化普及，其强调自主学习为主的教学理念在潜移默化中改变着高校的教学方式。慕课热潮的来袭有助于推动高等教育的内涵式发展，为社会培养应用型复合人才。相对于传统课堂教学模式和一般的网络课程，慕课主要具有以下优势。

1. 提供广泛、优质和模态化的资源

慕课的显著特征主要表现在三个方面。①大规模、开放性。慕课打破了常规教育的人数、时间和地域限制，学生不必严格根据课程时间安排到特定的实地课堂中接受教师传授知识，既支持学生随时随地随身学习，又支持大批量学生同时段学习，从一定程度上有效激发学生的学习热情和兴趣，能够更加积极主动地投入学习中。②资源透明性。慕课课程的学习内容全凭学生爱好与需求自主选择，可以在特定时间段内完成学习过程、提交随堂作业、参与知识考核，而且一切的教学资源都是透明公开的，整个学习考核过程公平、公正，对所有学生一视同仁。③资源丰富性。慕课基于全球互联网平台搭建而成，汇聚世界

范围内的各类优秀教学资源，信息量庞大，内容丰富，学生简单注册账号以后，可以免费享用资源，足不出户就能享受到世界名师的指导。

慕课课程内容打破了传统学科限制，强调知识信息的综合性、实用性和普遍适用性，从各个领域的先进理论、实用性知识到各种生活健康常识等应有尽有。同时，有效实现各个高校之间的资源互通和互补，促进顶级高校资源向普通高校的共享流动，弥补我国高校资源分布不均的现状，更有利于人才综合素养的提高和高等教育的整体性发展。例如，普通高校可以通过注册北大慕课平台，获取其优秀的教学资源。慕课课程的大力开发，将极大改观现有教学观念和教学模式，极大地促进应用型高校的教学水平。

慕课课程的内容通常利用视频形式体现，由相关专业的教师团队经过反复斟酌、精心研究确立而成。大多数的视频主讲教师都是知名学校的顶尖教师，雄厚的师资力量确保了其课程内容设置更加合理，讲解质量更好，学生接受度更高。

慕课的课程设计有效利用模块形式，体现出各个课程的特色。把完整的知识体系按照内容分解成一批相对独立的小模块，让内容条理更加分明，且重点突出，一目了然，并借助 10 分钟的视频，将其具体表现出来，有效集中学生的学习注意力，帮助学生更好地理解和记忆知识。

2. 凸显“以学生为中心”的教育理念

（1）兼顾不同学习能力。传统课堂教学着重强调教师的“教”，教师按照统一的课程内容和进度要求一对多地进行知识的讲授和传输，这种教学模式难以顾及每个学生的能力和需求。慕课则不同，学生可以自主选择与自身能力相符合的课程知识，自己安排学习计划和进程，还可以重复回放视频课程，反复学习知识难点和重点，进而提升学习效果。

（2）满足不同学习方式。慕课的学生用户可以利用特定的论坛、网站等平台，与教师和其他学生进行实时交流和互动，互帮互助，一起解决学习过程中遇到的困难和问题。同时，利用课程视频中的测试题、线上测试题、线下作业等方式检测学习效果，强化知识的理解和记忆；利用教材注释、虚拟实验室等辅助工具，随堂记录课程内容和学习心得，对需要做实验的课程进行在线模拟实验；利用教师、其他学生和自己的评价综合考虑学习结果，及时发现不足，有针对性地修改，从而不断提高学习效果。

（3）随时随地灵活选择。传统教学方式有严格的课程安排和时间、地点规定。慕课完全打破固化模式，课程时间比较灵活，且没有地域限制，学生可以根据自身需求自由规划学习时间，确保在相对良好的环境下完成学习。

（四）慕课教学模式的发展创新

慕课教学实现了高水平大学教学资源受众的规模化和全球化，拓展了传统高等教育的知识传授链，同时慕课教学模式具有小视频配合相应的即时在线测试开展课程教学，模板化的课程结构易于工程化复制等独特优势，可以预测慕课教育将对应用型高校整体办学水平、教学模式带来质的变化。

随着慕课的快速推进，给高校的课堂教学改革带来了新的机遇和挑战。要求管理者要搭建更高效的资源共享平台促进课堂教学。教师需要重建课堂教学理念，确立新的教学目标，重新组织课堂教学过程并更加注重过程化、多元化的考核方式。与此同时，教师要做好由同一化培养到个性化培养的转变，由课堂教学到多平台教学的转变，由单行灌输到多向互动的转变，由人工教学管理方式向智能化教学管理方式的转变。

1. 创建有效平台，强化教学资源共享

慕课是新近涌现出来的在线课程开发模式，发端于过去的发布资源、学习管理系统以及将学习管理系统与更多开放网络资源综合起来的旧有课程开发模式。慕课的定义决定了慕课的运作需要借助平台运行，而社会层面和学校层面两个平台很重要，两个平台的良好运作有助于促进优质教学资源在全社会范围内共享，有利于实现教学改革目标。

（1）搭建慕课平台。由于师资力量不同，普通高校和名校之间的差距越来越大。如何实现我国整体教育质量的提升是目前教育界的主要工作。开展慕课建设，推动课堂教学，可以实现区域高等教育水平的整体提升。搭建以慕课联盟为基础的学习平台，要摒弃以往资源共享会削弱自身教育实力的观念，在资源共享过程中不断增强教学优势的互补，以实现共建、共享的教育科学理念。

第一，搭建学习平台，要做好平台搭建的铺垫工作。教学平台的搭建是区域高校共同的工作，不只是具有优质教学资源的高等院校责任，相关地方政府也应在教学资源共享方面给予支持和保障。教育平台的搭建还需要一定的技术支持，根据国家相关建设标准，采用现代信息技术，增强学习平台的功能性。高校最终还是需要回归到学分认证，需要平台规范统一教学内容和要求，有了教学基础才能公平认证。

第二，丰富教学平台资源。高校相关教育工作者要不断研发自生资源，不断加快自主研发网络课程资源步伐，引进优质资源和自主开发优质资源同步进行，在平台上运行。学生在选择性上也有多种可能，而自主研发课程资源更能有效地针对不同学生因材施教，需要各高校鼓励开发自主课程，尤其是高校中专业课知识性比较有针对性的课程，而公共课程和选修课等共性较多的课程相对而言更容易开发。

（2）加强校内网络平台建设。从目前来看，在各级政府投入和高校自身争取下，各高校分别建立了属于本地区高校的慕课平台，但是内部网络建设水平仍待提高。

第一，实现网络在线教学平台和数字化对接。现在，各高校内部具有网络化的财务缴费系统、图书馆信息系统、教务管理系统、网络教学平台系统等，由于这些系统分属于不同管理部门负责，相应的技术标准和公开程度不尽相同，学校加强网络在线教学平台和校内数字化平台的衔接，可以避免师生重复身份验证工作，促进各部门之间工作的相互协调。校内网平台应及时和校园数字化平台对接，形成信息共享，避免反复混乱，在统一体系平台下，学生和教师在完成身份认证以后，可以完全享受资源的服务与便利。

第二，当前教学平台应用范围还有待扩大。学校可以通过建设相应的教学平台激励政策，鼓励师生参与网络平台教学中。此外，学校应加强相关宣传，宣传网络在线学习平台的优势和平台使用说明，同时为学生网络在线学习提供便捷条件。例如，电子信息阅览室、校园内部实现网络全覆盖等便捷的网络条件，可以为教师和学生提供便利的网络学习条件，是高校现在有条件也应该达成的。

第三，慕课平台的管理需要完善。完善相关规章制度和管理办法，及时更新网络教学资源，做好网络教学平台管理的服务工作，保障网络信息安全。平台的管理需要完善的系统，新事物的出现总需要新的管理为其服务。完善相关制度和管理办法，可以保障慕课平台的规范性，及时更新网络教学资源，有助于保持师生的积极性，而没有更新的网络资源会影响教师上传教学视频的积极性和学生学习的趣味性。实时更新教学资源，能够有效保持慕课平台的正常运行，最关键的是保证网络信息的安全，设立网络巡视制度，坚决杜绝网络不良信息在校内资源的传播。

2. 加强过程评价，重视实际教学效果

在慕课时代下，高校在课程改革过程中应注重评价方式的多样化。

（1）重构课堂教学目标。慕课背景下，学习由于可以不受时间、地点限制，学生通过网络在线学习平台提升自主学习能力，实现教学目标。传统的教学课堂只是单纯地在课堂或者单一时间内把知识和技能教给学生，学生的长时记忆受到限制，不利于学生对知识和技能的消化。慕课背景下，翻转课堂成为可能，学生可以不受时间限制，课上不理解的内容可以在线上反复学习，教师的互动交流也成为可能，反过来学生在线上的学习也可以拿到课堂师生共同学习。

（2）重构课堂教学实施过程。课前预习、课堂讨论、课后深化成为慕课重构课堂的新模式。新的教学模式，需要教师备课，也需要与时俱进。学生成为课堂备课的主体，不同的学生、不同的在线状态都需要备课教师的思考，课堂的讨论需要教师准备充足的资料，课后的深化同样需要教师角色的转变。所以，网络教学是新事物，也是旧事物，无论课堂模式如何变化，最终需要学生学会学习。

（3）重构课堂教学评价模式。慕课背景下的课堂教学更加注重过程，教学过程是重点。学生的学不局限在几十分钟内，而是对知识的理解是否扎实，考查学生的理解需要更多元的方式，如可以借助网络进行日常作业，或者网络研讨等。在新的教育教学方式背景下，教师应该在传统评价机制基础上融合创新，注重过程的评价，实现最终的学习成果。

3. 发挥慕课优势，促进课堂教学革新

由于慕课解决了传统教学受时间、地点限制的问题，提升了学生的综合能力，教师要熟练掌握慕课的开发和管理，调整课堂教学知识结构，利用慕课资源。教学改革中要充分发挥慕课优势，实现教学方式的优势互补，促进教学质量提升，实现应用型人才培养目标。慕课教学需要实现以下三个方面的转变。

（1）人才培养方式的转变。传统课堂教学模式是以班级为整体进行教学内容传授，忽略学生基础和学习能力差别，难以调动部分学生的学习积极性。慕课背景下，教师需要尊重学生的差异性，增强教学内容的针对性，重视激发学生学习的主动性，由教师被动的教学变成学生充满兴趣主动地接受新的知识。相对于传统的教学方式，慕课教学更侧重于学生个性化需求。

（2）课程教学方式的转变。传统课程教学方式较为单一，师生之间缺乏交流，慕课打破了时空限制，师生可以通过博客、微信等实现知识交流，丰富教学方式。无论是传统课堂还是新方式的网络课堂，师生的交流都占有重要角色，没有交流的课堂不是成功的课堂，线上课堂可以帮助学生更好地向教师请教。

（3）教学管理方式的转变。慕课教学平台的创设实现了有纸化向无纸化、人工化向智能化教学管理方式的转变，教材、笔记、作业等以电子资料形式呈现，考试可通过网络在线进行。此种环境下，教师要不断提高自身计算机应用能力，并实时更新教育方式和观念，促进学生综合素质提高，而作为学校的管理者，也需要积极与社会接轨、与时俱进，选择更先进的教学理念，更新既有的传统观念。

4. 推进课堂改革，提升教学管理水平

教学管理者的角色应该由管理者向教学和课程服务转变。高校管理者应该充分发挥高校优质师资优势，为学生提供更加优质和差异性教学服务，同时为教师提供最便捷的网络应用服务。第一，利用学校互联网大数据对学生的学进行差异性分析，为学生制定个性化教学方法，真正做到因人而异，因材施教；第二，多样化教学服务，充分利用互联网信息技术，通过学生端为学生提供更优质的教学服务、课题选择、教师选择、研究讨论等，通过个性化差异化的算法服务，真正高效有序地推进教学改革。

传统课堂能容纳的学生有限，但慕课可以涉及很多学生。在传统课堂教学模式中，大规模是极大的负担，但在慕课环境下，大规模却是一种教学资源。慕课的兴起是因为其有实体课堂没有的优势，如学习没有时空限制和门槛限制、没有班级人数限制、名师授课、以学生为中心的教学模式、科学的教学设计等。因此，慕课与实体课堂各有优势和不足，两者的结合是未来教育改革的方向。

二、大学英语慕课教学模式构建的策略

（一）英语课前的知识传授

第一，大学英语教师应选择或制作合适的课程资源。大学英语教师要对英语单元教学目标与学生的特征进行必要分析，然后对知识点进行解构，进而再去选择课程资源，因为这样选择的资源会比较与教学目标与内容相一致。教师设置的微视频不能太长，时间控制在5~15分钟，这样的长度非常有利于学生集中注意力。在安排学生作业时，要保证作业的难度适中，太难会打击学生的学习积极性，太容易则不利于其问题思考能力的提高。

第二，学生自主观看慕课视频。教师向学生提供的慕课视频都比较短，且为了检验学生的学习成果，一般都会在课程中间穿插一些小测试，这样学生就能清楚地了解自己的学习状况。此外，短视频能时刻保证学生有着较为集中的注意力，当其遇到问题时，其也能进行自主思考，这样就能加深其对知识点的理解与记忆。在学习英语慕课课程时，学生学习的地方并不固定，只要有网络，学生可以选择任意地点，可以是学校机房，也可以是宿舍；慕课课程学习的时间也不是固定的，学生可以充分利用自己的时间进行英语慕课课程学习。

第三，学生自主完成随堂测试。为了巩固学生观看慕课视频的学习成果，英语教师还要为学生设计好相应的测试题，布置合理的作业。在测试部分，教师应多为学生提供一些客观题，而测试的具体施行可由大学英语课程系统完成。当结果出来后，学生就能了解到自己知识点薄弱的地方，然后需要通过回看视频完成知识点的再次学习；在作业部分，教师应多为学生提供一些主观题，大学英语课程系统对学生进行随机分组，组内学生之间进行互相评价，进行点评，从而加深对重点知识的理解和深化。

第四，互动交流。利用大学英语教学平台提供的交流工具，学生不仅能够完成与本校师生的互动交流，而且还能完成与外界学习者的互动交流，这样学生的学习眼界得以开阔，发散性思维得以形成。教师在互动交流过程中发挥重要作用，教师需要发挥自身的社会临场感作用，不断提升学习者的凝聚力，加强他们的归属感，这样教师与学生、学生与学生就能实现良好的互动，学习者的学习也将会是一种快乐的学习。学生与教师进行互

动，可让教师为自己答疑解惑，与其他同学进行互动，可学习到其他同伴的好的学习方法。

（二）英语课堂的知识内化

在课堂知识内化的教学环节中，英语教师主要采用的教学方法是任务驱动。该方法的形成以建构主义教学理论为依据，特点为教学的全过程都充满了各种各样的任务，教师在其中发挥主导作用，学生发挥主体作用，这一教学方法对学习者而言意义重大。

第一，教师补充讲授。英语教学平台上的视频不可能与教学目标达到一致，因此，英语教师在开展慕课英语教学时，必须要结合英语教学目标，对教学内容做适当的补充。

第二，确定任务。英语教师不仅要考虑英语单元教学目标与重难点，还要考虑学生自主学习的能力与现状，在课前完成任务设计，任务不仅要具有挑战性，而且还要具有探究性。教师需要根据学生特点对其进行分组，每组人数可以控制在 4~6 人，组内成员一起讨论需要完成的任务。

第三，任务探究。小组内部通过对任务进行分析确立各自的任务。任务的分配与完成有两种情况：第一种情况是，如果任务所涉及的范围比较广，就可以将其进行分解，得到一些小任务，组员就可以单独负责一个任务；第二种情况是，如果任务并不好划分，那么，每一位组员都可以对任务进行整体探究，然后将探究的结果整合起来即可。第二种情况不仅能体现大学生学习的主体地位，而且还能培养大学生独立分析、思考与解决问题的能力。任务探究最重要的还是组内成员之间的协作探究，协作探究不仅能培养大学生的创新与批判思维，而且还能提高学生的沟通能力，增强凝聚力。

第四，成果展示。在学生完成任务探究之后，还要进行成果汇报与展示，这时可以在组内推举一人进行汇报，也可以每位组员轮流进行汇报，具体采用哪种方法，可由各组商讨后决定。

第五，评价反馈。英语教学评价是由教师与学生共同完成的，评价内容不仅包括学生在进行英语慕课课程学习之前的自主学习情况，而且还包括学生在任务探究过程中的表现等。英语慕课课程评价的结果与传统英语课堂评价结果结合起来，就能更加全面地反映学生的英语学习情况以及教师的教学情况。

（三）英语课后的知识拓展

经过课前知识传授和课堂知识内化两个阶段的学习，学生基本上可以掌握大学英语基础理论知识，达到大学英语课程的基本学习目标。在通过英语教学平台上的相关技能与过关测试后，学生就会自动获得英语课程自主学习部门的相关学分。大学英语教师对学生的英语学习情况进行恰当点评之后，可选出比较优秀的学习成果在教学平台上向所有学生展示；还可以继续搜集更具挑战性的学习任务，鼓励学生超越自己，继续完成任务，这样学生的英语知识在得到巩固的同时也实现了拓展。

慕课最终目的是帮助学生将学到的知识更好地运用到生活实践中，从而培养出对社会真正有用的应用型人才。实践拓展是课堂教学的延伸和拓展，可以采用的形式有学习/研究成果分享、知识/技能竞赛、社会实践体验等。成果分享主要是学生个人或团体将自己的学习感悟和研究成果等内容利用短视频、论文等形式上传到网络上供社会检验和学习。在这一知识创新和再创造过程中，学生能够不断加深对知识的理解，培养实践技能。学校和教师通过开展一系列的竞赛、实验、实践等活动，将活动的优秀成果计入学分、加入学时等形式，激励学生积极参与，从而在实践中不断提升知识应用技能和创新能力。例如，对于外语类课程，可开展英语演讲比赛、英语情景剧比赛、担任兼职翻译等实践活动。

第二节　大学英语的微课教学模式构建

随着教育的不断发展，实现教育现代化、提高教学效率、促进我国教育事业的可持续发展已经成为教育工作者必须着重探究的问题。微课作为新时期以信息技术和网络技术发展为前提的新型教学方法，紧跟科学发展和时代发展脚步，结合现代科技实施现代化教学。

由于微课教学能够针对学生当前的具体情况以及大学英语教学内容、教学目标、课程结构设置有效的教学内容，更符合学生的学习需要和教师的教学需求，所以在大学阶段，微课教学已成为教师重点采用的一种教学方法。此外，利用微课教学还能够让学生成为学习的参与者和主导者，满足不同层次学生的学习需求。此外，在大学英语教学中应用微课教学，能够进一步实现教学课堂融合网络信息，为教学理念的进一步发展和更新以及实践提供更多有利条件。

一、大学英语中微课教学模式的认知

“微课”是指在课堂教学的过程中，教师会把所有的注意力聚焦于其中的一个知识点（如课程的重点、疑点、难点）或者技能等专一的教学任务，并对其开展教学活动时所用的一种方法，这种方法有着清晰的目标、强烈的导向性、教学时间较短等特征。

微课的时间虽然相对而言比较短，但其组成成分比较完整，有主要部分和次要部分。其中的课堂教学视频是主要部分，是组成微课的重要部分，而视频的内容主要包括课堂教学过程中的难点和重点等主要内容，旨在拓展学生的思维，使得学生掌握课堂所学知识的方式变得更容易、更有效。另外，上课前的教学设计和材料课件，课中和课后的测试练习、学生反馈、教师评价等都属于微课的次要部分，这些均是促进微课得到进一步提高的辅助性的教学资源，也是一个非常重要的组成部分。

只有核心部分和辅助部分按照一定的组织关系，有序、和谐地相互配合，共同构建一个半结构化、主题化的资源单元应用的环境，才能使学生的课程更顺利、更有效地进行。与传统单一的教学资源相比，微课的教学资源种类更是多样，但它们既有区别，又有联系。换言之，微课是以传统教学资源为模板，对其进行一些创新和开发而形成的。

（一）微课教学模式的特征表现

第一，主题突出、内容具体。每个课程的微课，研究的主题只有一个，选择的主题要始终围绕着教育教学的具体实践，如突破教学难点、教育教学观点、学习策略、强调重点、教学方法等都可以作为研究的主题，同时也可以选用那些具体、真实的问题。

第二，基层研究、趣味创作。微课的课程对课程开发人员的要求不高，基本上任何人都可以成为课程开发人员。此外，从课程研究与开发的目的来看，是帮助学生和教师紧密联系教学目标、教学内容和教学手段来完成教学。因此，创作的内容对于教师而言，必须是其熟悉、有趣、可解的问题。

第三，资源容量较小。微课视频的容量相对较小，其容量（包含辅助性资源）一般仅有十几兆。因此，微课视频不仅可以支持网络在线播放，还可以下载到手机上随时随地观看。因此，无论是教师在线观摩、评课，还是课后反思、研究都是极其方便的。

第四，教学内容较少。微课教学的主线为片段视频，主要对课堂教学过程中的某一学科知识点进行重点强调，而传统的课堂教学一节课需要完成的内容有很多并且比较复杂，相对而言，微课的内容就比较简单、准确、突出主题的速度快，更与教师的需求相适应。

第五，教学时间较短。微课的教学时间是依据学生的认知特点和规律来制订的。由于学生集中注意力的时间相对较短，微课的视频内容相对精确、简单，有着鲜明的主题。因此，其教学视频时间通常为 5～8 分钟。与传统教学相比，微课的教学时间确实非常短，因此也可以称之为“课例片段”“微课例”。

第六，反馈及时、针对性强。微课的视频剪辑时间短。在短时间内，开展“无学生班”活动。参与者可以及时听到他人对其教学行为的评价，并获得反馈信息。但与正常的信息反馈相比，这种听课、评课更为及时，即根据当前内容及时进行反馈。因为这是课前小组的“预演”，每个学生都可以参加。

根据教学过程中的主要环节而言，微课可分为：课前的复习、新课的导入、知识的理解、巩固练习、拓展小结。与教育教学相关的其他类型的微课有：说课类、活动类、实践类、班会课类等。此外，根据教学方法来划分，微课还可以分为：探究学习类、合作学习类、讲授类、讨论类、问答类、自主学习类、启发类、演示类、练习类、实验类、表演类等。此外，还需要注意：微课的分类标准不唯一，它可以对应于一种类型的微类，也可以属于两种或两种以上类型的微类的组合。微课的类型不是固定不变的。随着现代教学理论的发展，教师的教学方法将不断创新，微课的类型将在教师的实践中不断完善。

（二）微课教学模式的设计规则

大学英语教师要适应信息时代的发展和教学模式的变化，必须学会自主设计和制作微课，在这个过程中，需要遵守以下规则。

第一，课程开始时，教师应向学生作自我介绍，使他们对教师有一个基本的了解。

第二，切记微课用户是学生，所以在设计和制作时，教师应该考虑怎样的知识和表现方法可以让他们更容易理解。

第三，在课程开始时，教师应向学生明确介绍课程的评价方法，使学生在学习过程中有证据，并根据本节课的教学目标进行学习。

第四，一个微课最好只讲一个相关知识点，所以时间不能太长，要尽量短，以抓住学生注意力的最佳时间，一般要求不超过 10 分钟。

第五，无论讲解怎样的内容，即使很简单，也不要轻易跳过教学步骤。如果课程内容比较复杂，在必要时教师可以向学生提供提示性信息。

第六，为了给学生不同的活动留一个转入的空间和时间，在微课过程中要适当设置暂停，或者后续活动的提示。

第七，对于一些重要的概念，教师需要让学生有一个正确、清晰的认识，对于它的基本概念和原理都要清楚；对于一些关键技能，也要清楚地告诉学生哪些时候能用，哪些时候不能用，应该如何用，等等。

第八，只有教师的讲解，会使师生之间的互动减少，并且传统教学模式的缺点也会继续保留。因此，在微课程上，可以允许学生适当提问，但要对所提问题的重要性做出合理安排。这样可以增强师生之间的互动，提高学生的思维能力。

第九，教师不容易说清楚的部分可以用字幕补充，但是不要长篇大论，增加学生的阅读负担，只需列出相应的关键词即可。

第十，当一个课程结束后，教师要进行适当的总结，要达到能帮助学生梳理知识的思路，强调知识重难点的效果。

第十一，留心学习其他领域的设计经验，从中找到可以借鉴的创意，进而找到自己的立足点，进行创新。

第十二，细节对课程的影响很大。教师处理好细节可以使整体工作看起来更加完美；反之，会降低微课程的效率。

此外，大学英语教师在教学过程中还要充分注意微课的细节，如鼠标不应在屏幕上晃动；字体和背景的颜色要很好地匹配；录制视频要安静、无噪声，保证学生在更好的环境中学习。

（三）微课教学模式的评价标准

微课的具体评价标准，可以包括以下方面：

第一，聚焦。在学习过程中，对于学生能够通过自主学习解决的问题，教师就不需要制作微课程了；而对于那些不经过老师讲解，通过自主学习无法解决的问题（如重点、难点或者易错点），是制作微课程的一个重要方面。

第二，简要。在传统的课堂上，虽然一堂课有 40 或 45 分钟，但学生真正专注的时间并不长。因此，要想使这种低效的教学模式有所改善，微课程应该准确把握学生注意力集中的最佳时间段，简单、明了地总结要讲的重点和难点以及需要重点强调的知识点，时间不得多于 10 分钟。

第三，清晰。微课程通常包含文字、图片、视频图像等很多形式的内容，其中包括视频内容的学术语言。要使学习内容清晰、完整地呈现在学生面前，达到良好的学习效果，就必须规范、合理、清晰。

第四，合理。技术的合理使用有助于提高学生的学习效率，但技术的滥用也会使学生的注意力有所分散，产生不良影响。因此，在技术选择上，应针对不同的课题选择合适的方法和途径，使信息技术得到合理的利用。

第五，创新。对教育结果有所影响的因素有很多，如教育理念、教学模式、教学策略、运用技术等。因此，还应多角度考虑创新，使学生的学习兴趣得到激发，有助于学生对学习内容进行更有效的理解。

二、大学英语微课教学模式构建的优化

微课是大学重点推广和全面运用的一种教学方法，大学英语教师需要在教学中，充分

掌握微课的特点内涵以及对英语教学工作开展的重要性和必要性，从而制定有效措施，提高自身职业素养和专业技能，实现微课在大学英语教学中的应用。

（一）英语微课教学模式设计的革新

首先，大学英语教师应树立正确的微课教学观念，明确微课的教学目标，明确微课作为一种全新的教学工具，通过教师转变传统的教学理念，寻求正确的方式和方法，充分利用微课优势，使用计算机资源搜集相关信息，对信息进行整合设计，结合大学英语教学目标，将知识以更加新颖的方式传递给学生。

其次，教师应灵活运用多媒体技术，对英语教材进行深入研究，找出英语教学中的难点和重点，对教材内容进行分解组合，将每一个知识点进行有效串联，从而制作出符合学生学习需求的微课。

最后，教师应充分利用微课创设有趣的教学情境，立足学生的学习兴趣和英语教学目标，实现学生在“学中做”“做中学”。例如，教师可以针对课前课程导入、课中学习以及课后复习三个层次，利用微课声音、图片、影像的方式创建相应情境，让学生在情境中，在不同的阶段进行英语知识的学习和理解。

（二）英语微课教学模式的完善构建

具体而言，微课的教学模式主要可以分为共享式的资源运用、网络化的教学实践以及多元化和全面的评价反馈。

第一，共享式资源运用。在大学英语微课教学中，大学英语教师应该充分掌握微课教学模式，对相关教学资源进行有效把握，将微课理解成为一种资源的整合。根据实际教学内容以及学生的学习需求，整合当前网络中的各种信息，通过截取后期制作的方式，使网络资源和教学内容实现有机结合。例如，在进行语法教学过程中，教师可以在网络上截取合适的语法教学资源作为课件，通过学生当前的英语学习状况，根据不同的语法知识点收集不同的资源，使英语语法的呈现更加多样化、系统化、科学化、形象化和具体化，让学生在学习相关语法知识时有更多的参考依据，让学生能够在丰富的资源中进行英语知识的学习。

第二，网络化教学实践。立足于互联网大背景下的英语教学，使学生能够利用手机等智能终端应用学习软件，在这些设备的辅助下，让学生进行英语知识的学习，让大学英语知识的学习走出课堂，真正进入学生的课余生活中，甚至是学生今后的社会生活。

第三，多元化和全面的评价反馈。“任何一种教学模式都必须实现信息的双向交流，具体到英语教学中，是指英语教师和学生之间的交流、教师对学生的评价、学生对教师教学方法的反馈和评价等，通过构建双向的信息交流，使评价更具多元性、具体性和科学性。”①

（三）教师微课运用的专业素养提升

微课教学不仅是一个简单的视频，还是融合所有对课堂教学有利的资源整合，英语微课在制作过程中必须体现出大学英语教师的专业素养。例如，对于“company”这一单词的教学，教师在制作微课时，可以分别对商号、公司、聚会、客人、连队、中队等不同的词义制作相对应的教学视频，只有专业的讲解，才能够凸显教育资源的积极作用，让学生更好地理解，促进学生的英语专业学习和英语实践。

总而言之，大学英语教学中，充分有效地运用微课教学方式非常重要。微课教学是创新大学英语教学方法的有效措施，教师需要设计精巧的微课课件，激发学生的学习兴趣，从而获得更好的大学英语教学效果。

第三节　大学英语的翻转课堂教学模式

一、大学英语中翻转课堂教学模式的要素

翻转课堂是“互联网+”时代大学英语教学新模式，实现了以“学生为主体”的全新教学理念。翻转课堂是对传统教学模式和教学方法的革新，通过知识传授与知识内化两个阶段的翻转，提高学生学习的主动性和学习效率；教师应把握翻转课堂的关键要素，准备富有创造力的教学资源和学习环境，组织多样化的课堂教学活动，通过学习分析为学生提供更有针对性的教学，充分发挥翻转课堂的优势。

（一）学习环境要素

翻转课堂需要由网络学习平台和学生学习终端组成的网络学习环境的支持。网络学习平台主要提供教师个性化推送和学生自主性选择学习资源、学生学习和在线测试数据收集和分析、师生和生生互动交流信息等功能。这是实施翻转课堂教学最基础的环境。学习终

---

① 王雁冰. 高校大学英语微课教学中存在的问题与对策研究［J］. 高教学刊，2018（24）：132.

端主要是支持学生的微视频学习、在线测试和网络交流等功能。

（二）学习分析要素

在翻转课堂实施过程中，教师需要利用学习分析技术，对学生在课前在线学习产生的大量学习数据进行解释和分析，有效分析判断学生的学习问题，评价学生的学习进展，甚至评价学生的批判性思维、协作交流能力和问题解决能力等，以帮助教师设计和调整教学内容和教学过程。例如，在学习过程中，教师发现某个环节或知识点被学生反复点击的时候，要意识到这可能是一个对学生而言难以掌握的知识点，或者自己的讲解有问题，需要据此调整教学，重新录制视频。

（三）学习活动要素

课堂的学习活动是翻转课堂设计的核心部分。翻转课堂的有效实施需要建立在设计良好的学习活动的基础之上。在翻转课堂教学过程中，新知识的学习过程已经在课前完成，取代了传统课堂教学中的教师讲授新知识的模块，给师生留下了更多的课堂时间，利用好课堂时间组织教学活动，促进知识内容，是翻转课堂成功的关键。目前提及翻转课堂，大部分教师都是集中在如何制作教学视频上，但实际上比视频更为重要的是课堂活动的组织。

翻转课堂教学活动包括小组学习活动、全班交流活动和个人学习活动，但以小组学习活动为主。翻转课堂教学活动涵盖了解答学生疑问、解决重点难点、课堂讨论、探究实验和练习巩固等多个方面，教师需要根据学科特点和学生实际情况精心设计课堂活动。翻转课堂需要良好的互动和有意义的深度学习。翻转课堂设计对教师的教学能力和综合素质有较高要求，教师需要在课堂中敏锐地发现多数学生存在的困惑，并及时解决。

二、大学英语翻转课堂教学模式构建运用

近年来，文化教育开始强调“文化知识”和“文化素养”，进入了语言与文化并重的教学实践阶段。文化的复杂性是跨文化教学与语言教学最大的区别，在英语课堂上没办法操练和检验学习者的跨文化意识和能力，所以需要教师花很多时间讲解文化知识。解决这一问题，可以利用翻转课堂的模式，给学生足够的时间理解和消化。下面探讨大学英语翻转课堂教学中文化相关内容的应用。

（一）英语课前的知识准备

教师制作的每个课件尽可能控制在 5~10 分钟的讲解时间，制作成 PPT 演示文稿，配

以语音讲解，教师录制播放，播放 PPT 时，即屏幕捕捉软件，选择一款录屏软件，教师可以把以上内容进一步细化为若干个知识点。也可通过网络资源搜索相关视频短片供学生课前学习和讨论。一些英语词语意义及文化特殊性等，教师可以设计一些问题给个人或学习小组，学生可以通过微信或腾讯 QQ 等向教师或同学随时提出。

（二）英语课中的教学活动

对语言知识或文化的讲解，不再是课堂学习中的教学重点。教师对学生的课堂表现进行形成性评估，课堂内各种互动的课堂活动可以帮助学生对文化知识的吸收内化。教师在课堂上加深他们对文化内容的理解以及内容的内化，引发学生积极的思考，组织活动，对课前收集的问题进行有针对性的讲解，教师的角色是组织、协调、答疑。针对教师所提出的有关中英文化英语表达等问题，能帮助他们知识的内化和实践，提高学生学习的兴趣，鼓励学生用英语进行交流，创设一些具体的情境，教师可以运用情境教学法，或者针对某一问题进行小组讨论，在课堂上个人或小组用 PPT 演讲展示这些活动任务必须在微课视频里提前布置，最后教师再点评。

（三）英语课后的延伸学习

课后的阅读是必不可少的，历史文化背景和价值观是一个跨文化现象背后反映出的，需要学生深入思考和领会。教师布置相关主题的实践与拓展，应当根据课堂上学生展示和提问的情况，如中国文化的主题和西方人交流等，学生自主搜集资料，课后扩展任务包括扩展阅读、专题写作等，教师点评，或者组员之间进行互评，这类应有的课后语言文化实践，具有十分重大的作用，能够帮助学习者增强语言综合应用能力和提高跨文化交际能力。

大学英语翻转课堂给教师和学生带来了挑战，但也能使学生更加自主，使教师和学生传统的课堂地位重新定位。对英语教师而言，在拍摄和制作技术上还需要一定的教育技术能力，应当投入更多的时间，给学生提供更多优质的课前微课视频学习资源。对学生而言，能否独立自主完成学习任务，这方面的学习能力也需要增强。英语的学习，不仅要通过语言了解国外的民族、历史和文化，更要用英语让国外了解我们的文化，而不仅是学习语言本身。

第四节　大学英语混合式教学模式构建

一、大学英语中混合式教学模式的认知

（一）混合式教学的特征表现

“混合式教学是把在线教学和传统教学的优势结合起来的一种教学模式，是当前教学研究的热点。”① 根据现代教育理论，学习过程包括程序性学习和启发性学习。以记忆为主的程序性学习完全可以以学生自主学习为主；启发性学习过程，需要通过作为专家的教师与学生之间的互动来完成。由此可见，将信息技术和课堂教学有机整合，有助于形成以学生为中心，充分发掘学生自主学习动力和创新能力，形成互联网+高等教育教学的特色教学模式，提高高等教育的竞争力。

混合式教学包括任课教师安排给学生的自主在线学习（或多媒体学习）与课堂互动两个模块。在线学习模块的内容常以教师讲课短视频、作业练习、互动交流、测验考试、通告邮件等方式向学生提供学习资料，结合学生的学习特点，使学习过程实现随时化、随地化，方便学生的学习时间安排，满足个性化学习的需要，但是其片段化的学习，不利于学生将知识有机地整合，并加以应用和评价。课堂互动结合即兴学习的特点，有利于将学习体验和个人经验进行整合，通过课堂探究和讨论，加强学生思维的主动性，实现学习过程的内化。

在课堂互动环节，教师可以采取基于问题的学习方式或者基于项目的学习方式。教师根据教学的重点或者难点，按照由浅入深的原则，有目标地设计教学问题；学生通过解决问题，将线上课程中所学习的知识应用到特定的环境中来，通过小组讨论和教师的引导，对产生的结果进行评价；学生还可以通过解决多个问题，按照归纳推理的方法，对所学知识进行归纳，从元认知的高度实现对知识的内化。根据最近发展区间原理，课堂讨论的问题既要考虑学生的学习兴趣，也要考虑学生的学习能力，这样才能充分激发学生在讨论中的活跃程度。在讨论中，也可以适当引入问题，在解决这类问题时，学生需要自主判断题目给出的条件是否适当，并通过查阅资料，找到相应的条件，如地球的质量、原子的大小

---

① 田宇. 线上线下混合式“专业英语”教学的设计与构建［J］. 科教导刊，2020（20）：118.

等，通过建立简化模型来解决问题。

对于实践性较强的课程，教师还可以开展基于项目的学习：教师根据学习目标，确定学生的学习项目，包括实验设计、课件制作、程序设计、数值模拟等。学生根据学习项目制定出相关计划书，教师和学生通过讨论确定计划书的可行性。在实验课堂上，各学习小组按照计划完成相关实验，教师帮助学生及时解决实验中可能出现的问题。完成实验后，小组按照研究结果写出研究报告，并在课堂上宣读。对于基于项目的学习，学生不仅需要运用和实践所学的知识，可能还需要将其他领域的知识整合到探究过程中，提高对知识的掌握程度。

然而，课堂讨论的时间有限，学生完全采用探究性学习的模式，其学习内容必会减少，会影响学习的成效。不同的混合模式可以将在线学习过程和课堂讨论环节有机地整合起来，教师可以采取课堂教学为主，在线学习作为补充的非翻转学习模式；或者以学生在线学习为主，课堂讨论作为补充的翻转模式，将两者的优势结合在一起，提高学生的学习效果。实施翻转课堂，教师可以采取在课堂讲重点、难点后再进行课堂讨论的部分翻转模式，或者课堂全部用于讨论的完全翻转模式。

采用翻转课堂模式，至少可以带来以下益处：①实现授课、批改作业与辅导任务的分离，释放教师知识教学的劳动力，让教师的教学时间真正花费在个性化的交互中；②完善思辨和身教的不足。翻转课堂可以给这个问题带来转机。课堂时间聚焦到探究式的个性教学中，包括答疑解惑、深入讨论、实际操作演示甚至手把手地指导实验等。只有真正实现个性化的教育，才是能培养出独立思考、实践动手能力的教育，让学生接收了知识之后能有所创造。③课堂职能的转变逼迫教师必须更深入地理解课程内容，进而提升教学水平。这个过程，对教师的教学和业务能力提出了更高要求。

（二）混合式教学的理论支撑

1. 建构主义理论

最早提出建构主义思想的是维果斯基。构建主义认为，每个个体的认知方式以及认知过程是有区别的，因此，每个人的学习结果以及学习状态也是无法提前预测的。教学本身的任务不是控制学生的学习，而是促进学生的学习。随着网络在教育领域的应用和发展，关于建构主义的理论也在不断发展和完善，进行教学设计的时候重点并不是在教学目标上，而是在学生的发展上，要以学生为中心，构建能够促进学生进行知识内化的外部和内部环境，促进学生知识的吸收和能力的获得，在这个过程中，教师只是学生学习过程的辅助者和促进者。建构主义主张因材施教，充分发挥学生的主观能动性，每个学生都应当有与教师直接对话的机会，教师只是学生学习的引导者，不是主导者。

建构主义是培养学生创造能力的好方式，它能够最大限度地激发学生的积极性和主动性，尤其对于学生理解复杂知识以及高级技能的习得方面更是有着得天独厚的优势。建构主义学习环境具有真实学习情境、合作学习、注重问题解决等特色，所有的学习环境都依赖于技术，以使环境易于操作，计算机以及相关技术在建构主义学习的实现过程中发挥着举足轻重的作用。另外，建构主义理论认为学习需要发生在情境中，在社会交往以及与周围环境的交互过程中，在解决问题的同时获得技能，在这样的过程中，学生掌握着学习进程的主动权，实现构建好的学习目标。

混合式教学模式最大的特点就是强调了学生的主体地位，混合性也即多样性，学生的个体特征本就是多样的，根据学生的状态选用最适合他们的模式，从学习环境、学习内容、学习方式到学习评价依据学生的主体需要进行混合，课前通过学习任务单的设置为学生的自主预习提供引导和方向，从而培养学生独立思考的能力、独立学习的能力以及自我消化的能力，对于不理解的地方既可以在课前与教师进行一对一交流，也可以通过学生之间的讨论获得新的启发。在课堂中，由于学生已经预先构建了基础知识，教师也可以对于知识的深度及广度进行扩展，拓宽学生的思路；课后利用已经拥有的资源，让学生根据课前与课中的学习，进行课后的自我巩固和反思，真正实现知识的内化。

2. 关联主义理论

关联主义又称连通主义、连接主义，是由乔治·西蒙斯提出的符合网络时代发展特征的理论。学习（被定义为动态的知识）可存在于我们自身之外（在一种组织或数据库的范围内）。学习发生在模糊不清的环境中，没有固定的要求和界限。关联主义理论是一种适用于数字时代的学习理论。

在知识观方面，关联主义认为学习活动就是为了促进知识流通。知识在一个交替流动的过程中得到不断更新，它是动态流动的。知识的流动循环要经由从某个人、群体或组织的共同创造开始，然后分发知识、传播重要思想、知识的个性化、实施再回到知识的创造这样一个循环的过程，从而使我们的知识经历得到个性化的解读、内化、创新。当知识流经人们的世界和工作时，不能把它看作保持不变的实体并以被动的方式来消费，应以原创者没想到的方法舞动和裁定他人的知识。关联主义理论对设计混合式教学模式的指导作用主要表现在以下两个方面。

（1）知识是具有关联性的网络整体。混合式教学的线上教学部分由于学习场所的虚拟性、接触资源的碎片化，容易导致学习者所习得的知识处于分散、支离的状态。而在关联主义理论的指导下，教师和学习者需要有意识地对教与学的状态进行把控。首先，教师提供给学习者的知识要相互连贯，遵循由浅入深、由易到难的原则，所呈现的知识需要遵循一定的知识逻辑结构，使学习者明晰整体的知识脉络；其次，教师面授教学的教学内容应与线上组织的教学资源相互关联，线上线下不能相互脱离，二者均要有各自的教学呈现方式，但是整体上又是互相对应、彼此联系的。

（2）教师与学习者时刻保持关联。教师与学习者是教学过程的两大主体，师生之间的互动在教学过程中是必不可少的。由于线上教学过程的时空分离性，师生之间的互动往往受各种因素的限制而不便随时互动沟通。因此，教学应用腾讯 QQ、微信等软件技术保持沟通，通过在线软件的途径，学习者能够共同探讨，教师亦能够及时掌握学习者的进度，及时解答学习过程中出现的问题。

3. 人本主义理论

人本主义与行为主义学派、精神分析学派并称为三大势力，它的代表人物是马斯洛、罗杰斯等。人本主义理论指出，学习是一个人潜能充分发展的过程，教育活动应该是一个有机的过程。因此，教育应该关注的是如何持续不断地供给学习者有关学习的热情。

教学的过程就是促进学生发展的过程，要促进学生发展就要选用合适的教学方法，合适的教学方法产生的条件包括：①要选用合适的教材，这样的教材要与学生已有的知识体系和能力水平相匹配，以方便学生自主学习；②教师要会教学，教学是一项技术含量很高的工作，教师不仅要能教学更要会教学，要懂得如何因材施教；③要有意识地培养学生自主学习的能力，培养学生自主学习的习惯。社会的不断发展依赖的是人的能力的多样性以及他们蓬勃的激情、独立的个性。然而，社会快速的发展使人们关注的焦点越来越功利化，人们过多地关注成绩，却忽视了能力。人本主义学习理论认为，教师的任务不应当只是传道、授业、解惑，更重要的是要能够为学生创造学习的环境和条件，为学生创设出自主学习的氛围，培养学生自主学习的能力，它倡导的是一种自由式、以学生为中心的教学观。

混合式教学模式在教学的过程中实现了一个质的突破，它的特性决定了它有很强的包容性。首先，就教材而言，凡是能够为学生学习服务的皆可以取之服务于学生。其次，混合式教学模式也是一种开放的模式，就教师主体选择而言，同样的内容、不同的教师施教后也会取得不同的教学效果，混合式教学模式的开放性提供了广泛的选择性，可以通过科技的手段实现教师的空间流动，人尽其才。最后，混合式教学模式也是一种灵活多变的教学模式，从培养学生能力方面来看，由于它没有固定的样式，环境的混合、资源的混合、教学方式的混合，都是建立在适应学生的自身发展的基础之上，目的都是促进学生知识的吸收以及能力的发展，力求能够实现真正的因材施教，它只有一个宗旨，即以学生为中心，为学生服务。

混合模式的使用，使得不管是教材还是教师都能够实现最大限度地适应学生，有利于学生。同时，这样的模式也能够充分实现学生能力的发展。该模式进行任务单的设置，将自主学习与合作学习相结合，既培养了学生独立思考的能力，又锻炼了学生的团队协作能力，并且还实现了优质资源的共享与运用。课堂中根据学生课前的预习内容，以及预习情况，进行师生间互动活动的设计，教师担当引导者的角色，用问题引发学生的思考，根据学生课前预习反馈的情况进行深入的探究讨论，培养学生的发散性思维，以及深入探索能力，充分挖掘学生自身的学习潜力。课后利用小规模限制性在线课程（SPOC 课程）平台以及相关平台进行拓展资源的提供，拓宽了学生学习的地理边界、时间边界、知识边界，培养学生自主探究的学习习惯，形成终身学习的性格特征，同时也减轻了教师的工作量。另外，使用 SPOC 平台的后台系统监测，进行大数据分析，用科学的方法对学生学习情况进行有效的评测，实现针对学生的个人特点与个性特征的教学改进，这些特点无疑都是人本主义中以学生为中心，为学生服务理念的最好体现。

4. 掌握学习理论

"掌握学习理论"由美国著名心理学家、教育家布鲁姆提出，意谓"熟练学习、优势学习"，是指只要具备所需的各种学习条件，大多数学生都可以完全掌握教学过程中要求他们掌握的全部内容。

教育目标可以分为三个领域，即认知领域，情感领域和动作技能领域。在每个领域中都按层次由简单到复杂地将目标分为不同类型，包含可以将每一个类别进一步区分为若干个亚类。只要恰当注意教学中的主要变量，有可能使绝大多数学生都达到掌握水平。掌握学习教学理论对设计混合式教学模式的指导作用主要表现在以下方面。

（1）混合式教学模式将部分教学任务转移到课下进行，这意味着有更多自由、充分的时间供学习者自由支配，学习者可以根据自身的实际情况选择合适的学习进度以及教学方法自定步调学习。通过完成教学任务、观看教师录制的视频以及资料自主学习，并完成在线测试，判断对于基本知识的掌握情况，对于未掌握的知识进入二次学习，掌握后方可进入下一阶段的学习。

（2）教师应该为学生设定明确的教学目标，在课程中学生应该达到怎样的程度、具体应用的学习方式、需要达成的指标等，使学习者有明确的学习方向，同时激发学习动力。

（3）在保证基础知识掌握的前提下，对于材料引申、拓展学习部分教师可以划分不同的难度水平以供学习者选择，这样的做法打破了教学过程中存在的进度一致、步调一致的问题，使学生的个体差异性得到尊重。

5. 认知主义理论

认知主义源于格式塔心理学派。认知主义认为，世界是客观的，人们对客观事物在头脑中的反映形成了知识，而知识是可以迁移的，因此它可以通过教学的方式来获得，而教学的目的就是使用最有效的方式实现知识的迁移。认知主义也强调环境在学习者学习过程中的作用，但是它认为环境作用的实现必须通过学生的内部心理作用的过程，它认为生活处处皆知识，学习无处不在。

人的头脑中是有认知地图的，所谓认知地图，也就是学习不仅仅是一种单纯的知识获得，同时也要对学习目标、学习过程、学习途径以及学习手段有一个清晰的认知，也就是认知观念的形成，所以在学习过程之中，也需要对认知过程进行研究，强调学习的目的性和认知性。学习的实质是将学习内容进行符号化和表征化的过程以及将这些表征进行应用的过程。知识的获得是通过内部心理活动实现的，包括内在的编码以及组织，它重视意识在学生学习过程中所承担的角色，在新的学习开始之前，学习者的心理已经存在一个心理结构，这原有的认知结构对于后续的学习有着重要的影响。学习者原有的学习策略、学习态度、知识经验以及情感、信念、价值观、态度等都是影响后续学习效果的重要因素。因此，在教学的过程中既要重视学生的主体作用，又要重视教师的外部刺激作用，既要重视学生的内部心理过程，又要创设合适的条件来促进学习者的内部心理状态的发展。

认知主义理论指导下的教学模式将学生的心理发展状态作为一个重要因素纳入了教学设计中，在教学策略和教学内容的选择上与学生原有的认知结构更为契合，学生的主动性和积极性也能够得到更好的发挥。混合式教学模式的发展是教育理论和科学技术不断发展的产物，它的理念即在适当的时间，通过适当的技术，运用适当的风格，对适当的学习者传递适当的能力，从而取得最优化的教学效果，把传统教学效率高，师生间可以进行情感互动等方面的优势与网络教学自由、多变、共享方面的优势相结合，在知识迁移的过程中，既充分发挥教师的引导、启发和监督的作用，又将学生的在学习过程中的积极性、主动性和创造性充分调动和发挥，用最简单的办法实现知识的有效迁移以及学生能力的获得。

6. 教学交互理论

在信息交互与社会交往大背景下，教学交互成为教学活动中必不可少的一个环节。任何形式的教学活动都离不开一定程度的交互，交互是教学活动发生的必要载体，而教学交互区别于传统的人际交互，旨在推动教师与学习者交流与理解，在引入某种技术的基础上，促进教学活动的高效完成。有学者将交互分成两个状态：①适应性交互，即指学习者行为与教师建构的环境之间的交互，如学生对教学平台的操作过程；②对话性交互，指学生与教师之间的交互，这一层面主要是学习者与教学要素、资源信息之间的交互。

（1）等效交互理论。等效交互理论是安德森从节约时间和经济成本的角度提出的，其基本思想是各种类型的交互转换可以相互转换和替代，本理论指出教师与学生、学生与学生、学生与学习内容这三种交互类型，如果有一种类型是高频率交互，那么其余两种交互频率就会少，甚至没有，但是有意义的正式学习仍然得到支持，且不会降低教学体验；如果三种教学交互中有两种或两种以上的交互类型是高频率交互时，有可能产生更满意的教学体验，但需要花费更多的时间成本和经济成本。在混合式教学实践中，不能一味地追求教学交互频率或交互水平达到最高，而忽略其他成本的投入，因为实际教学中教学时间是有限的，需要综合考虑教师和学生的时间比例及经济成本。

（2）交互影响距离理论。交互影响距离理论指出交互影响距离不是物理距离，而是由物理距离、社会因素等导致的师生在心理上产生的距离。“结构”与“对话”是交互影响距离的两个要素，其中结构与交互距离是正比的关系，而对话与交互影响距离是反比的关系。换言之，结构化程度高的课程，师生间的对话较少，交互影响距离最大。相反结构程度低（结构灵活），对话会增多，时间的交互影响距离随之减少。从学习者的角度看，交互影响距离越大，学习者的自主性要求越高。

简言之，交互影响距离是人与人之间的心理距离感。在混合式教学中，培养学生的自主学习能力是其中一个目标，而这个自主性又与交互影响距离有联系，因此面对面教学交互设计、非面对面的交互设计等都要基于交互影响距离理论来进行，尽量让学生与教师之间及学生与学生之间有一个比较合适的交互影响距离。

（3）教学交互层次塔理论。教学交互层次塔理论是陈丽教授站在建构主义学习理论的视角出发提出的，用来揭示和解释远程教学中教学交互的特征与规律。教学交互从低级到高级课分为三层交互，即操作交互、信息交互、概念交互。其中概念交互是最高级、最抽象的交互，而操作交互是最低级、最具体的交互，高级交互是以低级交互为基础的。教学中交互的目的是让学生获取和建构自己的知识体系，形成自己的概念，即达到高级层次的概念交互，而高级交互层次不是一蹴而就的，它需要进行低级的操作交互和信息交互。

在混合式教学中，以教学交互层次塔理论为指导，在教学交互式设计和实施过程中尽可能多地给学生提供足够的低级交互机会，为其上升为最高的概念交互打好基础，引导学生向较高层次进行交互。教学交互理论对建构混合式教学模式的指导作用主要表现在以下方面：第一，教师与学习者交互应遵循便利性、高效性原则，能够在线上、线下的教学中都能够达到即时的交互；第二，师生与平台易于交互，具体针对教师课程资源上传、页面美观性、学生观看的舒适度，即平台人性化的功能设置。

二、大学英语混合式教学模式的构建要求

（一）学生团体的要求

线上教学，应用在教学中，使学生在学习时间、空间的选择上都十分自由，教师不能对学生进行有效的监管，只能凭借学生在学习过程中的自主性。然而，大部分学生在线上学习的时候不能做到良好的自控与自律，往往会出现代课、缺勤、开小差等情况。如此一来，线上教学的实际效果将难以得到保障，为教师对学生学习的监管带来挑战，教师应该设法提高学生线上学习的自主性，提高线上教学的实效性。

（二）教学团队的要求

教师还应不断地更新教案与课件，将教学与实时动态紧密联系在一起，使学生的学习需求得到满足。然而，每个学生的个性特征及兴趣爱好等存在一定的差异，所以教师对教学资源的整合就显得特别重要，教师应该尽可能地满足绝大多数学生的需求，为学生解答疑惑，将课程的趣味性与理论性有效结合。首先，教师应具备较高的职业素质水平，能够将优质的教学内容通过科学的方式传授给学生，促进学生的理解，提升学生的学习效果。教师是线上教学的实施者、承担者也是受益者。教师应具有较高的专业知识和职业素养。教师首先应该掌握本专业内丰富的理论知识，其次，应加强慕课技术的研究与掌握，最后，还应该提升自己的团队合作意识及能力。只有教师自身的职业素质水平提高了，才能使教学效果和质量得到保障，才能使学生在寓教于乐的学习中收获丰富的文化知识。

线上教师要同时满足四种角色职责：教学者、社交指导员、节目经理及技术助理。教学者的角色是要为学生提供学习的咨询、引导及学习资源；社交指导员的角色是要营造一个合作的学习环境；节目经理的角色是要对线上教学活动做组织、控制程序及行政支持的工作；技术助理的角色则要协助学生顺利操作线上教学的系统、设备，并解决学生所遇到的技术困难。

在实践中，教师带领线上教学时，因应情境要分别扮演不同的角色，有的大学将网络课程的教学工作细分为：教材设计、教材制作、教学讲述、带领讨论、作业评量等项目，分别交给不同的人员来负责，所以可以将这些分担不同职责角色的人员给予不同的称呼，如线上助教、线上导师、线上引导者、线上评量者、线上会议主持人、线上活动主席等。在实务上，大部分大学往往没有可以聘用多个线上教学人员的优厚资源，大学教师对所有

或大部分的线上教学工作都要一肩承担，因此，我们也只能称呼这些担任线上教学所有工作的教师为线上教师，并以所有线上教学带领应扮演的角色及担负的职责来期许线上教师了。

（三）教学内容的要求

教学内容是课程教学的核心因素，教学内容对课程教学具有直接的影响。对此，英语慕课教学的过程中应对教学内容进行合理的编排，可以从以下方面进行安排。

第一，综合考虑课程内容的整体性、时间的安排以及知识点的完整性等，对知识内容进行合理切割。

第二，根据课程的逻辑关系，合理编排微课程，使学生能够以轻松的心态进行学习。

三、大学英语混合式教学模式的构建过程

（一）混合式教学模式构建前的准备

第一，安排线上线下教学活动。无论是线下教学还是线上教学，都不再是单纯的传授知识、技能，而是要以学生为主体，培养学生诸如信息处理技能、解决问题的能力与创造能力、学习能力、批判性思维能力、社会交流与协作能力等多方面的能力。在此目标指导下，对知识进行划分，不同的知识与信息技术有不同的整合方法。在教授系统的基础知识时，也要大量借用网络教学平台的优质资源，深化学生的理解和掌握；应用知识以网络教学为主，以 BBS 或小组讨论的形式应用所学知识，通过师生或学生之间的教学交互，及时检测学生运用知识的效果。

第二，建设线上平台学习资源。较为受欢迎的教学资源有：导学、案例故事视频、在线自测、辅导课内容。应从这几方面建立相对应的教学资源。导学主要介绍该课程的主要内容、教学方法、学习方法、考试形式等；案例故事视频是利用信息技术，利用网络教学平台的优质资源，挑选其中与考试相关、重要、新颖的案例，通过录屏、录播等编辑方式将其转化成可供灵活下载的视频；在线测试则是将重点、难点、考点转换成问题加以强调；辅导课内容主要是上课的课件，供没来的同学或没有听懂的同学反复观看。

（二）混合式教学模式构建的途径分析

1. 指导学生使用相应学习资源

基于信息技术的教学，改变了学生的学习方式，还要把对信息技术及资源的学习和应

用考虑其中。对于开放大学学生而言，学习资源包括教科书和网上资源。对各类学习资源的使用，仍应充分发挥线下教学与线上教学的作用。教科书的指导和使用一般主要通过面授课完成，班级自建资源中的导学资源给予辅助。网上资源的使用虽以网上学习为主，但仍离不开面授课的指导，告知学生各类资源的分布设计，梳理出相关的重点资源，如讲解一个知识点，可以借助网上资源，在指导学生使用资源的同时，帮助学生加深对知识点的理解。

2. 恰当且合理的选择教学策略

教学策略是为了达成教学目的，完成教学任务，在对教学活动有清晰认识的基础上对教学活动进行调节和控制的一系列执行过程。恰当选择教学策略对教师有挑战性，开放大学的对象是成人，在教学过程中会有突发情况的发生，教师要想恰当选择教学策略，就必须及时把握教学过程中的各种信息，及时反馈和调整教学的进程及师生互动的方式。教学策略有多种，没有一种适应所有情况的教学策略，要根据实际情况灵活应用。比如在本课程的教学策略选择上，第一，采用导入策略，在每一章都通过创设情境，提出问题，激发学生的参与。第二，采用组织策略，因为仅仅呈现情境很难达到让学员互动的目的，要采用随机点名、分组的方式鼓励学生积极发言。第三，强调策略，尤其对比较枯燥的基础知识、基本原理的讲解，要一再强调在考试过程中可能会出现的考法，通过现场出题，让学生回答。第四，提问策略，尤其是在案例呈现过程中，每到一个故事发展的高潮点，就鼓励学生设想故事的发展，设想自己是主人公如何处理案例中碰到的问题，通过步步提问，由易到难，逐步吸引学生的参与。第五，及时反馈的策略，每次学生回答完问题，都要给予及时的肯定。

3. 组织学生开展英语小组讨论

建构主义强调有组织的协作会话，对于线上教学，组织性尤为重要，是信息技术与课程教学互动性双向整合向更高层面发展的关键。首先，小组分组有讲究。要事先与班主任和班长沟通，对学生已有的知识、经验和能力有所了解，然后强弱搭配，挑选组织能力强的学生作为组长。其次，小组讨论要有组织性。该课程的学生是新生，彼此之间不太熟悉，对开大网上平台系统也不熟悉，不容易产生互动交流，因此可在机房组织一次小组讨论，让学生之间彼此熟悉，方便教师的统一指导。再次，小组讨论主题要有独创性。小组讨论在机房进行，以往很多学生会将讨论的主题直接通过百度等搜索引擎寻找答案，进行复制、粘贴，为避免这一情况的再度发生，在确定讨论主题之前要事先查看网上关于这一主题的资料，确保该问题还没有“标准”答案。最后，小组讨论形式有待改进。随着信息技术的发展，可以通过微信、直播课堂、BBS 等多种形式开展小组讨论，既紧跟信息技术发展步伐，又能方便学生的学习。

（三）混合式教学模式构建的评价体系

第一，巧妙设计在线测试。在线测试是非常重要的一种学习资源。随着信息技术的发展，在线测试已成为教学过程中实施形成性评价的有力工具，是信息技术与教学深度融合的又一举措。它可以让师生得到及时反馈，让学生了解自己对知识的掌握程度，让教师看到学生的学习情况，以及时调整教学。高校英语一般为闭卷考试，利用分校开发的在线测试平台，将历年考试和复习资料中的客观题纳入测试题题库，设置不同类型的测试题，每次测试题量少，可多次练习，及时反馈，充分调动了学生参与的积极性。

第二，注意收集评价数据。教学活动要尽量做到形成性评价与终结性评价相结合。形成性评价主要通过统计出勤率、访谈、座谈、活动小结等方式进行；终结性评价主要通过总校数据的统计结果、出勤率趋势、学习心得、满意度测评、考试合格率等数据来反映。评价数据的收集和分析，一方面离不开学校的学习支持服务，另一方面，大多数学生常用 QQ 和微信交流，这些网聊工具已成为收集相关评价数据的重要渠道，而且更能真实地反映学生的情况，是教学交互和教学评价的有效补充。

第五节　大学英语探究式教学模式运用

“探究式教学模式是在教师的启发下，学生在学习概念和原理的时候，教师只给一些事例和问题，学生自己去阅读、观察和思考，通过小组合作等形式得出一定的结论。”①

一、大学英语探究式教学模式的运用环节

探究式教学模式的实施要求教师为学生创设学习情境，营造探究的氛围。为增强探究的开展，教师还要把握探究的深度，在学生完成探究之后，给予学生及时的评价。在学生展开探究的过程中，教师要使学生明确教学探究的目的和要达成的目标。在探究式教学模式中，教师是探究情景的营造者、探究学习的指导者以及探究活动的评价者。学生则是主体，经过自主学习或者小组学习的方式探究教师所提出的问题，通过分析、探索和实践来

① 徐秀颜. 探究式教学模式在大学英语课堂中的应用研究［J］. 英语广场，2022（36）：79.

实现学习目标。将探究式教学模式应用于大学英语课堂中，可按照以下步骤来实施。

（一）确定探究主题，创设探究情境

探究式教学的起点是设定问题情境，主要作用是使学生能够对所学知识和问题切身体会，在深入领会的基础上，理解知识、探究知识的规律性。这就要求教师根据大学英语的教学目标和教学内容，根据学生现有的学习能力和个性特征，设置难度适中、逻辑合理的主题，从而引发学生的问题意识和创造思维。大学英语教师应该根据课程教学的目标和要求，通过集思广益，既充分征求其他教师的建议，也充分听取学生的意见，使学生主动参与到教学过程中去，共同创设大学英语课程的探究主题和探究情境。

（二）启发学生自主探究与分组合作

在探究式教学模式下，教师要引导学生开展探究式学习。在探究主题确定之后，教师要引导学生在主题范围内，通过分组合作的形式搜集资料。教师在这一过程中应该充分尊重学生的独特性和能力的差别，不要求学生使用统一的探究形式和探究方法，充分放手，给予学生足够的自由，让学生自主参与到调查研究的过程中。这一过程既可以由学生独立完成任务，也可以通过小组合作的形式展开。学生在探究过程中所遇到的问题，教师要及时给予解答，以帮助学生更好地开展探究学习，培养自己的自主学习能力、协作能力和团队精神。在探究式教学模式下，学生在查阅、探讨、实践的基础上，对需要解决的问题，独立确定探究的步骤、程序和方法等。

（三）利用网络环境，交流探究结果

随着科技的发展，以网络为基础的教学环境越来越多地被应用到教学过程中，尤其是相对大学英语课程来说，教学过程中的听说读写离不开多媒体技术的辅助。大学英语课程的讲授可以通过多媒体、互联网等途径，在教学过程中以引导学生自主学习。教师将网络技术应用到探究式教学模式中，可以使学生利用网络进行交流，及时讨论探究过程中的问题，教师在这一过程中及时给予帮助，营造良好的交流学习氛围。学生通过交流学习，及时将自己的想法传递出去，既增长了知识，又增强了英语表达的能力和合作交流的能力。而且学生通过网络环境，在交流的过程中可以交流讨论探究的结果，以便及时验收学习成果。

（四）引导成果展示，评价探究活动

教学评价是以参与教学活动的教师、学生、教学目标、内容和方法等为评价对象，是

对教学活动的整体功能的评价。教学评价是实现教学目的的一个重要的手段，它为了解、诊断、判定、提高教学质量服务。教学评价也是探究式教学目标实现的一个重要环节，在学生汇报完学习成果之后，教师要进行及时的评价总结，这是完成探究式教学模式的重要步骤。在评价的过程中，教师不要拘泥于一种评价方式，可以采用多种评价方法，设置多元化的评价标准，对学生的自主探究方式的过程和成果进行评价。对积极主动完成且成果较好的学生要给予赞扬，激发学生在今后的学习中继续发挥探究、创新和合作的精神，培养其发现问题、解决问题和展开自主学习的能力；对于完成效果不佳的学生，教师也要给予鼓励，赞赏他们优秀的方面，鼓励他们下次继续努力，不打击学生的积极性。

另外，探究式教学模式的评价方式应本着重过程、重参与和重效果的原则进行评价，使学生意识到只要积极主动地参与到探究过程中，自主地解决探究过程中所遇到的问题，并有所体验和收获，就能体现大学英语教学这门课的价值。

二、大学英语探究式教学模式的运用意义

探究式教学模式应用于大学英语教学，有利于提高大学生对英语的兴趣和实践能力，也有利于提高大学英语教师的教学素养。将探究式教学模式应用于大学英语课是与时俱进的表现，无论是对大学英语本身、大学英语课堂氛围的营造还是大学生主体性发挥、创新意识培养等都具有重要意义。

（一）有利于激发学生的学习兴趣

由于大学英语属于非本土语言，学生在接受知识的过程中容易出现偏差、吸收能力差等问题，再加上英语课程知识体系庞杂，现实语境少，大学英语教师教学角色不能及时转变，仍旧秉承着以往灌输式的教学模式，整堂课教师都扮演着主导者的角色，学生参与互动性少，使一些大学英语教学开展起来较难，学生对知识的掌握程度不佳。而探究式教学模式则使学生在大学英语的课堂上充分发挥主体作用，在这一过程中教师充当学生的引导者，让学生既做到了学习，也做到了思考，由传统的教师作为主导者发展为教师与学生的多元互动，由以往的教师灌输知识发展成现在的双向互动。教师本着实事求是原则，在充分考虑学生的知识架构和能力水平后，结合课程内容确定主题，由学生在范围内选择自己感兴趣的领域进行探究，通过独立收集资料、小组合作学习、调查实践、总结思考，到最后得出结论。在此过程中，学生从兴趣出发，从而提升理论应用能力，充分调动了学生的内在积极性和探究精神。

（二）有利于使学生形成问题意识

问题是思维的起点，没有问题就没有创新。在大学英语探究式教学模式中，由于教师

与学生的角色发生了转换，教师不再是知识的传授者和讲解者，而是问题情境的创设者。学生成为主体，学生在教学过程中自己发现问题、提出问题，并在小组合作学习过程中解决问题。在这一过程中，学生发现的问题得到了解决，最大限度地发挥了主观能动性，既加深了对于知识的巩固，又培养了问题思维能力。如教师在讲授大学英语中的“Teaching Vocabulary”这一章节的时候，可以通过课前布置的问题让学生预习，并提出自己的疑惑，课上教师根据学生的质疑解析延展，从而由点到面解释此类单词的意思，拓展书本的知识理论范围，由书本中的单词的知识联系到现实中的情景，再由教师创设情境，提出问题，让学生在实际生活中感受英语单词的真实含义，使大学生进行实地的调查研究，获取知识、验证理论，从而使知识点得到巩固。教师在这一过程中，层层设疑，积极解答学生在探究过程中产生的疑惑，引导学生关注现实问题，培养学生的调查实践意识，这对于培养学生发现问题的意识和学生的科研探究意识具有重要的意义。

（三）有利于培养学生的合作能力

多伊奇在勒温的群体动力学理论的基础上提出了目标结构理论，目标结构理论认为：在团体中，由于对个体达到目的的奖励方式不同，在达到目标的过程中，个体之间的相互作用方式也不同。多伊奇将这些方式分为三种：相互促进方式、相互对抗方式、相互独立方式。这些不同的作用方式对个体的心理过程和行为方式产生不同的影响。相对于传统教学模式强调学生的平时表现和期末成绩来说，探究式教学模式更加强调个体的独立自主学习能力和合作探究能力。探究式教学是以学生独立自主学习和合作讨论为前提，让学生通过个人、小组、集体等多种解难释疑尝试活动，将自己所学知识应用于解决实际问题的一种教学形式。

另外，在探究式模式的教学下，学生能够更加顺应教育社会化和培养社会所需人才的需要。合作学习的交往较之竞争的交往在当今世界更为重要，将合作学习引入教学系统中，是对传统教学系统的一次革命，它符合时代的需要，代表了现代教学系统未来发展的方向，开辟了教学理论研究的新领域。

随着经济全球化趋势的发展，英语作为一门世界通用语言，在国际交流中扮演着越来越重要的角色。英语不仅是人们交流和沟通的工具，更是当今社会重要的竞争优势。教师将探究式教学模式应用到大学英语的教学过程中，使学生亲身感受基本的学习探究过程，学习基本的探究方式，体验和感受英语的内在，使学生产生对学习英语的热情，从而提高教学效率，增强教学成果，实现学习大学英语的真正目的。

第六章　大学英语听力教学与探究式学习

第一节　大学英语听力教学的基本特点

通常一个班级的学生来自全国各地，学生的听力水平参差不齐。有些学生听力基础差，没有掌握正确的学习方法；有些学生的语音语调存在很大问题，因而很难听懂正常语速的听力材料甚至已经学过的常用词，当然也有一些学生英语水平很高，比较容易听懂听力材料。在听力水平不同的情况下，使用相同的教材和教学方法，使得听力水平低的学生不想学，教师难授课，也就达不到提高高校英语听力水平的教学目的。“高校英语听力教学内容较为广泛，不仅包括语言知识、文化知识，还包括培养学生对听力策略的掌握和运用。”① 目前，一些学校尝试打破原有的以院系为单位的班级，将学生听力水平分成提高、普通和预备三个层次，针对性地选择授课内容和授课方法，更好地贯彻因材施教的原则。大学英语听力教学的基本特点具体如下。

第一，多样的听力材料。大学英语听力教学的一个基本特点是多样的听力材料。老师可以使用来自不同来源和场合的听力材料。例如：电影、音频文件、新闻、采访等，并针对不同材料的语速、语言难度和话题进行分组。这样，学生可以接触到不同听力场景和语言风格，更好地提高听力技能。

第二，环境创设。大学英语听力教学的另一个基本特点是营造良好的学习环境。教师应当努力创造一个与听力学习有关的环境。例如，播放语言丰富的音乐、安排听力活动等，以便使学生的听力技巧得到更好的锻炼，同时也能促进学生对英语语言的兴趣。

第三，适应学生水平。大学英语听力教学中，老师应该根据学生的听力水平进行有针对性的教学。对于初学者而言，学生可能需要一些更简单、重复的听力材料，而对于高级学生，他们则需要接触更加复杂、难度更大的听力内容。因此，教师应该有针对性地进行

① 李红霞. 高校英语教学研究［M］. 天津：天津科学技术出版社，2017：32.

教学，给予学生适当的挑战，并逐步提高学生的听力技能。

第四，互动学习。在大学英语听力教学中，教师应该积极创造互动的学习环境。例如教师可以采用问答式教学方式，在语言活动中引导学生积极参与讨论和讲解等，提高学生自信心，并鼓励他们表达自己的观点。这样，可以促进学生之间的交流，并加深整体口语的练习。同时也能够提高学生的听力技巧。

第五，词汇和语法的容错性。学习大学英语听力并不仅仅是为了听懂每一个字，而是要有能力在整个事件或篇章中捕获关键信息。尤其是考核中经常出现考查整体意思和获取关键信息的环节。大学英语听力教学，应该注重语言的语法和词汇的内容可调整性，即学生的语法和词汇水平不足时，应该有合适的策略来帮助其对语言的意思有足够的理解，并在整个学习过程中渐进地改进他们的听力技能。

总而言之，大学英语听力教学有许多基本特点，这些特点可以帮助学生更好地提高听力技能，使其更加自信地应对日常交流和学术交流等场合。

第二节　大学英语听力教学的模式构建

一、大学英语听力教学的文化导入式教学模式

文化导入式教学模式是一种通过引导的方式让学生主动建构语言与文化知识、促进英语综合运用能力的相对稳定的操作性框架。该模式主张教师在一定的教学环境中，根据教学大纲、教材和学生实际，运用正确的方法对学生进行积极引导，激发他们的思考与想象，促进学生主动进行内部心理表征的建构，从而培养学生对文化差异的敏感性、宽容性以及处理文化差异的灵活性，提高学生综合运用英语的能力。文化导入式教学模式在教学内容上注重文化概念与思考方式的引入，突出相关文化内容，在教学形式上注重学习主体作用的发挥，同时也要求教师积极发挥主导作用。

第一，适时培养学生对文化背景知识的敏感性。为培养学生对文化的敏感性，教师要充分利用教材发现问题，培养学生从文化角度来审视问题的根源，提高他们发现目的语文化现象的存在和这一文化与母语文化之间相符或相悖的敏感性。

第二，听说并重，增强文化理解力。要想真正提高听力水平，必须强调听说并重。教师可以根据不同的材料通过复述、问答及根据听力组织对话、进行小品表演等形式对学生进行听力检查，这既可以加深学生对文化内涵的掌握，又可以提高学生的听说能力。

第三，利用词语导入文化背景知识。词语包括单个的词和短语。语言的各种文化特征都能在词语中展现出来。教师在教学中应适当地导入听力材料中具有一定文化背景知识的词语，让学生充分理解其文化特征与内涵。

第四，借助视听媒介导入文化。教师应发挥多媒体的优势，充分利用电影、电视、幻灯等资料进行辅助教学。因为这些媒介是了解英语文化的有效手段，是包罗万象的文化载体。学生可以在观影中直观、真实地了解西方的社会习俗、交际方式、价值观念等文化内容。

第五，延伸教学空间，拓展英语文化。教师可以采取布置任务的方式，让学生提前查阅与所学单元相关的文化知识，并让学生以幻灯片形式展示成果，使学生在参与中增强信心和成就感。同时，鼓励学生课后大量阅读介绍英美文化的书籍，这既可获得语言知识，又可深化学生对文化差异的了解，从而提高学生的听力水平。

二、大学英语听力教学的视听说结合式教学模式

视听结合，使学生处在耳目一新的教学环境当中，在视觉和听觉的双重刺激下接受语言信息，在这种环境中启发学生说英语的兴趣可以达到事半功倍的教学效果。教师应尽可能地为学生创造练习口语的机会，将听与说有机地结合起来，以听说结合的方式切实提高其听力水平，保持英语习得过程中的输入与产出的平衡。

视听说结合式教学环节。通过视听说结合的方式，可以解决英语教学中的“质”的问题，通过指导学生按照粗略观看、仔细听讲、口头讲述三个步骤来完成从语言输入到输出的过程。在粗略观看阶段，教师根据视听内容，利用图片、实物、背景知识的介绍和单词的讲解等形式进行巧妙导入，让学生对视听材料的大体内容有所掌握，为下一步教学做好铺垫；在仔细听讲阶段，不仅指导学生进一步明确整段话语的大意，更要把焦点放在语言材料本身，要求学生能够回答具体的细节问题，甚至区别细微的语音现象；在口头讲述阶段可以采取如问答、复述、谈论话题、讨论、情景对话、描述、角色扮演等多种形式，对视听材料有选择地进行再现、借鉴或者创造。

第三节　大学英语听力教学的训练策略

一、选取多元化的英语听力材料

在选择听力材料时，教师既要结合教学实际的需要，也要结合学生现有的能力和兴

趣，还可以让学生在课堂上以英语游戏的形式参与活动，循序渐进地进行练习，最大限度地挖掘他们的潜在能力，发挥他们的主观能动性。

在多媒体教学环境下的今天，教师可以播放英文电影、教学情景对话、英文歌曲或演讲，通过增强听力内容的趣味性、实效性，适当引入一些流行元素，提高学生的英文水平。英文电影作为一种直观、形象、生动的方式，越来越受到学生的青睐。英文电影有吸引人的剧情，让学生身临其境，有些情节非常具有趣味性，影片中的英语不再是让人望而生畏的语言，而是妙趣横生、充满生机和活力的实践。每周增加一点这样的内容，并在人机对话中让学生学唱英文歌曲，进行英文电影配音，这将提高学生的英语学习热情和积极性，从而使其在轻松愉悦的氛围中提高英语听力水平，并且对提高学生的口语表达能力也非常有帮助。

二、注重英语听力材料前的提示

在给学生上听力课时，教师不能只是给他们播放录音带，也不能只给他们解释一点词汇或者短语，而是应当用已有的与材料相关的知识来引导学生。例如，教师可以用简短的讨论进入主题，让学生根据听力题目或者预先给的一些暗示来猜听力的内容，从而帮助学生理解所要听的材料。通过这些方式，可以让学生对将要听到的内容有所期待，也从心理上进入一个准备阶段。另外，如果材料有一定的难度，可先用简单的语言来表述，培养学生在听听力材料的同时记笔记的能力，在听听力材料之前给学生一些相关的问题，学生学习就更有目的性，效率也会提高。

三、指导学生抓住听力学习重点

通常而言，学生喜欢把材料里的每个单词都理解清楚。事实上，不同的听力材料在不同的语速下，只要学生能把听力材料的重点，即能帮助理解材料的内容听懂并理解即可。一般而言，一篇材料里的诸多新单词并不会影响学生理解全篇大意。教师应当经常提醒学生要听重点，根据问题留意某些细节就可以了，教会学生如何抓住听力材料的重点。

四、英语精听与泛听的有效结合

精听是“精确听力练习”，要求学习者在听力练习中捕捉到每一个词、每一个短语，不能有任何疏漏和不理解之处；而泛听是要求学习者在听力练习中以掌握文章的整体意思为目的，只要不影响对整体文章的理解，一个词、一个短语甚至一个句子听不懂也不影响。精听和泛听可以结合练习，如某一篇文章中有几段可以用精听的方法练习，在练习的过程中准确无误地听到某些细节性的信息，有几段可以用泛听的方法了解文章的梗概。

第四节 大学英语探究式听力教学设计

探究式学习模式倡导尊重学生个性，为学生发挥主体作用创设教学环境。在大学英语听力教学中实施探究式学习模式，包括提问、讨论、扩展、反思、纠错等策略，能有效地培养学生的自主探究和交流互动能力，并极大地提高学生的学习兴趣和语言运用技能。

一、大学英语听力教学的探究式学习模式

我国探究式学习可以追溯到孔孟时期，如孔子的“敏而好学，不耻下问”“学而不思则罔，思而不学则殆”，孟子的“尽信书，则不如无书”，都体现了探究式学习的典型思想——主动学习、思考问题。探究式学习符合大学英语教学改革提倡的培养学生英语实际应用能力的理念，符合英语学习的规律。探究式学习模式在大学英语听力教学中有效实施的关键，在于把握其主要特性：主动学习、思考问题。

探究式学习模式中，学习应该是学生的一种内在需要，学习应被视为乐事，一种享受。探究式学习模式指导下的大学英语听力教学，目的在于使学生产生“我要学、我要听”的内在需要。“课内，教师应积极创新教学活动，以学生为中心，因材施教，充分运用各种教学先进手段，改变教学单一性。”[①] 教师应及时更新试听资料，可注入当下流行元素，增加学生感兴趣的话题，如逸闻趣事、风俗文化、艺术娱乐等，让学生充分了解英语国家的文化背景，丰富学生语言文化知识；选取生动和幽默的英语电视节目、歌曲、电影片段、广播等，适度减轻学生听觉上的疲劳。教学材料和教学形式的多样性将有助于提高课堂教学趣味性，更好地激发学生听力学习的积极性和主动性。课外，教师应针对不同层次的学生，增强教学的针对性和指向性，设计符合学生学习兴趣和习惯的学习任务，引导学生主动投入学习活动中去。

探究式学习模式中，培养学生思考问题、提出问题的能力，充分发挥学生在听力教学中的主体地位是至关重要的。课前提前给学生布置相关的学习任务，让学生先热身，从而缓解课内的学习难度和预热课内的讨论气氛。课内可根据学生的听力能力分成学习小组，针对听力内容，归纳主题，提出问题，展开讨论。教师针对学生的讨论，给出指导性的建议和回答。教师应鼓励学生积极地参与到学习活动中，给他们提供展示的机会。课外，学

---

① 谢争艳. 探究式学习在大学英语听力教学中的应用研究［J］. 吉林工程技术师范学院学报，2017，33（11）：30.

生可根据自身的听力水平和兴趣爱好等，选择合适的听力材料，决定何时听，如何听，听什么，及时调整听力策略，记录学习过程，如时间、地点、数据、问题等。学生要评估自主听力结果，总结自己的听力问题和经验，主动与同学交流学习经验，向教师提交详细的学习记录并就学习困惑寻求指导。探究式学习模式中只有充分调动学生的学习和思考的积极性，学习效果才能事半功倍。

二、大学英语探究式听力教学的设计实践

大学英语探究式听力教学的实践设计是基于探究式学习的理念，旨在启发学生的学习兴趣，提高他们的学习主动性和创造性。在这种教学模式下，教师通过创造性的课堂教学方法和形式，让学生主动参与到听力学习中，拓展学生的英语听力技能和语言应用能力。

在实践中，探究式英语听力教学需要教师根据学生的实际情况，制定听力材料的选择、测试和反馈等方面的策略，从而更好地引导学生的主动学习。此外，教师还可以通过多种手段，如听力训练、听力考试模拟、多样化的听力材料、词汇和语法练习等，来激发学生对于英语听力学习的兴趣和注意力。在这样的基础上，当学生面临困难时，教师还需针对问题进行逐一分析，并提供相对应的解决方案或教学建议。最后，评估听力学习和教学的效果，对教学策略进行调整，不断优化教学内容和程序，营造一个良好的学习环境。

总而言之，探究式英语听力教学是一个旨在启发学生英语学习兴趣，并逐渐提高学生英语听说读写综合素质，培养创新精神和实践能力的教学模式，值得教师和学生更加重视和认真实践。

第七章 大学英语口语教学与探究式模式

第一节 大学英语口语教学的基本特点

一、大学英语口语教学内容的特点

英语口语教学的内容是广泛的，它不仅包括在口语课上教学生如何说，而且还要从教学内容、教学安排等方面保证学生在课下都有大量的口语实践机会。因此，教学内容的广泛、可延展性是英语口语教学的一大特点。教师可以有计划地组织安排各种训练活动，把训练学生听、说、读、写、译等各项能力有机地结合起来，根据不同阶段，不同的练习目的和主题采取诸如朗诵、辩论、表演、配音、口头作文等多种形式，把握适当的难易度，巩固学生的基本功，使教学内容成为一个可伸缩的，知识性、趣味性并重的系统。

二、大学英语口语教学评估的特点

教学评估是英语口语教学的一个重要环节。客观、全面、科学、准确的评估体系对于实现教学目标至关重要，它既是教师获取教学反馈信息、改进教学管理、保证教学质量的重要依据，又是学生调整学习策略、改进学习方法、提高学习效率和取得良好学习效果的有效手段。对学生学习的评估可分为两种：一种是形成性评估；另一种是总结性评估。无论采用哪种形式，英语口语教学的评估都是考核学生实际使用英语语言进行交际的能力。口语教学的主要内容是语音教学，自然规范的语音、语调将为有效而流利的口语交际奠定良好的基础。尤其是在大学口语教学过程中，教师重视发音的准确性，而不过分强调流利程度，有助于学生培养良好的语言习惯。

三、大学英语口语教学管理的特点

高校英语口语教学的管理贯穿于英语口语教学的全过程，要确保英语口语教学达到既定的教学目标，必须加强教学过程的指导，监督和检查。因此，口语教学的管理要做到三个方面。①必须有完善的教学文件和管理系统，教学文件包括学校的英语教学大纲和口语教学的教学目标、课程设计、教学安排、教学内容、教学进度、考核方式等。管理系统包括学生口语成绩和学习记录、口语考试分析总结，口语教师授课基本要求以及教研活动记录等。②口语教学推行小班课，每班不超过 30 人，如果自然班人数过多，可将大班分成约 30 人的小班，分开上口语课。③有健全的教学管理和培训制度。英语教师的口语水平是提高口语教学质量的关键，学校应建设年龄、学历和职称结构合理的师资队伍，加强对教师的培训培养工作，鼓励教师围绕教学质量的提高积极开展教学研究，创造条件因地制宜开展多种形式的教研活动。

第二节　大学英语口语教学的主要方法

一、及时纠正学生的英语口语发音

在高校英语的第一堂课，教师应向学生阐明正确发音的重要性，即标准的发音是一个人英语口语素质的基本体现，并且督促学生积极纠正，在课下同学之间互相帮助，互相监督。教师也应该帮助学生总结一些极其容易出错的发音在课堂上有针对性地指出，让学生引起足够的注意和重视。教师可以安排学生课下做一些他们感兴趣的原声材料模仿练习，并要求在课堂上展示，如电影对白、演说词、诗歌朗诵、英文歌曲等。学生通过模仿不仅可以纠正单词的发音，也可以有意识地去学习纯正的语调及地道的表达方法，从而增强英语的语感。

二、增强学生运用英语思维的能力

第一，鼓励学生掌握尽可能多的词组。在高校英语教学中，单词的学习不能占用太多的课堂时间，而应该成为学生自主学习的一项主要内容。学生应以词组为单位，尽可能多地掌握词组。教师为了引导学生，可以在课堂上适当地加入词组接龙竞赛之类的游戏，要求学生按顺序将自己所掌握的词组写到黑板上，这种方法一方面可以活跃课堂气氛，另一方面也可以提高学生记忆词组的积极性。

第二，背诵文章讲故事，培养语感。学生通过背诵短小精悍的文章，可以缓解畏难情绪，激发他们的兴趣，更重要的是培养了他们的语感。在跟读—朗读—背诵三部曲的练习中，学生提高了他们的断句能力和理解能力。无论是怎样的材料，只要是地道的英文，难度符合学生的水平，内容是学生感兴趣的，坚持背诵，都能提高学生的语感。

第三节　大学英语口语教学探究式模式

大学教学阶段，口语部分的教学对提升学生的英语实践学习能力有十分重要的作用，也是充分发挥英语作为一个独立的语言体系交流作用的有效途径，探索式教学模式在大学英语口语教学中的应用具有发散性和创新性较强的特征。

探究式教学模式与不同的课程教学内容进行融合应用时，需要在教学组织的方法和流程上进行合理规划，只有符合学生主观需求且能切实保障具体教学任务有效完成的教学组织模式，才能充分发挥出提升大学生口语课程教学效果的积极作用。

一、基于英语口语教学的探究式教学模式特征

“探究式教学模式主要强调的是在教师的指导下，学生通过自主观察与分析，激发个人的主观学习思维，再通过与其他学生的讨论分析获取解决学习中具体问题的方法。”[①]在整个教学组织的过程中，教师所处的地位具有显著的辅助性，学生需要依靠自身的学习能力完成大部分的课程学习任务。对英语口语的教学来讲，由于教学内容具有一定发散性，因此学生的学习理解过程在进度的有效性和针对性上都有所欠缺。学生掌握的口语知识和具备的实践能力无法满足现实的交际需求，这也是探究式教学方法在大学口语的教学中被积极推荐应用的一个主要原因。

探究式教学模式与传统教学模式相比具备以下方面基本特征：①整个教学过程以一个具体问题或具有核心性的知识点为起点；②在教学过程中，教师主要承担辅助性教育职责，并不是教学开展的绝对主导角色；③教学开展的过程中，由学生通过独立自主的思考或与其他学生的协作找到具体问题的解决方案。

二、大学英语口语教学中探究式教学方法应用

（一）营造教学氛围，提升学生主观兴趣

在大学英语口语教学中应用探究式教学方法，教师需要在日常教学中营造浓厚的学习

① 路平. 探究式教学模式在大学英语口语教学中的路径探索［J］. 江西电力职业技术学院学报，2022，35（4）：30.

氛围，让学生充分感受到口语课程的学习与日常生活中的英语交流的密切关系。从学生的主观感受来讲，当学生在日常英语课程学习中接触和学习口语学习的机会越来越多，就会显著降低其在进行英语口语对话过程中的紧张感。从探究式教学方法的实际应用角度来说，当学生处于相对轻松且浓厚的口语学习氛围，对口语交际的熟悉程度会逐步提高，对更加具有自主性的探究式教学模式的适应能力和参与能力也会进一步增强，学生的口语学习自信心也能同步提升，这也是调动学生参与口语教学积极性的重要前提。

（二）重视英语教学引导，合理规划提问

从探究式教学模式的组织实施角度来说，教师在初步应用教学模式阶段的教学引导工作效果发挥着十分重要的作用。教师应在问题设置方面注意提升丰富性和典型性，确保问题的内容能激发学生的学习兴趣，有利于推进学生口语学习能力提升的进度。为了切实保障探究式教学模式在应用中充分发挥作用，教师在问题设置环节一方面可以结合不同的口语课程教学重点内容的要求，通过与其他教师之间的交流或依托网络平台寻找一些更加具有适宜性和典型性的问题；另一方面也可以在问题设置前积极与学生交流，观察学生反映在口语学习中的常见问题和困难，再选择有助于切实解决学生学习中不足的问题进行设置，当初步的问题设置质量得到了保障，下一步教学程序的引导和教学才能取得更好的实际效果。

（三）尊重学生主体地位，重视过程自主性

在合作探究教学模式的具体应用中，建立学习讨论小组是常规的教学组织模式，有利于学生之间能通过相互协作获得更好的自主学习效果。在小组的组建环节，教师应充分尊重学生的主观意见，以自发的方式组建小组。而在具体的课程教学实施环节，教师可以统一设置口语交际训练题目，由学生自主针对问题进行讨论分析。在整个的交流讨论和口语对话训练中，教师应始终处于辅助教学的位置，在学生遇到实际问题时进行相应的辅助指导，或组织学生在完成各自的小组讨论后将所存在的疑问统一反馈给教师，再由教师运用与学生进行讨论的方法最终解决问题。具体操作中，教师所筛选的具体问题和情境应保证与学生的日常生活具有较高的相关性，而在具体的口语交际讨论与展示的实践环节，教师也应重视以学生口语交际能力的灵活性和发散性为考察其口语交际能力的侧重点，充分观察和考验学生自主学习能力的锻炼和提升情况。

（四）重视教学总结环节，反思存在的问题

教学总结评价的环节是一个具有总结性的环节，主要目的是在总结中引导学生主动发

现个人在口语交际能力学习中存在的问题和不足。只有学生对个人在口语学习中的薄弱点有了明确的认知，进一步的改善和优化落实工作才能取得预期的效果。在教学总结环节，教师除要重视通过不同维度的教学评价观察和总结学生的口语课程教学效果，还应鼓励学生通过自我思考和反馈总结出自身在口语能力训练中的薄弱点，并且提出针对性的解决方案，再由教师在最终教学环节结合不同学生的实际情况给予相应的调整和指导，帮助学生制定个性化的口语交际能力锻炼提升方案。

在大学英语课程教学中，口语教学的开展需要实现教学组织方式上的创新。在将探究式教学模式与大学英语口语教学进行融合应用时，教师应重视逐步引导学生依照探究式教学方法的实施流程推进学习进度，最终实现个人口语交际能力的有效提升。

第八章 大学英语阅读教学与探究式学习

第一节 大学英语阅读教学的基本特点

大学英语阅读教学是英语教育中一个非常重要的组成部分，其主要目的是让学生能够在读懂英语文献的同时，理解和运用相关的语言知识和技巧。大学英语阅读教学的基本特点如下。

第一，课程的内容涵盖范围广泛。大学英语阅读教学涵盖的范围是非常广泛的，包括文学、历史、艺术、科学等不同领域的英语文本。教师需要根据不同阅读材料的难度和学生的水平，灵活地设计教学内容和教学方法，逐步提高学生的阅读能力和技巧。

第二，阅读策略的讲授。在大学英语阅读教学中，教师不仅仅会指导学生阅读技巧，还会使用各种阅读策略帮助学生更好地理解英语文本。例如，教师可以提取文本中的重点信息、学习如何总结摘要等方法来提高学生的阅读效率和正确性。

第三，学生的阅读主题选择。大学英语阅读教学中，教师会鼓励学生自主选择适合自己的阅读主题，并在阅读过程中注重学生的个性化需求。学生可以根据自身偏好和专业需求来选择相关阅读材料，能够更好地满足学生的学习兴趣和专业需求。

第四，资源和技术的应用。大学英语阅读教学中，教师会用到各种教学资源和技术帮助学生更好地学习和掌握阅读技巧。例如，通过多媒体技术提供可视化教学，使用电子阅读器和在线库让学生更好地阅读和搜索相关文献，借助互联网信息进行探究性学习等。

第五，讲解语言文化背景。在大学英语阅读教学过程中，教师还会讲解英语文本的语言和文化背景。英语阅读教学并不是单纯地讲解语言知识，学生还需要了解英语文章的背景信息，如文化、历史、制度等。这样，学生可以更加全面地理解文章意义，同时也拓宽了他们的国际视野以及提升了跨文化交流素养。

总而言之，大学英语阅读教学是一个相对复杂的过程，其核心目标在于提高学生的阅读技巧和综合素养。有效的教学方法应该结合学生的实际情况，注重帮助学生掌握更宽广的视角和跨越性的文化交流技巧，最终形成高效的学习模式。

第二节　大学英语阅读教学的活动设计

所谓阅读教学活动设计指根据课程目标，在分析教材和学生需求的基础上，依据特定的教学理念设计能够实施大学英语课程学习目标的活动。与备课不同的是，阅读教学活动设计所研究的是不同类别、不同层次、满足不同目的要求的教学活动或学习活动，不包含课堂教学的其他因素和环节。因此，“为促进大学英语阅读教学取得更好效果，提升工作实效性，采取措施提高阅读活动设计水平是必要的”①。

依据不同的标准，人们对阅读教学活动的分类不同。根据阅读过程，阅读活动可分为：“读前活动、读中活动和读后活动；根据阅读的模式可分为常规阅读活动、任务阅读活动和项目阅读活动；根据评价可分为阅读能力和阅读策略诊断活动、阅读理解能力培养活动、阅读策略培养活动和阅读目标达成评价活动；根据阅读培养的目标可分为信息辨认能力和观点态度理解能力。”②

一、大学英语阅读教学活动设计阶段分析

（一）需求分析阶段

需求分析是教学设计的前提。阅读教学中的需求分析主要包括课程目标分析、单元学习目标分析、学习需求分析和资源分析。

不同的学习阶段课程目标是不同的。与基础阶段的阅读不同，大学英语的阅读不是以培养阅读技能为目标，而是以阅读技能的应用为目标，即通过阅读扩展学生的知识、培养学生的综合素养。阅读理解的人文素养培养功能超过了阅读理解的技能培养功能。但是，这一点往往被大多数英语教师所忽视。学生需要读懂各类文章，也需要了解文章大意、作者的观点等，但是大学英语阶段的阅读在满足这些阅读目的的基础上应该再进一步，超越技能培养，指向学生的综合发展。

不同学习者的认知特点、多元智能、语言基础、兴趣爱好不同，教学设计必须符合学生的这些需求，要满足学生的需求，就要在设计教学活动之前对学生在这些方面的差异以

---

① 钟传根. 大学英语阅读教学活动设计有效性与趣味性［J］. 校园英语，2017（45）：1.

② 王笃勤. 大学英语阅读教学活动设计［M］. 哈尔滨：哈尔滨工程大学出版社，2010：4.

及需求进行分析，可以采用问卷调查、访谈、测试等方式了解信息，根据学生的需求设计活动。例如，有的学生习惯个体活动，有的习惯集体活动；有的擅长分析，有的习惯综合学习；有的习惯视觉学习，有的习惯触觉学习，也有的习惯动觉学习。在设计教学活动时如果能考虑到这些因素，教学就会更加有效。每种能力的培养都有多种方式，教师要选择学生最喜欢的方式开展教学，要培养学生的多种能力。如果阅读教学不能采用丰富多彩的活动，不能设计不同层次的活动，即使学生的语言能力有所发展，也不会得到健全发展。

教学设计自然离不开资源分析。很多活动从设计层面上评判是科学的，但是如果没有技术支持，没有可用资源，设计也会难以实施。在设计教学活动时要分析教材资源、网络资源、技术设备以及教师自身的能力，在资源条件相同的情况下选择最经济、最有效的方式。

（二）确定单元学习目标阶段

任何教学活动都是为了实施某个教学目标（或学习目标）而设计的，要设计适当的教学活动，就必须清楚每个单元、每一堂课的教学目标。教学目标的确定一般要经过以下步骤。

第一，教师可以对阅读目标进行分类：知识类、领会类、运用类、综合类、分析类和评价类。如果某一堂课的教学目标属于知识类目标，接下来就要描述知识目标的表现形式，如“转述故事事实信息”“根据图片讲故事”等。

第二，领会，不能只是简单的“理解文章主题”“理解作者的观点”等，而应该明确其具体的表现形式，如“能够解释作者的观点”“能够解释文章的主题”等，或者是“能够写出段落主题”“找出中心句”等。

（三）设计教学活动阶段

目标的具体表现形式确定以后，活动的形式也会自然明晰。但是教学活动设计不能只有活动的类别或形式，一个完整的活动必须明确活动的目的、活动的组织方式（是个体活动，还是两两活动或小组活动，还是先个体后小组）、反馈方式，必要时还必须提供评价方式，如评价的标准、评价的操作等。在具体备课时还必须明确时间分配和应急方案。

（四）评价教学活动阶段

要完善教学设计就必须对教学活动进行评价。教学设计的评价指对具体操作中的具体情况和活动目标达成情况的分析，找出活动设计的优点和存在的问题，以便改进教学活动。评价主要观察活动是否按照预期的方式进行，学生参与情况如何，是否达到了预期的目标。

要对教学活动设计进行评价，教师首先要收集与活动相关的信息，然后对照原始计划进行分析。教师可以在教学过程中通过观察，记录、收集活动开展的信息。例如，可以通过问卷或座谈的方式了解学生对活动的看法，也可以邀请同事听课帮助观察，通过与同事研讨分析问题，改进教学。

二、大学英语阅读教学的分析类活动设计

（一）英语阅读教学活动中的分析认知

分析指将材料分解成各组成部分并且确定这些组成部分是如何相互关联的，人们一般将分析看作理解的扩展，或者评价的前奏。分析包括要素分析、关系分析和组织原理分析，阅读中的分析一般指要素分析和关系分析。

1. 要素分析

所谓要素分析指能够区分阅读材料的组成要素，表现为能够划分文章的篇章结构，分析主题句、结论句等。这一点与文章结构理解是一样的，这也就是为何有的著作、有些专家把分析作为理解的一部分的原因。

不同体裁的文章构成要素不同，在进行要素分析之前，必须了解各类文章的构成要素。例如故事的构成要素为 who，where，when，why，how 五大要素，而文章的结构可以包括场景、人物、情节、高潮等，文章可能采用倒叙、插叙的方式。说明文和议论文可能采用例证、比较对照等段落发展模式，其构成要素一般包括论点和论据，主题句、支撑细节、结论句等。而要素分析也因此指能够识别、区别这些组成要素。

2. 关系分析

关系包括文章各要素之间的关系、段落之间的关系以及句子之间的关系，单词的指代关系同样属于关系分析的范畴。

文章各要素之间的关系指文章中要素之间的说明与被说明之间的关系，即论点与论据的关系，主题与支撑细节之间的关系，各要素之间的起承转合关系等。一般而言，段落之间以及句子之间的关系包括递进关系、转折关系、因果关系等。单词的指代关系包括前指和后指，是文章逻辑的纽带，同样是分析的对象。关系的分析同样包括识别论据中的逻辑错误，区分相关陈述与不相关陈述等。

（二）英语阅读教学分析类活动的特征

1. 分析类活动的层次特征

分析类活动根据文字的篇幅可以分为句子层次、段落层次和语篇层次三个层次。其中段落层次又有自然段层次和结构段层次之别；语篇层次在本书中是指完整的语篇。

（1）句子层次。对句子层次逻辑关系的分析主要是分析句子内部各成分之间和句子之间的逻辑关系。句子层次的逻辑一般通过连词来表现，但有时也未必使用连词来明确表现逻辑关系，此外标点符号也具有提示句内逻辑关系的作用。逻辑关系也因此有显性和隐性之分。

第一，显性逻辑。显性逻辑是指文本通过明显的逻辑连词来表明句子之间或者分句之间的逻辑关系。例如下面这两个句群：

例1：Education plays a very important role in the modernization of our country. However, because of historical factors, there are still a lot of people in China who are undereducated, especially among youngsters in rural areas. They cannot afford the expenses of schooling and need help.

例2：Education plays a very important role in the modernization of our country. At the same time, China is not able to invest too much money in the matter at present time. It is in this particular situation that the authorities carry out the Hope Project.

However 和 At the same time 就是典型的逻辑连词，它们点明了前后两句之间的关系分别是转折和递进关系。有了这些词，读者阅读起来会感到条理清晰。某些副词也扮演着逻辑连缀的角色，使文章跌宕起伏，令读者随之情绪转移、态度变化。英语连词大体有以下类别：

表示时间与频率的词汇：in general，every，some，after，on the whole，usually，most，at other times，in most cases，frequently，main，finally，as a rule，rarely，before，meanwhile。

表示附加的词：additionally，as well as，just as，again，along with，also，further，furthermore，likewise，in the same manner，in the same way，in addition to。

引出例子的词：for example，namely，for instance，as an example，that is。

表示转折的词：although，instead，rather than，but，nevertheless，though，however，on the other hand，otherwise。

得出结论的词：all in all，in consequence，in brief，as a result，the point is，in conclusion，therefore，hence，in sum。

如果句子之间或句子内部使用了连词，就说明作者在有意识地彰显被这个连词连接在一起的两个部分（句子或分句）之间存在某种逻辑关系。这是英语的典型特征，而中文里连词的使用并不十分频繁，很多句子是靠句子内容的内在逻辑维系，而没有明着使用逻辑连词。因此，连词的掌握情况也会影响学生对文章的理解和分析。

第二，隐性逻辑。连词固然具有揭示逻辑关系的作用，但英语同样遵循着内在逻辑性的原则，句子内部各组成部分之间、两句之间即便没有明显的逻辑连词，也可以通过阅读推断二者之间的关系。此外，各种从句，尤其是同位语从句和定语从句都对主句具有定义或解释说明的作用。伴随状态和独立主格也扮演着因果、条件等角色，为主句提供支持。因此句子成分的分析不再是语言点的掌握，而更多是句子层的分析活动。例如：

The society developing along with the scientific and technological evolution，human living standard is elevating fast.

该句没有出现连词（除了两个并列的形容词之间的 and），但从上下文判断，主句"人类生活水平提高"的前提条件就是独立主格部分"社会随着科技进步而迅速发展"，二者之间形成了条件关系或者因果关系。句群逻辑分析同样有这种情况，句子之间的逻辑隐含在语义之中，但没有采用显性的逻辑连词来连缀。这样的分析活动要求更高。

句子层次的隐性逻辑还可以通过标点符号如破折号、括号、引号、冒号和分号等表达，这里将介绍常用表达符号的逻辑表达功能。标点符号是辅助文字记录语言的符号，是书面语的有机组成部分，用来表示停顿、语气以及词语的性质和作用。常用的标点符号有 16 种，分点号和标号两大类。点号的作用在于点断，主要表示说话时的停顿和语气。点号又分为句末点号和句内点号。句末点号用在句末，有句号、问号、叹号 3 种，表示句末的停顿，同时表示句子的语气。句内点号用在句内，有逗号、顿号、分号、冒号 4 种，表示句内的各种不同性质的停顿。标号的作用在于标明，主要标明语句的性质和作用。常用的标号有 9 种，即引号、括号、破折号、省略号、着重号、连接号、间隔号、书名号和专名号。标点符号的功能不仅标志停顿，它们往往具有连接句子各部分，标明逻辑关系的作用。尤其像逗号、破折号、冒号、分号等具有多种可能性的符号更是影响了阅读理解的准确性。因此，在阅读过程中，必须重视标点的逻辑连接作用。教师可以通过有目的的活动，引导学生作出具体的判断；当然通过阅读前的准备活动进行图式激活也有助于学生正确地判断。

（2）段落层次。段落层次的分析存在于各自然段之间的意义构成和逻辑过渡，主要包括段内逻辑和段间逻辑两类。

第一，自然段内部的发展。比较典型的完整的自然段由三部分组成：主题句（Topic Sentence）、扩展句（Development Sentence）和结论句（Concluding Sentence）。主题句是英文段落的典型特点，文章的所有材料和论述都是围绕主题句展开的，多安排在段落的开始和末尾。发展句必须围绕核心议题层次分明地发展、证明或支持这一主题思想。结论句位于全段的末尾，是对全段的内容进行总结、归纳或提出结论性观点的句子，进一步强调段落的中心思想，其内涵必须和主题句的内容保持一致。当然，并非每个段落都需要结论句，如一些描述性段落大多不使用结论句。分析各句在段落发展上起到的作用也是分析活动之一。

第二，段落间逻辑关系。一般而言，段落之间的逻辑关系因文体而异，主要包括：并列、递进、解释、例证、转折、让步、补充说明和总结等多种逻辑关系。

段落之间的逻辑过渡有时可以依赖明显的标志，如使用连词点明逻辑关系，或段落间就依赖过渡句表现，它们通常兼有两个段落的主要信息，前半句侧重对上段的总结，后半句点出本段的核心议题，成为本段的主题句。

（3）语篇层次。语篇层次的分析主要指一个完整语篇的内部结构逻辑分析，主要包括篇章结构模式的分析和各结构段段间逻辑的分析。对文章篇章结构的分析意味着将整篇文章分解为若干组成部分之后，判断各结构段之间的关系及其在全文中的作用，了解全篇的结构特点和组织思路。这种分析活动因文章类型不同而不同，要根据不同文章进行具体分析。例如，记叙文的分析可以通过分析其六要素实现；说明文主要分析文章线索和要素归属；议论文中主要分析因果关系，下文将对各种文体做进一步的介绍。语篇层次的分析可参看下例：

The desire for good health is universal. In our competitive society it is important to maintain good health. People with good health can do work with full confidence and their progress in work in turn contributes to their health and happiness. A sick person is usually not interested in everything around him and therefore he loses many opportunities to become successful.

在这个句群之中，句子之间没有使用任何连词，但我们可以读出第一句是典型的主题句——点出人人都渴望健康的心声。第二句则递进地开辟了本段的主题——在竞争社会，健康很重要。第三、第四两句从正反两个侧面支持论点，证明了在社会生活中拥有健康是多么重要。

记叙文多数有明确的时间、空间线索，结构上以线性结构为主，也有树状结构。说明文的结构有连贯式、总分式（“总—分”式、“总—分—总”式、“分—总”式）、并列式、递进式、对照式。议论文的结构有三种：其一为“总论—分论—总论”式，先提出论点，而后从几个方面阐述，最后总结归纳；其二为“总论—分论”式，先提出论点，然后从几个方面论证；其三为“分论—总论”式，对所要论述的总是分几个方面剖析，然后归纳出结论。

语篇分析类的活动可以分为以下三种类型。

第一，自然段与结构段的划分。段落通常又称“自然段”，但在某些文章里，若干个相邻的自然段是围绕一个主题描写或论证。这些段落就形成了一个高一级的篇章，俗称结构段。段落层的活动可以包括根据主题句或者意群划分结构段落，归纳各结构段的中心思想并辨识其在整个结构段中的功能。

第二，写作风格、效果的分析。这种活动有些是基于篇章结构特点分析的，我们通常所谓的开篇点题、倒叙插叙、过渡自然、前后照应、设置悬念、主次详略等都是写作风格；有些是基于语言特点分析的，例如一篇之间出现不同的语域，议论之中插入描写性文字等。

第三，写作意图分析。篇章写作都有作者主观的意图，而目的决定策略，好文章必然要借助各种写作手法达到弘扬自己的观点、烘托主要人物、抒发主观情感的作用。因此，通过写作手法的分析还可以分析出作者的主观态度和写作意图。

2. 不同语篇分析方式特征

(1) 记叙文。记叙文是用来描述事物的文章，以写人、叙事、写景和状物为主要内容。记人、记事、日记、游记、传说、新闻、通讯和小说等，都属于记叙文的范畴。对记叙文的分析也因此多涉及时间、人物、地点、起因、经过和结果等六要素。

记叙文中表达方式多样，可以分为叙述、描写、议论、抒情和说明五种形式。即便在叙事一种手法中也有多种线索形式可供选择，包括事件和发展过程、时空转换、内容变化、人物、场景变化、感情变化和表达方式的变换（抒情—记叙—抒情、议论）等。

(2) 说明文。说明文是一种以解说事物、阐明事理为主要目的的文章体裁，其说明对象是某个抽象事理，也可以是具体事物，文章写作的目的是把其成因、关系和原理等说清楚。说明文基本有两种类型，一是对某一种事物进行客观的介绍，正反两面都用等量的笔墨进行叙写，并没有添加任何作者的主观态度，另外一种则是对两种事物或方法进行优劣对比，但不做出最后决策。

说明文的分析要求根据文章的不同类型判断文章的发展模式，具体如下。

第一，重点描写主要特性（无论优劣），再补充说明次要特性。

第二，先因后果：引入话题后分析成因，而后分析该现象所带来的社会效应。

第三，先现象、后本质：描写某特定社会现象或情况，改变视角分析其动因和问题实质。

第四，先特征、后用途：介绍某新技术或设备的特点，而后分层次说明其使用价值。

第五，先一般、后个别（特殊）：介绍常规情况或功用，补充说明特殊情况下的表现和功用。

第六，先概括、后具体：先泛泛地宏观介绍某种社会现象或物品等，再细节介绍具体表现。

第七，先整体、后局部：先介绍全局、外部特征、功用等，再着重说明某个特定重点部位或功用。

第八，先总体、后分述：主题句概述某情况的几种表现、成因、后果，再用若干段落分别详细说明。

同时，还应该包括说明文的结构，总分式（“总—分”式、“总—分—总”式、“分—总”式）、并列式、递进式、对照式。

（3）议论文。议论文是用逻辑、推理和证明，阐述作者的立场和观点的一种文体，其逻辑分析主要包括要素分析，包括论点、论据和论证。议论文可以根据论述方式分为立论和驳论两类，论证方法没有质的差别，基本都包括例证法、引证法、归纳法、演绎法、类比法、喻证法、反证法、归谬法（仅限驳论）。要求学生能够通过分析文章的发展模式、结构形式、语言特点来推断该文章属于立论型议论文还是驳论型议论文。

议论文的分析同样包括基本论证方法的分析。议论文基本的论证方法主要有归纳法、演绎法、对比法。归纳论证是一种由个别到一般的论证方法。它通过许多个别的事例或分论点，然后归纳出它们所共有的特性，从而得出一个一般性的结论。归纳法可以先举事例再归纳结论，也可以先提出结论再举例加以证明。前者即我们通常所说的归纳法，后者我们称为例证法。例证法就是一种用个别、典型的具体事例证明论点的论证方法。例如下面这段文字：

Smoking is harmful to your health. Experiments show that smoking can cause cancer. Besides the most serious disease, cancer smoking can also cause other health problems. For example, it gives one a “smoker's cough”. Finally, studies have shown it is easy for smokers to catch colds. Whether you get an unimportant cold or terrible killers, cancer, smoking is harmful. Is it worth?

该段落中用典型的 for example 的字样点明了这部分文字是例证论证。类似的能够表明例证的还有 for instance，such as，it is like，namely，... is a case in point 等。

演绎论证则是一种由一般到个别的论证方法，议论文中最重要的演绎法就是三段论。议论文的分析要求学生熟悉议论文的三段论（包括大前提、小前提和结论）。大前提是已知的一般原理或一般性假设；小前提是关于所研究的特殊场合或个别事实的判断，小前提应与大前提有关；结论是从一般已知的原理（或假设）推出的，对于特殊场合或个别事实做出的新判断，如下面一段文字就属于三段论的典型文字。“No one can survive without drinking water. Jack hasn't found water in his desert trip. So Jack is doomed to die.”

另外一种常用的论证手法是比较论证。比较论证是由个别到个别，可细分为类比法和对比法。类比法是将性质、特点在某些方面相同或相近的不同事物加以比较，从而引出结论的方法。对比法是通过性质、特点在某些方面相反或对立的不同事物之间的比较来证明论点的方法。

（三）英语阅读教学分析类活动的表现

分析类活动的表现形式与领会活动有很多相同之处，主要从以下方面探讨。

1. 排序

文章的逻辑关系可以表现为逻辑关系的识别和表述，也可以表现为排序、插入等形式。例如，如果学生能将下面的段落正确排序，说明其理解了文章的逻辑。时间、空间顺序为线索的事物说明文还可以设计拼图阅读（Jigsaw reading），将文章里提到的一些细节打乱顺序，然后要求学生根据原文的描写过程，配合常识调整顺序。

2. 插入

所谓插入指将所给某个段落插入已有文本之中。例如，可以将上面的材料进行改编，把其中一段抽出来让学生将其放到文章中适当的位置。如果学生能够正确插入某段文字，则说明其能够理解文章的逻辑。如果有意安排这种类型的分析活动，最好不采用课本，而是将阅读资料用散页形式发给学生，在PPT上只显示需要插入的部分。这种练习培养的是学生的整体逻辑性。在处理记叙文时也可以将倒叙或插叙作为活动的着眼点。

3. 问答讨论

回答问题是一个十分灵活的活动形式，同样可以用于分析活动，要求学生分析所给语言材料，回答相关问题，如标点符号在文章中的作用就可以通过问答讨论的方式。

4. 要素配对

有些作品直接引语比较多，或者交错表达两种相反的见解，阅读过程会比较混乱。为了构建清晰的逻辑，可以为学生提供图表和相应的要素，让学生进行配对，将文章内容打散后形成中心紧凑的两个句群。

对比性的说明文有两种写法，或者一段全部写A事物的情况，然后再描写B事物的情况；或者就某一方面把A和B进行优劣对比，然后逐条对比。在这种文章中，我们可以设计配对性练习。根据文章的表达，进行配对。如果学生本身水平比较高，还可以变成不完整的表格，让学生根据文章的描述补充不完整的信息。

（四）英语阅读教学分析类活动设计方法

认知风格不同，所喜欢、适应的学习活动也不同。一般来说，分析型学习者喜欢思考和分析，喜欢做对比分析和排除法的练习，对分析类活动较为适应。相比较而言，综合性学习者则不太擅长分析类活动。

为了设计适合学生认知方式的分析型活动，教师必须采用相应的对策来解决非分析型（综合型）认知方式的群体的学习困难。宏观地说，在进行系统的语言学习活动之前进行一次学习风格测试对师生双方有一定的指导意义。例如，教师可以采用《所罗门学习风格量表》诊断大学生学习风格的总体偏向。教师在教学的同时要有意识地帮助学生识别自己的学习风格，培养他们能针对不同的学习任务有意识地改变和调整自己的学习风格；同时，积极探索并调整相应的教学模式，采取丰富的教学策略、手段及内容，适应并拓展学生的学习风格，真正做到因材施教，提高教学质量。

从微观角度看，对待每一种分析活动都应当考虑该活动对学生认知过程的要求，必要时结合学生的先前知识进行图式建构或激活。尤其在处理篇章的逻辑分析类的活动时，应当借助直观的图表和视觉性强的图式建构，采用学生比较适应的学习策略，导入他们相对生疏的学习内容，从而降低分析活动本身的抽象性带来的困难。

分析类活动设计方法具体如下。

1. 文体参照法

不同的文体，其逻辑、写作风格和主旨都可能大相径庭，分析类活动的表现形式也就不同，因此应当针对不同的文体类型设计不同的活动。例如，记叙文以写人、叙事、写景和状物为主要内容，情节性强，对记叙文的分析也因此多为六要素分析和文学分析，采用直观的图表型表现形式。记叙文中的逻辑顺序以前因后果为主，因循时间、空间、逻辑的写作线索，逻辑分析可以采用排序手法，凸显文章的逻辑标志带来的暗示作用。此外还可以进行插入活动，要求学生根据内容和逻辑的过渡把某一段落插入适合的位置，或者把插叙段或倒叙段返回到应有的位置。在文学分析方面又可以采用人物语言风格分析、场景分析、心理活动分析、表达方式分析等。这时问答讨论会比较灵活，具有较强的开放性，容易激发学生的参与意识。

说明文分事物性说明文和事理性说明文，其发展模式非常多样，可以进行发展模式分析，采用绘制结构图的活动方式。说明文行文逻辑变化不大，通常可分解为几个结构段，分别引入事物/事理、分析原因或功能、介绍具体操作规程或对策、最后补充说明不足或弥补逻辑空白，因此可以进行结构类型的分析。这种分析活动可以选用插入、排序的方式，使学生对该文体类型有更明确的认识。这种对比分析也是说明文的特点，配对和图表填空也因此比较合适。

议论文是用逻辑、推理和证明阐述作者的立场和观点的一种文体，因此确定论点、分析论据和论证方法（归纳法、演绎法、对比法）是其最主要的分析活动，讨论和图表填空是比较常见的活动形式。议论文还可以细分为立论文和驳论文两种，其发展模式和结构特点也各具特色，同样可以进行对比分析。例如，可以选取话题类似、主旨相同但论证方式不同的文章进行对比。另外，要素配对的难易程度比较适中，比较适合大学英语课堂。

2. 认知取向法

不同类型的分析活动对学生的认知需求也有所不同，教师应当采用不同的活动设计，同时考虑学生的多元智能差异和学习风格差异。大学生的学习因为专业性强，思维方式往往因为专业课程的训练而具有一定的倾向性，而且这种倾向性表现出一定的群体效应。例如，新材料专业的学生因为长期做化学实验，遵循实验规程的意识非常强烈，语言学习中也多关注语言规则的规律性，对分析类活动感到游刃有余。对这种专业的学生，一旦给他们搭建了分析活动的图式支架就可以非常顺利地进行活动。相对地，旅游管理专业的学生则表现出非常强的视觉型认知特色和场依赖特色，对文学分析和写作手法分析方面容易适应，但其逻辑分析过程相对困难，教学有必要借助视觉效果强烈的图表、采用循序渐进的方式引导学生自己归纳。

3. 形式多元法

采用丰富多彩、直观易懂的分析活动可以丰富课堂，缓解分析活动本身的抽象性所带来的课堂焦虑。要想让课堂活动进行得流畅自然，必须思考采用多种形式，即便同一种分析活动也必须考虑学生的基础、思维方式、学习材料等诸多因素，设计不同的分析活动。

4. 支架搭建法

支架教学是建构主义理论指导下的一种具体可行的课堂教学模式，支架只是一个比喻，指的是在教学过程中，为更好地发挥学生的主体作用和主观能动性，教师有意识地为学生搭建形成梯度的自主学习平台，提供扶手。由于学生在中学时代以语言学习为主，篇章分析、逻辑分析、文学分析基本上都是在中文语境下训练的，到了大学，一旦进入英文语境，学生都会有不同程度的困难。这固然有中英文的行文差异的因素，但更多的是学生无法把现在的中文语境下的知识应用于英文语境下的分析活动。为此教师在进行有一定难度的活动之前必须为学生搭建支架，如激活语言图式、内容图式、形式图式等背景知识等。

例如，要完成结构分析任务，学生必须知道主题句，结论句，总述与分述，插叙与倒叙，陈述主题，场景、起承转合等，才能完成对文本的分析。在设计分析活动时，必须诊断学生的已有图式，如果学生不具备相关的理论知识，最好在分析活动前设计支架活动，或是激活相关的图式，或是开展图式补缺教学。

常用的手段是选取一个短篇作品，或者文体与阅读材料相同，或是话题相似，或是语言特点相仿，通过分析激活或弥补相关图式。当然因为课堂时间的限制，多数教师会着重训练某一种分析能力。

三、大学英语阅读教学的综合类活动设计

从认知角度来看，综合是一种要求比较高的阅读活动，综合类活动基于理解，又可以促进阅读理解能力，同时对学生口语和书面表达能力的提高具有一定的促进作用。更为重要的是，综合对新图式的建构有着不可替代的作用。

（一）综合及其类型的分析

综合指将各要素和组成部分组合起来以形成一个整体，是对各种要素和组成部分进行加工的过程，包括对已有经验中各组成部分与新材料的重新组合、阅读中的综合指能够将文章的各组成部分按照一种新的逻辑组合成一个整体，包括写作、创作、表达个人经验、制订计划和操作程序、构建假说、阐述一种概念、对阅读材料概括等。综合起来大致可以包括以下方面。

第一，创作类综合。创作类综合指根据阅读材料所进行的写作，更加强调独特性与首创性。综合要求学生必须从多种渠道获得各种要素，并把它们按照一种新的结构或模式组合成一个整体。

第二，概要类综合。概要类综合指为所阅读材料撰写概要。学生要能写出概要，就必须了解文章中的核心内容，了解文章的构成要素，明晰各要素之间的关系，然后才能用简短的语言表达出原有材料的主要内容。概要可以表现为写概要、摘要，也可以是原文的缩写。

第三，再现类综合。所谓“再现”指对阅读内容的再现，一般情况下根据阅读材料改写就属于再现类综合。学生可以变换人称，可以改变角色讲故事，可以转换时间地点讲故

事，可以对不同的听众安排活动，对不同的听众发表演讲，可以对不同的受众进行访谈，可以说服不同的对象做某事等。这时，不管采用口头表达的方式还是采用笔头表达的方式，说话者/作者都必须再现原有信息，如果不再现原有信息，则不称其为再现类综合。

日常教学中教师安排的根据图片和核心短语、句型的提示所进行的复述本身既是一种信息再现活动，也属于综合活动。

（二）英语阅读教学综合类活动的常见形式

综合类活动属于产出性活动，要求学生在理解文本、分析文本的基础上运用语言知识、策略知识和篇章知识完成产出性的任务。常见的综合活动有以下形式。

1. 写概要

给故事写概要，同时要保持故事的原貌，是一种很好的训练综合能力的方式。学生需要将原来的内容分成几个组成部分，熟悉然后按照一定的模式组合成一个整体。针对不同类型的文章，学生在写摘要时，教师可以向学生提供阅读前导或图式框架，以便让学生了解相关的背景知识和与话题、文章类型相关的知识。

2. 新闻报道

新闻报道作为一种综合活动，可以非常真实、非常客观、非常全面地概括出主要内容，并且对学生的语言水平和语体都有一定的要求。教师需提供新闻报道样本，分析写作方式，提供新的图式结构。新闻报道并不要求学生完全按照新闻报道的方式去写，而且可以采取学生互评的方式对写作内容进行反馈。同伴评价可以从以下方面着手。

（1）报道重点是否突出，能否概括主要内容。

（2）报道是否涵盖了故事的主要内容。

（3）报道语言表述是否得体。

（4）作为读者读后是否有同感。

3. 回忆

回忆一般是由故事的主人公或是其他角色完成的，教师需设计新的情景再现故事的主要内容。活动开始前，教师可以从课文材料中提取相关的、能反映主要内容和故事发展顺序的重点词汇。这样可以激活学生的相关图式，做好语言准备工作。

4. 角色扮演

角色扮演主要通过转换角色的方式再现故事。由于角色转换时讲故事的逻辑和侧重点会有所不同，这种活动可以训练学生讲故事时的演讲意识和作为听众的听众意识，对于语言表达十分有好处。另外，角色扮演的评价标准与其他综合类活动的评价标准不同。活动中学生扮演听众，就可以从听众的角度出发，按照自己对故事的感受进行评价，如评价故事是否能够感动自己等。另外，教师须提供相关的演讲样本，分析写作特点和演讲方式。

5. 采访汇报

采访汇报要求学生以记者的身份写一份采访报道，问题主要围绕文章的主要内容展开。采访汇报可采用个体活动的方式，目的是保证每个同学都能写出采访报道。写完后让学生两两互评，评价时最好给出评价的标准。教师须向学生提供一个采访汇报的样本，分析采访特点和语言风格。

（三）英语阅读教学综合类活动设计的原则

1. 支架原则

支架原则指的是在设计综合活动时要考虑综合活动对学生图式的要求，要注意活动之间的辅助性。在开展综合活动之前，教师须确定是否需要进行图式激活，学生是否具备应有的图式。具体来讲，综合类活动要求学生按照新的逻辑组合所给语言材料，学生是否熟悉新的逻辑、新的写作规范就成为影响任务完成的关键因素，如学生必须了解新闻报道、采访报道、内容概要、故事摘要的写作规范才能完成相关写作任务。如果学生对此并不了解，教师就应该为其提供相应的支架和样例，组织学生分析，借以呈现新的语篇逻辑。

设计该综合活动之前，教师可先了解学生是否具备演讲方面的相关知识。课堂教学显示，很多大学生缺少相应的演讲方面的知识。因此，为了使学生能取得比较好的演讲效果，教师有必要提供相关的演讲样本，分析其写作特点和演讲方式，即提供相应的支架。否则，该综合活动就不能顺利地进行。例如，教师可以介绍相关的演讲要求，具体如下。

（1）选用合适的称呼语。对听众最常用的称呼语有，“Ladies and gentlemen”，“Dear Fellow students”，“Distinguished guests”，“Mr. Chairman”，“Honorable Judges”。可根据不同情况，选用适合特定场合的称呼语。

（2）直接提出论题。因为演讲时间有限，必须开门见山，提出论题。最能引起听众注意的是举例法。例如：如果是呼吁大家关心贫困地区的孩子，可以用亲眼看到的或者收集到的贫穷孩子需要帮助的实例开始。

（3）客观论证。对提出的论题，不可主观地妄下结论，而要进行客观的论证。这是演讲的核心部分，关键是要把道理讲清楚。常见的论证方法有举例法、因果法、对比法，等等。

（4）结论要扼要。结论部分要简明扼要，以便给听众留下深刻的印象。

（5）结尾要简洁。结尾部分要简洁明了，不要拖拖拉拉，说个没完。特别是不要受汉语影响，说些类似“准备不足，请谅解”，“请批评指正”这样的话。最常用的结束语：“Thank you very much for your attention!”必要时提供英语演讲稿范文，例如：

Dear fellow students,

I am very glad to make a speech here in this class! This time, I'd like to talk something about English. My topic is "I Love English."

It is well known that English is very important today. It has been used everywhere in the world. It has become the most commonly used language on Internet and for international trade. If we can speak English well, we will have more chances to be successful. Because more and more people have become aware of the importance of it, the number of the people who go to learn English has increased at a high speed.

But for myself, I learn English not only because of its importance and its usefulness, but also because of my love for it. When I learn English, I can feel a quite different way of thinking which gives me more room to touch the world. When I read English novels, I can feel the pleasure from the book which is different from reading the translation. When I speak English, I can feel the confidence from my words. When I write English, I can see the beauty which is not the same as our Chinese.

I love English, because it gives me a colorful dream. I hope I can travel around the world one day. With my good English, I can make friends with so many people from different countries. I can see many places of great interests.

I also want to use my good English to introduce our great places to the English speaking people, I hope that they can love our country like us.

I know, Rome was not built in a day. I believe that with continuous hard study, one day I can speak English very well. I am sure that I will realize my dream one day!

Thanks for your attention!

2. 任务型原则

任务型原则指的是教师要设计真实性的任务，尽可能地贴近生活实际，阅读所完成的任务与现实生活中人们阅读后的任务相同。尽管可以通过写概要、缩写、改写的方式训练学生综合的能力，但是综合活动最好能够符合任务型活动的要求。换言之，综合性活动最好要有一个真实的目的、真实的场景，以便学生为了真实的目的综合阅读信息，从而增加活动的可操作性。

教师在设计该综合活动时，可根据任务型原则把学生分成若干组，去参观人才市场大学生找工作的情况，并对这些情况进行总结，这样学生可以在比较真实的情境中做新闻报道，把预读信息和参观的情况相结合。开展本活动前，教师也需要提供相应的支架，即新闻报道样本，分析写作方式。新闻报道并不要求学生完全按照新闻报道的方式去写，但学生可以互评写作内容，同伴评价可以从以下方面着手：①报道重点是否突出，能否概括主要内容；②报道是否涵盖了故事的主要内容；③报道语言表述是否得体；④作为读者读后是否有同感。

（四）英语阅读教学综合类活动设计的方法

1. 话题参照法

话题参照法指的是根据文章的话题设计综合活动。话题不同，其内容的理解表现形式不同，理解目标也不同。教师需根据不同的话题确定其阅读过程中的综合目标，从而设计相应的综合活动，以提高学生阅读的综合能力。例如，文章或是一篇记叙文，讲述老人过80岁生日时等待女儿礼物，最后却失望的故事；或是一篇议论文，通过议论号召人们关掉电视；又或是一篇说明文，讲述一名外科医生成功转变的原因。教师可根据这些不同的话题和不同的理解目标设计不同的综合活动，如可以设计故事回忆的综合活动，重新描述老人伤心失望的过程；可以设计新闻采访，通过采访重新阐述关掉电视的观点；亦可以设计演讲报告，向听众讲述自己成功的原因。

2. 文体参照法

文体参照法指的是依据文章的体裁设计综合活动。文章的类型某种程度上也可以成为影响综合活动设计的因素。不同类型的文章，不同的阅读目标对综合活动设计的要求也不同。教师在设计综合活动时，有必要了解文章的写作风格和体裁，然后设计能够实现阅读目标的综合活动。例如，记叙文可以用 when，where，who，what，why and how 来概括主要内容；阅读目标方面一般要求学生能够了解故事大意，能够分析出故事的背景、发展和高潮各个环节的内容，并且能够准确把握文章的主题。适合记叙文的综合活动可以是写概要、回忆和角色演讲，这三种形式都能够很好地概括出故事的梗概和大意，形式也比较灵活，比较能够激发学生的兴趣。但综合活动的形式也不是固定不变的，只要设计得当，新闻报道和采访汇报同样也可以用于记叙文的综合设计活动，关键是教师能够熟悉文章体裁，明确阅读目标，灵活应用综合活动设计原理。

3. 认知取向法

认知取向法指的是根据学生的学习风格和多元智能设计综合活动。由于学生在学习风格和多元智能倾向方面存在很大的差异，学生对综合活动的表现形式的喜好也不同。例如，一个班级的学生比较沉默，而另一个班级的学生比较活跃；一个班级的学生喜欢个体活动，而另一个班级的学生喜欢小组活动；有的学生喜欢阅读和写作，而有的学生则喜欢角色表演。这些都属于学生学习风格的差异，因此，综合活动的设计应该建立在对不同班级甚至同一班级不同学生的学习风格和多元智能的分析基础之上，采取学生喜欢的方式，促进学生的参与。

四、大学英语阅读教学的评价类活动设计

评价属于比较高的认知层次，它涉及对知识、理解、运用、分析和综合等所有其他行为的某种组合。评价活动基于认知和理解，同时对学生的认知能力和语言表达能力的提高具有一定的促进作用。外语学习以培养学生表达自我思想的能力为目标，而评价类活动则是语言表达能力要求的一部分。因此，评价能力也应该成为教学活动的目标之一。

（一）评价及其类型划分

评价指为了某种目的，对观念、作品、答案、方法和资料等所做的价值判断，评价包含用准则和标准对这些项目的准确性、有效性、经济性、满意度等进行评估、评价涉及对知识、理解、运用、分析和综合等所有其他行为的某种组合，认知要求、语言能力要求都相当高，大学阶段的英语教学要求学生达到评价的认知目标。

根据评价标准的不同，评价可以分为内部标准参照评价和外部标准参照评价，具体如下。

1. 内部标准参照评价

内部标准参照评价来自阅读材料自身，指根据所阅读文章所推断出来的逻辑、结构、论点等，然后根据文章所呈现的结构要求、逻辑关系、观点论点判断所给语篇是否与所阅读文章结构一致，逻辑关系相符，根据文中的观点判断所给陈述是否正确，如求职信的结构，每部分包含的内容等，判断所给求职信是否符合要求。

2. 外部标准参照评价

外部标准参照评价同样来自阅读材料之外，其内容较为广泛，可以指评价者自身的标准，可以指评价者所处的社会环境中通用的标准。就阅读而言，一般情况下 What do you think of the author? What do you think of his argument? What would you do if you were…? 等属于利用评价者自身的标准进行评价。因为每个人的评价标准不同，对作者的评价以及对其观点的评价也就不同，所选择的行为方式也不同，这种设计有利于同学之间的讨论和协商。

而Do you think they will happen in China? Will these things happen in your universities? Will Chinese students accept such offer? 则要求学生根据通用的标准评价而不是自己的标准评价。学生需要考虑在中国环境下人们的价值标准，中国高校是否允许某类事情发生，中国的学生能否接受某种恩惠等。此时，评价者所依据的是外部标准，由于这种评价不会太受个人情感态度的左右，同学们的看法应该大体一致，因此有利于小组讨论活动的设计。

（二）英语阅读教学评价类活动的常见形式

大学英语阅读教学目标认知层次包括“知识、领会、运用、分析、综合、评价和元认知”，换言之，大学英语阅读不仅要培养学生基本的文本识别能力、信息转述能力、大意理解能力，更要培养学生的逻辑思维能力、关系分析能力、评价能力和创作能力。因此，在规划英语阅读教学、设计英语教学目标时必须充分考虑评价的认知地位。常见的评价类活动有以下形式。

1. 内部标准参照评价类活动

（1）对比评价。对比评价指选择一篇与课文相似的材料，让学生判断所选材料在逻辑、行为等方面是否符合课文的要求。这其实是要求学生根据内部标准参照评价来评价阅读材料的结构、逻辑关系和论点观点。针对不同类型的文章，学生在进行对比评价时，教师可以向学生提供某些图式框架，如文章类型及其特点、不同类型文章的结构分析或逻辑关系分析以及相同类型文章的对比分析，以便让学生了解相关的背景知识、与话题和文章类型相关的知识和对比分析知识。

（2）质疑作者。质疑作者要求学生对作者的观点、逻辑、写作方式等进行评价。讨论开始前，教师可向学生提供不同类型文章的基本要素、写作特点等图式内容。通过这种讨论，学生不仅可以更好地理解课文，同时也对文章的写作有了更加明确的了解。

2. 外部标准参照评价活动

（1）换位思考。换位思考是一种角色转换的评价活动，要求学生根据自身的标准做出评价。活动中学生要扮演作者或者剧中人物的角色，设身处地地想在相同情况下自己是否会持同样的观点，是否会采取同样的举动。

（2）概括类推。概括类推指通过把课文中的案例推而广之对其实施评价的一种评价活动，学生需要用自己的经验进行判断和评价，评价所采用的是公用标准。本活动有助于培养学生关注社会、关注他人的品质，因此要注意鼓励学生发表自己的观点，不必太在意语法。

（三）英语阅读教学评价类活动设计的原则

1. 支架原则

支架原则指的是在设计评价活动时要考虑支架的搭建。要实施有效合理的评价首先必须明确评价的标准，如果是内部标准参照评价，教师就应该设计标准认识活动，分析所阅读的材料中包含的逻辑、结构等，然后提供要评价的材料。

2. 评价分享原则

由于人们价值观的差异，所做的价值判断也会不同。在实施外部标准参照评价，尤其是依据学生个人标准进行评价时，教师可以充分利用同学们评价方式与评价结论上可能存在的差异组织学生开展小组讨论，分享观点，促进理解。

3. 理解原则

所谓理解原则指评价以促进学生对课文的理解为目标，通过评价学生可以更好地理解文章的结构、逻辑和语言使用，可以更好地理解文章所要传达的观点、理念、价值观。如果只是为评价而评价，评价也就失去了应有的作用。

（四）英语阅读教学评价类活动设计的策略

第一，设计多样化的活动形式：应该针对不同类型的学生，设计多一个多样化的活动形式，如暗示测试、朗读评测、作品评选等。这样可以让学生参与其中的热情更高，并且提供更全面的评价数据。

第二，尽可能贴近学生阅读经验：评价类活动尽可能贴近学生的阅读感受，让学生感受到阅读的乐趣和收获。例如，可以从学生自己喜欢的阅读素材入手，让学生表达对这些素材的看法和评价，或者对阅读教材中的生词和短语进行评价等。

第三，注意评价的客观性和标准化：在设计评价类活动时，需要注意评价的客观性和标准化。可以通过采用标准化评分表或者评测工具来提高评价的客观性，确保评价结果更加准确和可靠。

第四，关注学生学习成果的反馈和总结：评价类活动的目的在于帮助学生发现自己英语阅读能力的弱点和需要加强的方面，及时获得反馈和总结，为下一步的学习提供指导。因此，评价类活动设计时，要注重对学生阅读能力的全面评估，并及时给出反馈和总结，帮助学生制订更加有效的学习计划。

通过以上策略的合理应用，可以促进学生自主学习和自我评价能力的培养，提升学生的英语语言能力和综合素质。

第三节　大学英语阅读教学的主要策略

一、采取英语语篇教学方法

语篇分析理论主张把文章看作整体，从文章的层次结构着手，引导学生注重句子与句子之间的衔接、段落与段落之间的过渡，使学生在语篇基础上掌握全文，从而提高理解能力。在高校英语阅读教学实践中，运用语篇教学法进行教学的主要环节如下。

第一，围绕文章标题，预测文章内容。文章标题是文章内容的总概括，通过对文章标题的分析，可以有效地预测阅读材料的语篇类型及题材。在此过程中，教师可以围绕标题提一些启发性的问题，不仅有利于预测文章内容，还为下一步导入文化背景做好了铺垫。

第二，导入背景知识，进行体裁和语篇分析。体裁是文体分析的三个层面之一。体裁分析是语篇分析的一个方面。要让学生学会比较不同的体裁所达到的不同交际效果，就必须在教学中及时导入相应的文化背景知识，只有让学生充分了解不同文体的特点，认识不同文体的结构，才能有效培养学生运用正确的阅读方法来进行阅读的能力，从而提高阅读效果。

第三，抓住主题句，利用信息传递及组织模式把握语篇中句子和段落中心，并进行必要的语法、词汇衔接手段分析和意义连贯推理。例如，用表示时间顺序、地理方位、因果关系等逻辑概念的“过渡词语”，以达到文章的连贯性和黏着性；运用“语法纽带”即通过使用省略、替代、照应等句法手段达到承上启下的效果。

二、重视英语词汇量与阅读量

教师应督促学生加大词汇量和阅读量，鼓励他们多读、多写、多记，同时传授一些词汇记忆方法，如文章中的记忆法、联想记忆法、造句记忆法、构词记忆法等。教师可以系统讲授一些词汇学习理解方法，如利用词缀猜测生词的含义，利用上下文来推测词义，利用近义词、反义词、同类词来比较词义，通过加大阅读量来巩固词汇等。同时注意一词多义，引导学生掌握词汇的派生、合成和转化等构词法知识，建立起便于记忆和应用的新图式，扩大词汇量。

三、传授英语快速阅读的技巧

第一，跨越生词障碍。跨越生词障碍可以通过猜测词义来解决，猜测词义的方法有很多，如根据语境、定义标记词、重复标记词、列举标记词以及同位语、同义词、反义词或常识等。但这些方法都离不开两个方面：一方面是学生的文化修养，即语言、文化素质；另一方面是通过全局识破个体的能力，这就要求学生要不断扩大自己的知识面，懂得社会、天文、地理、财经、文体等科普性知识。

第二，浏览所提问题，带着问题读文章。一般而言，作者根据自己的意图和思维模式，通过一定的语言手段，把分散、细节、具体的材料组织在一起，在训练或测试中，命题者往往采用多种方式进行提问，有直接和间接的，但无论如何，命题范围和思想基本与作者一致。学生应先了解问题的要求，带着问题和所需的信息去查询，以提高阅读速度。

第四节　大学英语探究式阅读教学设计

目前，部分教师在教学英语阅读时往往还会采取传统的教学方法，然而传统的讲授法比较枯燥，乏味，无法激起学生的学习欲望。这也会使得教师在阅读教学过程中占据主导地位，学生也并不了解探究式的学习方法。因此，英语教师必须转变传统的思想观念，在课堂上为学生营造探究式学习的良好氛围。

一、大学英语探究式阅读教学设计的意义

在大学时期，学生的英语思维已经初步完善，但是根据教师的观察发现，学生的英语阅读能力和思维能力仍处于有待发展的阶段。所以，教师应当根据学生的学习特点以及学习需求，采用探究式学习方法来为学生构建高效的英语课堂。教师要引导学生在英语阅读的学习过程中进行自主探究，这样有利于激发学生对英语阅读自主探索的兴趣，同时也让学生通过自身的努力以及教师的引导，厘清英语阅读文章所展现的形式、顺序等，避免学生的中式思维插入英语语言的组织当中。除此之外，教师在英语阅读课堂中运用探究式学习方法，还有利于激发学生学习英语的自主思维，促进学生形成属于自己的英语阅读解题

体系。这就使学生在接下来的英语阅读学习过程中，能够产生事半功倍的学习效果，促进学生英语综合学习能力的发展。

同时，探究式学习能够锻炼学生的自主学习能力，这就让学生在课堂之外也能够自主探索英语阅读知识，形成良好的学习习惯。由于探究式学习属于自主学习方式的分支，所以，教师以引导的方式来促进学生掌握精髓内容，还能降低学生的学习压力和难度，改变教师与学生之间的师生关系，构建友好沟通的桥梁，以便于教师从心理上接近学生，了解学生的学习问题，并且提出有针对性的解决策略。

二、大学英语探究式阅读教学设计的策略

（一）给予学生阅读引导，提高探究式学习效率

在传统的英语阅读教学过程中，由于师生之间缺乏沟通和交流，所以教师经常选择传统的教育方式为学生构建英语阅读课堂，让学生用笔记本记录阅读的精髓内容。这样虽然能够在一定程度上培养学生的自主探索意识，但是也让学生对英语阅读学习的积极性逐渐下降。同时，由于教师采用的是整体教学，忽略了学生的个性化学习，所以大多数学生也会产生疑问，但是由于缺乏学习自制力，又不主动向教师反映，导致无法使英语阅读教学的效果达到所预期的目标。所以，教师在开展探究式的英语阅读教学时，应当对学生的情况给予正确的阅读引导，提高探究式学习的有效性，也让学生的英语思维得以引导，并且拉近师生之间的关系，增强教师为学生开展探究式学习的效果。

（二）创设阅读情境，增强学生英语学习体验感

根据教师的观察发现，在高中时期，学生的学习现象较为僵硬。大部分学生认为学习知识只是为了提高自身的文化成绩，这就让学生产生了不正确的学习思想。而英语阅读水平较差的学生认为，就算英语阅读导致了自身英语成绩的不如意，也可以从其他科目的学习来弥补英语成绩的不足。这就让学生形成了不正确的英语阅读学习意识。所以，教师如果要提高英语阅读课堂构建的有效性，应当让学生感受到英语阅读与生活之间的联系，在增强学生自主学习意识的同时，端正学生的学习态度。

教师可以在探究式英语阅读学习的基础上，为学生创设情境，丰富学生的阅读体验感，也使学生在日常生活中积攒的英语知识得以发挥，巩固学生的知识记忆，增强探究式教学应用到英语阅读教学中的有效性。例如，在学习时，学生在课堂上学习，注意力不够集中，并且只是将教师强调的重要部分在自己的笔记上记录下来，这就无法使学生形成有

效的英语记忆。所以，教师要在本节课的阅读教学过程中创设阅读情境，以丰富学生的学习体验感。教师先是让学生通过自主探究，翻译对话情节所发生的故事，让学生回忆，并在本节课开始之前，预习单词部分以及单词的发音等。在学生回忆完毕后，教师就可以选出两名英语水平较高的学生来还原情景对话，构建轻松愉悦的探究课堂，让学生通过对阅读情境的还原生动地了解故事发生的原委，并且，在这过程中学生的英语语言组织与运用能力得到了提高，这就在潜移默化中提高了学生的英语综合水平。许多学生在经过本节课的学习之后，不再认为英语课堂学习沉闷无趣，而是认为英语阅读既生动又有趣，并且能够提高自身的英语成绩，这就为学生在课堂之外自主探究英语阅读的知识提供了良好的动机。

（三）用信息教学辅助学生探究，营造阅读氛围

根据教师私下与学生的沟通，发现学生对英语阅读学习的印象首先是难，其次是抽象。虽然，教师结合学生的学习特点，为学生创设了学习情境，但是学生仍很难体会西方的文化。所以，教师应当结合信息教学来辅助学生进行探究，以此令学生通过互联网等途径了解西方与东方语言的差异以及与汉语文化上的不同，这就在潜移默化中帮助学生形成文化意识，增强课堂构建的有效性。除此之外，信息化教学能够让学生在学习英语阅读的过程中，不仅能够听到声音，还可以看到形象的画面，这就把学生代入英语的阅读学习中，降低了阅读的难度。

（四）开展小组合作探究，培养学生的英语思维

目前，大多数学生在进行英语的阅读学习过后，总是将教师所强调的重点以及英语阅读学习中的精髓内容记录到自己的笔记本中。记录完毕后，学生从不主动翻看所记录的内容，这就无法形成有效的英语阅读记忆，也令学生的英语思维局限于笔记本。所以，教师在为学生开展探究式英语教学的过程中，也应丰富学生的探究形式，创立合作学习小组进行英语阅读探究，并且，在结尾阶段也要引导学生进行小组合作沟通和交流，促进学生英语阅读思维的交换和互补。让学生能够吸收他人的思维优势，完善自身的英语思维。

例如，在英语阅读教学开始之前，教师可以根据学生在日常英语学习中的优点，分成不同的阅读学习小组。等探究活动结束后，教师就可以为学生开展小组交流活动，让学生将阅读成果及阅读的笔记进行相互交换，让学生能够吸收他人的英语思维，完善自身的英语阅读体系。许多学生在经过小组合作的英语阅读探究学习之后，都能够看到他人学习英语的优点，并且虚心向他人请教，这就形成了良好的学风，也提高了学生自主学习英语阅

读的积极性。

（五）创设英语教学的探究情境，强化阅读效果

环境因素是影响学生学习态度的重要外部条件。基于此，为了真正唤醒学生的阅读欲望，达到预期的阅读效果，必须构建一套与其相契合的阅读环境，使学生能够积极参与到探究过程中，提高自主学习能力，利用探究式学习方式刺激与引导学生，使学生对问题充满好奇，对知识充满渴求。良好的教学氛围能够更好地辅助教学，当学生无法理解抽象性的知识时，教师可以通过采用多媒体教学设备引导学生进行自主探究，通过此种方式加强学生的英语阅读学习，最终达到预期的教学效果。例如，在具体的阅读教学中，可充分发挥多媒体设备的优势，依托动画视频的方式，结合阅读内容设计出与其相契合的阅读情境。

同时，引导学生对阅读视频进行观看，在视频中学生能够了解、掌握各种不同的信息、数据。学生在此基础上进行探究的同时，教师将所需要教学的内容引入其中。多媒体教学视频能够刺激学生的感官，提高学生的探索欲望和逻辑思维能力，在探究过程中，使英语知识网能够更加健全、完善。当学生遇到重难点知识问题时，教师不需要及时将答案告知学生，应当第一时间引导学生通过互联网查询等方式查找相关资料，在对问题进行不断探索的过程中，学生能够主动探索答案，同时激发学生的自主能力，使学生能够全方位发展，通过自己的方式获取更多的英语知识。另外，学生在这一探究阅读情境中，也唤醒了学生内在的阅读欲望，促使学生在主动阅读、主动探究的过程中，实现了既定的阅读目标，落实了英语核心素养下的阅读要求。

总而言之，在英语阅读教学过程中应用探究式的学习方法，对于学生的学习发展具有至关重要的作用。这样做不仅能够帮助学生更好地学习并理解高中英语阅读材料，还可以激发学生对于英语学习的兴趣、培养他们的交流合作能力，更重要的是，它能够极大地帮助学生学会自主学习，提升自身综合素养。因此，英语教师必须转变其传统思想，在课堂上为学生积极营造探究式的学习氛围、完善教学方式方法，充分发挥高中生的主体地位，从而提升英语阅读的教学质量，达到更好的教学效果。

第九章　大学英语写作教学与探究式方法

第一节　大学英语写作教学的基本特点

第一，写作是一个输出和检验的过程。学生要有一定的信息输入——对体裁、内容都要有一定的了解，同时无论是课后还是课中，学生都应有一定的阅读量，积累丰富的英语词汇、句型和语法，才能在写作课上游刃有余。换言之，写作能够检验学生平时的知识积累程度，检验学生对语法的掌握和词汇的运用等。

第二，写作是循序渐进的过程。写作要求学生进行丰富的联想，发现题材并将之组织成文。提高英语写作水平并不是短时间能够做到的。要想切实提高自身的写作水平，还需要多阅读、多分析，反复练笔。因为，写作的过程并不是简单地记录所看到或所读到的内容，而是用另一种语言表达自己的思想的过程，其中涉及遣词造句、文章架构以及段落的衔接等方面的问题。

第三，写作教学需要具有直观性。直观性教学是指“教师在英语教学中通过实物或语言描述，引导学生形成所学内容的清晰表象，从而发展学生的英语能力”①。此外，直观教学形象、鲜明、生动且有趣，学生容易接受，所学知识不容易忘记，特别是对于低年级学生更要以具体形象为主，倡导直观性教学。在运用直观教学时，直观教具的选择要符合学生的年龄特征和认识水平，直观教学的手段要与教师的适当讲解相配合，要考虑合理使用教具的数量、时间和地点，防止直观教学的不当与滥用，要重视语言运用的直观。教学中，教师应因地制宜，尽可能利用直观手段创设情境，可以利用教室中的人、简笔画、实物、图片等直观教具以及动作、手势和表情等肢体语言进行有效情景教学，或利用多媒体等辅助教学设施呈现教学情境等。

第四，以学生为中心。受传统英语教学模式的影响，很多教师仍奉行“教师+黑板”

---

①　吴婷婷，宋洁，杨慧. 大学英语写作教学研究［M］. 长春：吉林人民出版社，2021：6.

的写作教学方式，在这种教学模式中，教师是整个教学活动的中心，学生只是被动地接受知识。随着英语教学改革的推进，越来越多的人开始意识到学生才是教学的主体，任何教学活动都应围绕学生及其需求来进行。因此，大学英语写作教学应切实提高学生的英语水平，对学生的学习大学英语写作教学研究规律给予充分的重视与尊重，并积极倡导以学生为中心的教学理念。英语写作教学是英语教学的重要组成部分，同样要遵循以学生为中心的教学原则。教师在英语写作教学过程中应将自身的主导作用充分发挥出来，树立以学生为中心的教学思想，尊重学生的主体性，切实提高教学质量，提高学生的写作水平。以学生为中心要求教师在教学过程中鼓励学生真正参与到教学中来，为此，教师可以采用小组讨论的方式进行教学。

第二节　大学英语写作教学的具体方法

一、指导学生英语写作过程

（一）明确审题的立意

审题是写好一篇文章的第一个且是最重要的环节。文章是否切题就看学生是否认真审题，是否能明白题材的写作要求。高校英语写作都会给出提示语，甚至是作文题目，学生必须围绕所给提示语或题目展开论述。因此，审题并理解题意很有必要。学生在拿到作文题目之后，先要仔细阅读题目，认真审阅写作部分提供的说明与要求，再确定相应的体裁，如议论文、说明文。议论文主要是权衡利弊或就观点进行反驳等；说明文主要是阐述主题或提出解决问题的方案等。教师可以对学生进行提问，了解他们的审题情况。通过审题，学生明确文章的中心内容，从而达到审题立意。

（二）列出写作的提纲

在确定中心思想之后，学生须粗拟一个提纲。提纲是文章写作的计划，也是一篇文章的基本框架。提纲可根据文章的结构列出。文章是由引言段、正文部分和结论段三部分组成。引言段揭示主题；正文部分从不同的角度对主题进行阐述；结论段对全文归纳总结。

（三）确定作文主题句

主题句是表达全文主题的句子，它概括了全文的大意，全文的其他文字都应围绕它展开。因此，主题句一般放在文章的开头，其特点是开门见山地摆出问题，然后加以详细说明。主题句具有较强的概括性，它概括了全文的中心思想，反映了作者写作意图，是全文的核心所在，是作者思维的起点，它对确保文章主题突出，有着举足轻重的作用。教师可以通过学生的主题句得知其对文章主题的把握情况，从而判定其写作前的准备工作是否充分。

（四）撰写作文扩展句

扩展句是用来解释和支持主题句的句子。确定主题句之后，学生可以根据所列提纲，围绕主题进行发挥，收集与主题句密切相关的写作材料，为主题句服务，详细说明并支持主题句的思想。选择的材料最好来自日常生活，因为它们真实且具说服力，学生也相对熟悉，易于把握。在撰写扩展句的过程中，注意句子之间必须用连词或关系词来连接，段与段之间要用过渡词，以体现文章的逻辑性，它们是连接句与句或段与段之间的纽带，在行文中起承上启下的作用。与此同时，学生要注意整个篇章的层次性，将最重要的先写，然后逐级递减，这样可以使文章自然、流畅，重点突出。

（五）升华作文结论句

作文的最后一部分由结论句构成，结论句通常与主题句一样包含全文的中心思想，它总结了全文，深化了主题。但所用的措辞与主题句不同，它是换一种说法，变换措辞。学生可简明扼要地总结前面所写的内容，重申主题，使文章结尾与开头相互照应。结尾部分能加深读者对整篇文章的理解，给读者留下更为深刻的印象。

（六）写作修改与整合

文章写完后，学生应认真通读一遍全文，修改明显的拼写错误，以及一些语法错误，如时态、语态等。为确保句子的正确性，尽量避免语法结构错误，这一过程虽不能针对例题、结构、修辞等方面进行全方面考虑，但对个别词汇、语法、拼写错误稍加改动也很有意义。除学生与教师修改外，还可以进行学生的互改互评。然后教师再进行批改、讲评。讲评的重点放在文章的结构与内容上。

二、帮助学生掌握写作技巧

第一，词汇根据不同的语境或上下文，学生需选择恰当的词语。在写作的时候，必须保证选词的正确性，根据所需表达的具体含义，选择最为恰当的单词。在考虑相同的意思时，同一词语在一篇文章中最好不要重复出现，而应考虑使用其他同义词或近义词替换，可以选择一些具有一定难度的单词进行替代，恰当地使用高难词汇有助于提高写作层次。

第二，句型在写作中，除了词汇可以丰富多彩外，还可以使用不同的句型结构。通常而言，学生在写作过程中受自身的知识和时间等方面的影响，在句式变化上未能深入地思考，以致出现行文呆板、不够灵活的情况。在英语写作中，有很多的特殊句型都可以运用在写作中，可以让学生多使用典型句式，适当运用成语和谚语，恰当使用一些平行、对比结构。

第三，结构衔接。在写作过程中，要使句子或段落之间的衔接紧密，需用一些关联词来连接，这样才能使文章自然、流畅。关联词可以连接段落或句子。段落是文章中最基本的单位，它表明了全文的结构层次。写作时一定要段落清楚，有开头、主体和结论三部分，全文需分段撰写，而句子又是构成段落的基本单位。如何将它们有机地组合起来，这就需要使用过渡性的词语，并根据关联词表示的逻辑关系不同选择关联词。

第三节　大学英语写作教学探究式方法

一、大学英语写作教学探究式方法的认知

探究式教学法是根据“发现教学法”而来的，也是“接受性教学”的另外一种表达方式，它主要是指“在教学的过程中学生要根据老师的要求，通过合作探究自主为特征的学习方式，对教师所教授的内容以及知识点进行自主学习，从而达到课程标准中情感目标和认知目标的一种教学模式”①。其中情感目标主要涉及的是学生道德品质以及思想感情的培养，而认知目标则涉及学科相关知识的原理、概念等的掌握。我国探究式教学模式主要包括以下模式。

第一，总结提高教学模式，是指教师为学生分配学习任务，让学生自由地对上课内容进行总结与回答，分析和归纳学习成果，并且联系当前实际，加深知识点的理解程度。

第二，协作交流教学模式，是指学生自由结组相互讨论之后，进入高质量的协作交流阶段，只有通过协作交流，学生才能够进行成果分享、观点互通，其中教师主要在学生协作交流的过程中起到引导、协调的作用。

---

① 王利娟. 探究式教学法在大学英语写作教学中的应用研究［J］. 宿州教育学院学报，2018，21（1）：144.

第三，自主探究教学模式，是指采用合作探究自主的学习方式，通过小组的自主探究和自主学习，依靠学生个人的学习能力和小组的合作能力来完成教学中的关键教学环节。在进行教学时，教师一定要处理好学生和小组之间的关系，对学生进行支持和引导，发挥学生的积极性与主动性。

第四，启发性思考的教学模式，是指在进行教学模式之前，教师要向全班同学提出多个能够帮助学生理解知识点和知识内容的问题，并且教师所提出的问题可以与学生的学习情况和教学内容相互协调、相互一致，这一环节所起到的作用是引发学生的思考，从而帮助学生更加深刻地理解所学内容。

第五，创设情境教学模式，指的是根据教师的具体教学进度和教学目标来确定出发点，并且根据这个出发点，教师可以采用多种的教学模式来创设教学情境，从而引导学生进行学习。

探究式教学模式可以加深学生对知识技能和基础知识的掌握与理解，有利于教学口标的实现和复合型高素质人才的培养。

二、大学英语写作教学探究式方法的应用

（一）启发探究式教学法的应用

探究式教学法可以激发学生的学习积极性和自主能动性，从而更好地实现教学目标。另外，启发探究式的教学法还可以帮助学生主动对知识进行创造和探索，提高学生的思维创造能力。教师可以根据不同的教学环境、教学内容以及教学对象选择不同方法。启发探究式教学可以对学生进行直接引导，发挥学生的主体地位，激发学生的自主能动性，培养学生的归纳能力、分析能力和观察能力，进而提高教师的教学效果，提升学生的分析性写作能力。

（二）合作探究式教学法的应用

目前的大学英语现行班级的规模是比较大的，而在此之中，学生的学习水平和性格也各有不同。因此，教师可以在大学英语写作教学的过程中采用合作探究式的教学法，营造一个宽松、民主、开放的课堂学习氛围，让学生可以更加直接地运用英语，提高学生的英语实际应用能力，并且让学生自由成立学习小组，积极地完成任务，解决问题。另外，合作探究式教学法还可以培养学生的学习能力和与他人合作的能力，体现了探究式教学的参与、合作、自主的概念。合作探究式教学为一法可以激发学生的自主能动性，丰富学生的

思维，还可以促进学生和教师之间的相互沟通，提高学生分析问题，解决问题的能力。

（三）问题探究式教学法的应用

问题探究式教学法是目前新发展的一种教学为一法，这种教学为一法首先需要教师做到充分备课，并且通过教师设计的问题来引发学生学习的积极性，并且使学生听课的注意力更加集中，可以有深度地探索问题和思考问题。例如，教师在布置写作任务前可以设计一个联系实际的问题，让学生感受到课本与实际相联系，从而激发学生浓厚的学习兴趣。并且在提问题时要循序渐进、由易而难，一方面可以对已学过的知识进行复习，另一方面又可以引入课本新学习的知识，这样的问题探究式教学法可以有效提高学生的学习效率，拓展学生的学习思维，提高学生英语的实际应用能力，拓宽学生的英语知识面，同时也可以让学生将自己所学的知识和实际相互联系，达到大学英语写作教学目标，为我国的社会发展提供更多的高素质人才。

综上所述，探究式教学法改变了传统的大学英语写作教学模式，从原先的以教师为主、以课本为主转化为以学生为主体的教学模式，使教学过程的实现由关注“学的目的”向关注“学的需求”转变，注重教师的引导、启发和学生的积极主动参与。此外，探究式大学英语写作教学关注学生自主学习能力的培养，教师充分利用网络学习平台，为学生提供了海量优质的写作教学资源和课上课下充分整合的混合式写作学习路径，促使学生由被动学习转变为主动学习，激发学生在写作过程中的浓厚兴趣，而且，探究式教学法能使每一个学生参与到写作教学过程中来，营造了一个良好的写作探讨教学氛围，为高校培养高素质的应用人才奠定了一定的基础。

第十章 大学英语翻译教学与探究式学习

第一节 大学英语翻译的运用方法教学

一、大学英语的直译法与意译法翻译

（一）大学英语的直译法翻译

在大学英语教学中，翻译也是重点内容。直译，是以句子为单位，尽量保持原文的语言结构、形式以及隐喻等的一种翻译方法，其有助于表现原文的形象、思维、语言趣味。

1. 直译法翻译的特点

（1）忠于原文内容。

（2）忠于原文形式，要求在保持原文内容的前提下，力求使译文与原文在选词用字、句法结构、形象比喻及风格特征等方面尽可能趋同（无限接近）。

（3）通顺的译文形式。

2. 直译法翻译的运用

（1）习语的直译运用。

例 1：Crocodile tears.

直译：鳄鱼的眼泪。

例 2：Fish in troubled waters.

直译：浑水摸鱼。

例 3：Chain reaction.

直译：连锁反应。

例 4：Special economic zone.

直译：经济特区。

例 5：Green food.

直译：绿色食品。

（2）句子的直译运用。

例 1：I would draw a further conclusion，which I believe is central to assessing China's future place in the world economy.

直译：我想进一步得出结论，我认为这个结论对于评估中国今后在世界经济中的地位是至关重要的。

例 2：He is said to be a rough diamond.

直译：人们说他是浑金璞玉。

总而言之，直译不仅能保持原作的特点，而且还可使读者逐步接受原作的文学风格，促进语言的多样性，丰富目的语的语言形式，以利跨文化沟通与交流。

（二）大学英语的意译法翻译

翻译是英语应用的一个主要方向。意译就是只保持原文内容、不保持原文形式的翻译方法。意译把忠于原文内容放在第一位，把通顺的译文形式放在第二位，要求在保持原文内容的前提下，力求译文在选词用字、句法结构、形象比喻及风格特征等方面，尽可能符合译语读者的阅读习惯和审美心理。意译把忠于原文形式放在第三位。另外，意译的功能围绕着“效果”，译者可以对原文的词句顺序、逻辑关系、修辞手段等进行调整和变通，使译文地道、流畅，符合译入语读者的阅读习惯，更好地传达原文的艺术效果。

总而言之，从跨文化语言交际和文化交流的角度来看，意译强调的是译语文化体系和源语文化体系的相对独立性。意译更能够体现出本族的语言特征。例如，习语、诗词、成语等的翻译，常常通过意译来达到“信、达、雅”的意蕴。

二、大学英语的增译法与减译法翻译

（一）大学英语的增译法翻译

增译是在原文的基础上添加必要的单词、词组、分句或完整句，从而使译文在句法和语言形式上符合目的语的习惯，并使译文在文化背景、词语联想方面与原文保持一致，以达到译文与原文在内容、形式和精神方面对等的目的。增译法并不意味着译者可以随心所欲地添加，而必须遵守一条基本原则——增加那些在句法上、语义上或修辞上必不可少的词语，即增加原文字面虽未出现，但为其实际内容所包含的词语。增译法的运用主要包括意义和修辞上的增译，以及句法上的增译。

1. 意义与修辞层面的增译翻译

在英汉互译时，有时有必要增加合适的动词、形容词或副词等，使译文意义明确，流畅自然。意义和修辞层面的增译翻译，具体内容如下。

（1）增加动词。由于意义上的需要及英汉语言上的差异，英语中重复用词的情况较少，而汉语有时为了达到一定的修辞效果，经常使用重叠句或排比句，翻译成汉语时需要在名词前增加动词。

（2）增加形容词。为使译文读起来顺畅自然，清晰达意，有时候也会根据原文的意思，在译文中增加一定的形容词。

（3）增加副词。根据原文的上下文，有些动词在一定的场合可增加适当的副词，以确切表达原意。

（4）增加表示复数的词。汉语名词的复数没有词形变化，很多情况下不必表达出来，但有时需要通过增加“们、各位、诸位”等词，增加数词或者特殊方式的“叠词”来表达原文的复数意义。

（5）增加表达时态的词。由于英汉语言的差异，英语动词随时态的变化而变化，而汉语动词没有词形变化，但有时为了表达需要，英汉翻译时有必要增加一些表示时态的词。

（6）增加语气词。汉语中的语气词很多，在翻译时，需要在准确理解原文意义和修辞色彩的基础上增加适当的语气词。

2. 句法层面的增译翻译

（1）增补原文句子中所省略的动词。

例如：Reading makes a full man；conference a ready man；writing an exact man.

译文：读书使人充实，讨论使人机智，写作使人准确。

（2）增补原文比较句中的省略部分。

例如：The footmen were as ready to serve her as they were their own mistress.

译文：仆人们愿意服侍她，就像愿意服侍他们的女主人一样。

总而言之，采用增译法则可以使译文自然通畅，完整贴切。增译法往往是译者在推敲译文或校对译文的过程中进行的，由此可见，这类调整与译者的母语语感很有关系。从本质来看，这是一个译文的可读性问题，其关键在于求得译文与原文在深层结构上对应，而不求双语在词语形式上机械对应。

（二）大学英语的减译法翻译

所谓“减译法”，即指在翻译过程中为了使译文简明、准确，而省去一些词或短语。英汉翻译中常常会省略一些介词、冠词、名词和连词等，这些词在原文中是必需的，而在译文中却可有可无。减译是翻译中一种比较常见的现象，它符合语言使用的经济原则，即人们在交际中尽量使用比较少的、省力的语言单位，来传达较大量的信息。减译法是基于英汉两种语言的差别。比如汉语并没有冠词和不定式的标记，而且代词、连词以及介词在汉语中的运用频率不及英语，所以在进行英汉翻译时，有必要进行减译。总而言之，减译包括语法层面和修辞层面两个部分。

1. 语法层面的减译翻译

（1）副词的减译。

例如：我们一定能够达到目标。

原译：Our goal will certainly be attained.

翻译时可以省略 certainly。

（2）介词的减译。

例如：我们已经从其他国家有计划、有选择地进口了一些成套设备。

原译：We have imported in a planned and selective way from other countries some complete plants.

翻译时可以省略 from other countries。

（3）名词的减译。

例如：中国是个文明古国，幅员辽阔，面积达 960 多万平方公里。

原译：China is a country with ancient civilization. She has a vast territory and covers an area of 9.6 million square kilometers.

改译：Covering an area of 9.6 million square kilometers and more, China is a country with ancient civilization.

（4）代词的减译。

第一，省略作主语的人称代词。根据汉语习惯，在指代关系明确的情况下，假如前后两句主语相同，就不必重复出现。英语通常每句都有主语，因此作主语的人称代词往往多次出现，这种代词汉译时常常可以省略。

第二，省略物主代词。在英语句子里，物主代词出现的频率很高。如果将每个物主代词都翻译出来，那么汉语译文就显得言语繁复，所以在翻译的时候物主代词大多省略。

（5）动词的减译。在进行翻译时，原文中有些动词在译文中可以省略。

例 1：中国始终是维护世界和平与地区稳定的坚定力量。

译文：China is always a staunch force to maintain world peace and regional stability.

改译：China is always a staunch force for world peace and regional stability.

例 2：我们要努力搞活国有大中型企业。

原译：We should endeavor to invigorate the large and medium-sized state-owned enterprises.

改译：We should invigorate the large and medium-sized state-owned enterprises.

（6）冠词的减译。英语中存在冠词而汉语并没有冠词，英语的冠词往往并不表达具体的词义，所以英译汉时，英语的冠词常常省略。

例 1：A parrot can talk like a man.

译文：鹦鹉会像人一样说话。

例 2：His dinner hour is an inevitable 6:30 p. m.

译文：他总是下午 6 点半吃晚饭。

（7）连词的减译。

第一，省略并列连词。在并列连词中，比较常见的是省略 and，or，but 和 for。

第二，省略主从连词。主从连词的省略包括：省略表示原因的连词，省略表示条件的连词，省略表示时间的连词。

（8）形容词的减译。

例 1：我们对过去的历史应有所了解。

原译：We should know a little of our past history.

翻译时可以省略 past。

例 2：外贸有了新的发展。

原译：Foreign trade had made fresh progress.

翻译时可以省略 fresh。

2. 修辞层面的减译翻译

（1）省略重复的短语或单词。

例如：Part-time waitress Applicants who had worked at a job would receive preference over those who had not.

译文：应聘兼职女招待，有工作经验者优先。

（2）省略不必要的短语和单词。

例 1：His younger sister is an actress.

译文：他妹妹是个（女）演员。

例2：Could you help me in any way?

译文：你能帮帮我吗？

三、大学英语的转译法与分译法翻译

（一）大学英语的转译法翻译

翻译方法中的转译法也称转换法。转译法可以将英语词汇的词性转译成不同的汉语词性，还可以将英语原句转译成不同类型的汉语句子。因此，转译法在英译汉的过程中既可以是词性的转译，又可以是语态或句型的转译。

1. 词类转译

例如：He admires the President's stated decision to fight for the job.

译文：他对总统声明为保住其职位而决心奋斗表示钦佩。

从上述示例可以看出，由于英汉两种语言表达方式的差异，在英译汉的过程中，有些句子可以逐词对译，需要根据具体情况适时改变原文的词性，以符合译入语的表达习惯，使译文通达自然。这也就是翻译中的词类转换现象。归纳而言，词类转译主要涉及以下方面。

（1）动词的转译。汉语动词丰富，句子简洁明了。汉译英时，汉语的动词常可转译为名词、形容词、介词或介词短语等。

第一，动词译成名词。

例如：绝对不许违反这个原则。

译文：No violation of this principle can be tolerated.

第二，动词译成形容词。和感官、情感及其他精神状态相关的动词可译成“be + adj. ...”的结构。

例1：获悉贵国遭遇海啸，我们极为关切。

译文：We are deeply concerned at the news that your country has been struck by a tsunami.

例2：他们怀疑他是否能负担得起。

译文：They are doubtful whether he can afford it.

第三，动词译成介词。和汉语相比，英语里介词更多。有些英语介词由动词转化而成，因此具有动词的某些特点。

例1：这台计算机具有很高的灵敏度。

译文：The computer is of high sensitivity.

例 2：我们全体赞成他的建议。

译文：We are all for/in favor of his suggestion.

（2）名词的转译。

第一，名词译成动词。英语中具有动作意义的名词和由动词派生出来的名词以及某些表示身份特征或职业的名词（如 teacher，singer 等）在句中并不指身份或职业而含有较强的动作意味，英译汉时可译成动词。

例如：An acquaintance of world history is helpful to the study of current affairs.

译文：读一点世界史，对学习时事是有帮助的。

第二，名词译成形容词。

例如：The security and warmth of the destroyer's sickbay were wonderful.

译文：驱逐舰的医务室很安全也很温暖，好极了。

第三，名词译成副词。

例如：It is our great pleasure to note that China has made great progress in economy.

译文：我们很高兴地看到，中国的经济已经有了很大发展。

（3）形容词的转译。

第一，形容词译成动词。英语中表示知觉、兴趣等心理状态的形容词，在联系动词后作表语时，往往可译成动词。

例 1：Scientists are confident that all matter is indestructible.

译文：科学家们深信，所有物质都是不灭的。

例 2：Granny Li is very fond of children.

译文：李奶奶很喜欢孩子。

第二，形容词译成名词。

例如：He was eloquent and elegant，but soft.

译文：他有口才，有风度，但很软弱。

第三，形容词译成副词。名词译成动词时，修饰名词的形容词可相应地译成副词。

例如：他跟另一个地勤人员进行了例行的无线电联络。

译文：He routinely radioed another agent on the ground.

（4）副词词类的转译。

第一，副词译成动同。

例如：I must be away. The time is up now.

译文：现在我该离开了，时间已经到了。

第二，副词译成形容词。

例 1：The film impressed me deeply.

译文：这部电影给我留下了深刻的印象。

例 2：他显然属于少数。

译文：He was in a clear minority.

第三，副词译成名词。

例如：He is physically weak but mentally sound.

译文：他身体虽弱，但智力正常。

2. 句子成分转译

除了常见的词性转换外，有时候根据需要还有必要将句子成分进行转译。所谓句子成分“转换的译法”，是指为了使译文通顺流畅，符合目的语的表达习惯，翻译时把句子的某一成分（如主语）译成另一成分（如宾语等）。在多数情况下，词类转译必然导致句子成分的转译。例如，当英语的动词转译为汉语的名词或者副词时，该动词的谓语成分就相应地转译为汉语的主语、宾语或状语等。

（1）主语的转译。

第一，主语转译为谓语。

例如：The following definitions Apply to the terms used in this specification.

译文：本说明所用的一些术语定义如下。

第二，主语转化为宾语。

例 1：Much progress has been made in computer science in the last 20 years.

译文：计算机科学在近 20 年内取得了很大的进步。

例 2：Organic compounds are not soluble in water because there is no tendency for water to separate their molecules into ions.

译文：有机化合物不溶于水，因为水没有将它们的分子分离成离子的倾向。

第三，主语转译为状语。有时英语句子中的主语是说明行为的原因、条件、时间等，这个时候就可以考虑将主语翻译成状语（从句）。这种情况多出现在简单句中。

例如：The world has witnessed different roads to modernization.

译文：世界上已有了不同的现代化道路。

第四，主语转译为定语。如果主语和宾语之间的关系密切，或宾语本身就是主语的一部分，译成汉语时，为使译文符合汉语的表达习惯，往往把原文的主语转换为定语。

例如：The human body has a very complex organization.

译文：人体的构造非常复杂。

如果翻译成“人体有一个非常复杂的构造”，虽然保留了原文相应的句子成分，但译文读起来就有翻译腔。

（2）谓语的转译。谓语动词转译成名词，并且在句子中充当主语成分。

例如：Neutrons act differently from protons.

译文：中子的作用不同于质子。

（3）宾语的转译。宾语可以转译为主语和谓语。

第一，宾语转译为主语。

例如：Take it easy. A cup of hot coffee will make you feel better.

译文：放松点，你喝杯热咖啡就会感觉好些的。

第二，宾语转译为谓语。

例如：Before graduation we should make full use of the time left to arm ourselves with more knowledge.

译文：在毕业前，我们应当充分利用剩下的时间，用更多的知识来武装自己。

（4）状语的转译。

第一，状语转译为主语。

例如：We know that oxygen is necessary for the breathing of animals and plants for burning.

译文：我们知道，动植物呼吸和燃烧都需要氧气。

第二，状语转译为定语。

例如：The weather is warm and sunny here.

译文：这里的气候温和，阳光充沛。

第三，状语转译为补语。

例如：Jefferson died on July 4，1826.

译文：杰斐逊于 1826 年 7 月 4 日离世。

（5）定语的转译。

第一，定语转译为谓语。将定语转译为谓语通常是为了突出定语所表达的内容。

例如：There is a large amount of energy wasted due to friction.

译文：由于摩擦而损耗了大量的能量。

第二，定语转译为“是”的宾语。同转译为谓语情况一样，转译为“是”的宾语也多半是为了突出其表达的内容。

例如：The earth was formed from the same kind of materials that makes up the sun.

译文：构成地球的物质与构成太阳的物质是相同的。

第三，定语转译为状语。

例如：The young man cast impatient glances at the old man.

译文：年轻人不耐烦地看了看那位老人。

总而言之，在英译汉时，经常需要转换句子成分，从而使译文逻辑正确，通顺流畅，重点突出。句子成分转译的内容和形式都比较丰富，运用范围也相当广泛，是翻译的重要方法与技巧，学生需要掌握。

3. 语态转译

语态是表明句子中谓语与主语之间关系的一种语法手段。相比汉语，英语中被动语态使用范围大、频率高。根据两种语言的习惯，在英汉翻译时，英语被动句大部分情况下需要进行语态转译。一般有以下转译情况。

（1）转译成主动句。英语和汉语都有被动语态，但两种文字对被动语态的运用却不尽相同。同一个意思，英语习惯使用被动语态表达，汉语却往往要使用主动语态。因此，在翻译英语的被动语态时，将之转译为汉语的主动句便成为常用的翻译手段。一般而言，在被动转译为主动时，可以通过以下途径进行：原文中的主语在译文中仍然作主语；原文中的主语在译文中作宾语；译为“是……”的主动句；含主语从句的被动句型译为主动句。

第一，原文中的主语在译文中仍作主语。

例如：Here, hold the baby while I fix her blanket. It's all pulled out.

译文：来，抱着孩子，我把毯子弄好，全都拉开了。

第二，原文中的主语在译文中作宾语。

例如：Even when the pressure stays the same, great changes in air density are caused by changes in temperature.

译文：即使压力不变，气温的变化也能引起空气密度的巨大变化。

第三，译为“是……”的主动句。

例如：Rainbows are formed when sunlight passes through small drops of water in the sky.

译文：彩虹是阳光穿过空气中的小水滴时形成的。

第四，含主语从句的被动句型译成为主动句。以 it 作形式主语的英语句子，翻译时常要转为主动形式，有时可加上“有人”“大家”“我们”等不确定主语。

例如：It is suggested that the meeting be put off till next Monday.

译文：有人建议会议推迟到下星期一举行。

（2）转译成无主句。

例1：The students should be enabled to develop morally，intellectually and physically in an all-round way.

译文：必须使学生在德育、智育、体育方面得到全面发展。

例2：The unpleasant noise must be immediately put to an end.

译文：必须立即停止这种讨厌的噪声。

例3：Measures have been taken to prevent the epidemic from spreading quickly.

译文：已经采取了措施来防止这种流行病迅速蔓延。

例4：Water can be shown as containing impurities.

译文：可以证明，水含有杂质。

（3）转译成因果关系的句子。by 后面如果是没有生命的事物，有时，就不是一般意义上的施予者，而是表示一个原因，翻译时可以用“由于、因此”等词带出。

例如：Do not let yourself be discouraged or embittered by smallness of the success that you are likely to achieve in trying to make life better.

译文：不要因为你为改善生活所做的努力只取得小小的成功而气馁或伤心。

综上所述，在翻译时，英语被动句多数情况下应该转译成汉语的主动句，只有在特别强调被动动作或特别突出被动句时才译成汉语被动句。在实际的语段翻译中，被动语态的翻译要求对以上多种方法进行综合的而且灵活的运用，这是自不待言的。教师要挑选一种既符合汉语习惯，又保持上下文连贯的译法。同时，既要注意语态转换的一般规则，也要注意其例外情况。

（二）大学英语的分译法翻译

所谓“分译”就是指根据汉语的句法特点，把英语的句子分解成两个或两个以上的单位，以求译文在正确传达原文的思想内容的前提下更加明确。分译通常包括单词分译、短语分译和句子分译三种情况。

1. 单词的分译

单词分译是指把原文中的一个单词拆译成一个小句或者句子。采用单词分译主要有两个目的：①为了句法上的需要；②为了修饰上的需要，这类分译可以细分为以下五类。

（1）单词词义分译。英语有些单词的语义呈综合型，即一个词内集合了多个语义成分。进行汉译时，很难将其词义一下全部表达出来。这种情况下，便可以采取单词词义分译法。

例1：The town boasts a beautiful lake.

译文：镇上有个美丽的湖，人人以此为豪。(动词)

例2：We recognize that China's long-term modernization program understandably and necessarily emphasizes economic growth.

译文：我们认识到，中国的长期现代化计划以发展经济为重点，这是可以理解的，也是必要的。(副词)

(2) 单词搭配分译。英语中有些词语间的搭配关系，汉译时要突破原文的结构，按照汉语习惯，将有关词语分别译出。

例如：She treated that lady with every demonstration of cool respect.

译文：她对待那位夫人不冷不热，不错规矩。

(3) 灵活对等分译。英语中有些单词，如果按其在句中的位置机械地译成汉语，往往意义不够明确，遇到这类情况，译者不应该拘泥于原文形式，而应采用灵活对等分译法来处理。

例如：Thus it was that our little romantic friend formed visions of the future for herself.

译文：我们的小朋友一脑袋幻想，憧憬着美丽的未来。

如果逐字译成“我们浪漫的小朋友憧憬着未来”，并不能算错，但意思却不甚明了，因为“浪漫”一词在汉语里含义较多。此处为“想入非非”，所以分译成“一脑袋幻想”较为明确。既突出了人物性格，又避免了翻译腔。

(4) 突出语言重点。有时逐字翻译虽然也能使语句通顺，但不如分译更能传达句内所含的语义重点。

例如：There was in the old library at Queen's Crawley a considerable provision of works of light literature of the last century, both in the French and English languages...

译文：在女王的克劳莱大厦的书房里，有不少20世纪的文学作品，有英文的，也有法文的，都是些轻松的读物……

(5) 修辞需要词语分译。有时将单词分译是为了达到某种修辞效果。

例如：And in their disputes she always returned to this point, “Get me a situation—we hate each other, and I am ready to go.”

译文：从此以后他们每拌一次嘴，她就回到老题目，说道：“给我找个事情，反正咱们你恨我我嫌你，我愿意走。”

此句中一个hate分译成“恨”与“嫌”两个字，使得译笔生动，读者如见其人。

2. 短语的分译

短语分译是指把原文中的一个短语分译成一个句子。名词短语、分词短语、介词短语等有时都可以分译成句。

（1）名词短语分译。

例如：I wrote four books in the first three years, a record never touched before.

译文：我头三年写了四本书，这突破了以往的纪录。

（2）分词短语分译。

例如：He didn't remember his father leaving home when he was only 3 years old.

译文：他三岁时父亲就离家出走了，因此他不记得父亲。

（3）介词短语分译。

例如：Their power increased with their number.

译文：他们人数增加了，力量也随之增强。

3. 句子的分译

句子的分译可以分为简单句的分译、并列句的分译、主从复合句的分译和长句的分译。

（1）简单句的分译。简单句的分译要根据具体情况，灵活处理。

例如：A peasant and his family were working in a little field beneath the singing larks.

译文：农夫一家人正在一小块地里干活，天上云雀在唱歌。

（2）并列句的分译。并列句常常在分句连接处加以切分，译成两个或两个以上的句子。

例如：I sat with his wife in their living room, looking out the glass doors to the backyards, and there was Allen's pool, still covered with black plastic that had been stretched across it for winter.

译文：我跟他妻子一起坐在他们家的起居室里，望着玻璃门外的后院。后院有阿伦的游泳池，上面还盖着过冬时铺的黑色塑料篷布。

（3）主从复合句的分译。英语主从复合句汉译时常在分句连接处加以切分，分译成两个或两个以上的句子。

例如：Progress includes the involvement of younger researchers whose interest arose from exploration and field experience.

译文：受探险和野外经历的激发，出现了一批更加年轻的研究者。

（4）长句的分译。英语中有的单句不亚于复句，较长，也较复杂，不使用翻译技巧很难把它们译好。这类长句往往含若干短语和其他修饰语，汉译时宜采取“化整为零”的办法，把其中意思相对独立的尽量译成汉语分句，并按意思或用语法手段把它们组织起来。这样，译文就会层次清楚，语句简洁。

例如：Care shall be taken at all times to protect the instrument from dust and damp.

译文：应经常注意保护仪器，勿使沾染尘土，勿使受潮。

把不定式 to protect 译成两个分句。

总而言之，英汉两种语言之间存在很大差异。在进行英汉翻译时，译者必须灵活使用不同的翻译技巧与方法。在众多的翻译技巧和方法中，分译法是改变原文句子结构的重要变通办法。分译法不仅可用于拆译长句，还可以用来拆译单句或短语，甚至可以用来拆译单词。另外，分译时，精心安排译文的语序是很要紧的，其具体做法可归纳为四个字：顺、逆、抽、调。

四、大学英语的倒置法与重组法翻译

（一）大学英语的倒置法翻译

所谓“倒置法”，即为了遵从目的语的表达习惯，翻译时有必要对原文的词序进行适当调整。这既包括词组或短语中的词序倒置，也包括句子中修饰成分的倒置，还包括句子结构的倒置。

1. 英语词组或短语中词序倒置

词序调整在词组或短语的英汉互译中是非常普遍的。

例1：She had such a kindly，smiling，tender，gentle，generous heart of her own.

译文：她心地厚道，为人乐观，性情温柔，待人和蔼，气量又大。（倒置前置定语）

原文中用五个形容词来修饰 heart，译文对 heart 和五个形容词的位置进行了互换，这种倒置更符合汉语的表达习惯。

例2：We Study hard in the classroom every day.

译文：我们每天在教室努力学习。（状语词序倒置）

2. 英语句子中修饰成分倒置

（1）定语从句的位置倒置。在汉语中，定语修饰语和状语修饰语往往位于被修饰语之前；在英语中，许多修饰语常常位于被修饰语之后，因此翻译时往往要把原文的语序颠倒过来。倒置法通常用于英译汉，有时也用于汉译英。

例1：Bernard Shaw was a well-known English playwright, who wrote many plays.

译文：萧伯纳写过许多剧本，是英国的一位著名剧作家。

例2：At once the sky grew dark, and the ground opened up near the spot where they were standing. (Aladdin and the Wonderful Lamp)

译文：顿时天昏地暗，他们所站的地方附近的地皮裂开了。

(2) 状语从句的位置倒置。表示方式或结果的英语状语从句，通常位于主句之后；其他表示时间、地点、原因、条件、让步或目的的状语从句可能在主句之前，也可能置于主句之后；汉语中表示结果的状语也常位于主句之后，但表示时间、地点、原因、条件，让步或目的的状语却常置于主句之前。

例1：Stormy applause broke forth the moment she appeared on the stage.

译文：她一出现在台上，就爆发出暴雨般的掌声。

例2：The machine will start as soon as you press the button.

译文：你一按电钮，机器就会开动。

例3：I'm proud that our country is forging ahead at such a speed.

译文：我国如此突飞猛进，我感到很骄傲。

例4：We shall discuss the problem fully before we make the decision.

译文：我们在决定之前，必须充分讨论该问题。

例5：She reads aloud in front of the teaching building every morning.

译文：她每天早晨在教学楼前大声朗读。

3. 英语句子结构倒置

就句子结构而言，英语有前轻后重的特征，倾向于先推断或得出结论，再叙述或描写。这种谓语部分比主语部分要长或复杂的情况，语法学家称之为“尾重型”结构。汉语结构的安排却相反。从逻辑结构上讲，两种语言在句型结构的安排上也存在差异。因而，在英汉互译时，常常需要进行句子结构的倒置以使译文更符合目的语的表达习惯。例如，译者有时需要将英语中表示“结果—原因”的句子结构颠倒成汉语的表示“原因—结果”的表达结构；将英语的“结论—解析”转化为“解析—结论”的表达结构；以及将英语的“假设—前提”转化为汉语的“前提—假设”结构等。这些英汉之间句子结构的转化，其实是倒置翻译法中的一种情况。

总而言之，倒置法是一种与语法、修辞、逻辑、用法、思维方式密切相关的翻译技巧。英汉句子结构和语序上的一些普遍差异，要求译者在翻译的时候有必要重新安排原文的信息。

（二）大学英语的重组法翻译

一般而言，英语长句译成汉语常用原序译法、换序译法和拆分译法，但在翻译实践中，往往不只是单纯地使用一种翻译方法。如果两种语言的表达方式不一致，运用顺译法便会显得牵强、别扭，这时则宜采用重组法。重组法一般用于英译汉，偶尔也用于汉译英。具体而言，就是解析原文结构，解读原文意思，然后根据目标语的思维方式和表达习惯重新组织和安排信息，译出源语真正要体现的内容和情感。

第二节 大学英语翻译的内容层次教学

一、大学英语翻译内容——词汇

（一）大学英语词汇的翻译技巧

“语言与社会密不可分，它是社会的产物，并随着社会的变化而变化。”① 汉语和英语在语法和表述习惯方面有着诸多不同，故把汉语词语译成符合英语语法和表述习惯的英语短语时，需使用一些翻译技巧。译者只有知晓并掌握了这些技巧，再凭借良好的英语语言基础，包括句法和词法以及足够的词汇量，才能自如地进行汉译英活动。学生之所以会存在阅读的困难，一个最直接的原因就在于词汇量不足。词汇量掌握的多少与学生阅读水平之间有直接的联系。学生认识的单词越多，他们的阅读障碍就会越小；学生认识的单词越少，他们的阅读障碍就会越大，阅读中遇到的困难也就越多。因此，要想不断提升学生的阅读水平，先要掌握更多的词汇翻译技巧。

1. 词性的转化法

汉语和英语在某些词性的使用频率上习惯不同。一般而言，汉语是偏“动态”的语言，其动词的使用频率较高，连动式和兼语式等结构也常出现，而英语是偏“静态”的语言，相对而言，名词和介词的使用频度较高。因此，把一些汉语动词译成英语时，须按照英语的表达习惯，适当改变这些汉语动词的词性。其他词性的汉语词汇译成英语时，有时

---

① 陈洁. 英语新词汇的特点及翻译技巧［J］. 校园英语（教研版），2011（6）：84.

也需要转换词性翻译，以使译文更为地道。

（1）根据动词转换为英语名词。

例如：采用这种新装置可以大大提高效率。

译文：The adoption of this new device will greatly improve the efficiency.

（2）根据动词加副词转换为英语形容词加名词。

例如：物价上涨得这么快，老百姓简直难以应付。

译文：Ordinary people simply cannot cope with such sharp rises in prices.

（3）根据动词转换为英语副词。

例如：他打开窗户，让新鲜空气进来。

译文：He opened the window to let fresh air in.

（4）根据动词转换为英语介词。

例如：教师捧着试卷走进了教室。

译文：The teacher entered the classroom with the examination papers in her arms.

（5）根据形容词转换为英语动词。

例如：这个湖很臭。

译文：The lake smells terrible.

（6）根据名词转换为英语动词。

例如：女神狄刻是正义的化身。

译文：The goddess Dice personifies justice.

（7）根据名词转换为英语形容词。

例如：这名伤者被迅速送往医院。

译文：The injured was quickly sent to the hospital.（名词—形容词）

（8）根据名词转换为英语副词。

例如：严格的训练使他们身心疲惫。

译文：The strict training made them tired，both physically and mentally.（名词—副词）

2. 将具象词汇或成语抽象化

不少汉语的词汇或成语非常形象具体，但在英语中往往没有语义和形象完全与之对应的短语。若按照字面意思生硬地直译过来，读者或会感到非常费解。因此，译者不妨把这个“具象”的词汇或成语“抽象化”翻译，以使英语译文自然流畅，也能帮助读者领会其隐含的意思。

例如：流利的英语是她进入这家合资企业的敲门砖。

译文：Fluent English is her entree to this joint venture.

3. 使用译文简洁流畅的省略法

把汉语译成英语时，可以省略某些词和短语，以使英语译文更加简洁、流畅、地道。但是，使用省略法的前提是保持原文的意思不变，省略绝不等于漏译。

（1）省略汉语范畴词。许多汉语的名词性短语善用范畴词，而英语却相应地多用概括能力强、词义范围宽的抽象词。因此，要将汉语翻译成地道的英语，一般应将汉语的范畴词省略不译。

例如：visibility（能见度）；persuasion（说服工作）；emergency（紧急状况）。

（2）省略汉语重复词。汉语中常常重复某个词汇，以达到强调等的特殊效果。但在英语中使用“重复”手段的频率远不如汉语高。因此，汉译英时，可以让重复部分只出现一次，或在第二次出现相同内容时，用代词代替，从而避免累赘。

例如：热能可以转化为电能，电能也可以转化为热能。

译文：Heat energy can be transformed into electric energy，and vice versa.

（3）省略意思相同的细节描写。汉语中常常连续使用几个结构相同、意思相似的并列词组来达到一定的修辞效果。将其译成英语时，一般只需译出中心意思即可。

例如：她有着沉鱼落雁之容，闭月羞花之貌。

译文：Her beauty would put the flowers to shame.

（4）省略汉语语气助词。汉语中常使用语气词“吗、呢、呀、啊”等来表达说话者疑问、惊讶、感慨等语气，译成英语时，常可省略。

例如：类人猿能掌握类似于人类的语言吗？

译文：Can an ape master anything like human language?

4. 选择英语同义词组的归化法

有些汉语词组恰好能在英语中找到意思极为相似的对应词组。此时，不妨将英语中与之相对应的词组作为其译文，以使英译文更加符合英语的文化背景、更易于被英语使用者接受。

例 1：丁字尺。

译文：T-square.

该汉语词汇以“丁”字来生动而形象地描绘了这种尺子，令人一目了然。但把该词组译成英语时就有麻烦，因为许多外国人并不认识汉字。而且汉字“丁”是利用其字形来描述尺的形状，而并非利用其意。所幸，英语 26 个字母中的“T”恰好与汉语“丁”字字形极为相近，因此翻译时可用“T”来代替“丁”，起到相似的表述作用。

例 2：一箭双雕。

译文：Kill two birds with one stone.

该汉语成语恰好在英语中有个意思雷同的成语与之对应。尽管“箭”与“stone”、“雕”与“bird”概念并不等同，但两个短语所表达的含义却是如出一辙。所以可用英语成语来译汉语成语，保持原文的精彩妙趣。

例 3：咬紧牙关。

译文：Bite the bullet.

在得不到麻醉药的情况下，医生给伤员动手术时会让他们紧紧咬住毛巾或皮带，以此保护舌头，以及帮助伤员缓解手术过程中的剧烈疼痛。于是该英语短语就沿用至今，并被赋予抽象的含义。这一英文短语无论在具体还是在抽象的含义上都可与此汉语短语相对应。

还有下列的例子可说明此译法——

例 4：挥金如土。

译文：Spend money like water.

例 5：得寸进尺。

译文：Give sb. an inch and he will take a mile.

例 6：这个踌躇满志的大学毕业生认为自己有点石成金的本领。

译文：The ambitious university graduate thought that he had the Midas touch.

根据希腊神话的描述，酒神狄奥尼索斯赐给了佛里几亚国王 Midas 一种力量，使他能把手触摸过的东西都变成金子。此英语短语恰好对应汉语之意，且形象生动。

5. 符合英语语法与表述习惯的增词法

汉译英时，首先，时常需要根据英语的语法和表述习惯，在汉语原文的基础上增添一些单词或词组；其次，当汉语原文的真实含义隐藏在字里行间而并未明确地得以表达，这样的句子译为英语时，一般可通过增词法把句子隐含的意思清楚地表达出来，以帮助读者理解其深刻内涵。

用增词法的原则是“增词不增意”，即译出隐义时不能增加或是改变原句之意。当然，有时为保持原文的风格和句子的特色，译者不能违背作者意图、把所有的隐含之义都清楚地译出，从而使译文变成白开水而失去许多意趣，致使读者失去思考和探索之乐。因此，译者既不能漏译原句的隐意，又不能把原著作者刻意要含蓄表达的隐意统统说白。换言之，译者要恰如其分地在“under translation”和“over translation”之间找到平衡，避免走极端，避免使译文失去原文的风采。

（1）根据英语语法习惯增加冠词。汉语没有冠词，把汉语译成英语时要适当加上冠词，具体做法如下。

第一，增加不定冠词。

例如：我们在业务上有了良好的开端。

译文：We have made a very good start in our business.

第二，增加定冠词。

例如：天空中开始闪烁着淡紫色、玫瑰红和琥珀色。

译文：Hues of lavender，rose and amber begin to pulsate in the sky.

（2）增加作主语和宾语的代词。

第一，增加作主语的代词。在汉语中，如果前文出现过一个主语，而后面一句的主语与前文一致，那么后句主语可以省略。但是，翻译成英语时，一般要将这个被省略的主语补上。

例如：这里到处可以看到枝繁叶茂的树木。

译文：Everywhere you can find lush trees here.

第二，增加作宾语的代词。汉语中，常常可以把动词后面的前文出现过的宾语省掉，以避免啰唆。但是，在译成英语时，由于及物动词后面必须跟宾语，故要保留这个宾语；同时为避免重复，就用代词来替代前文提到过的这个宾语。

例如：你越要掩盖自己的错误，就越会暴露。

译文：The more you try to cover up your mistakes，the more you reveal them.

第三，增加物主代词。

例如：一只鹭从远处的岸边飞起，轻轻扇动着翅膀掠过湖面。

译文：A heron rises from a distant shore and gently fans its way over the lake.

（3）增加表并列和从属关系的关联词。汉语复句之中，各分句之间的关联词常可不用，因为其前后的逻辑关系往往暗含于其中。而译成英语时，必须把这些关联词补充进去。

第一，增加并列连词。

例如：她瘦弱憔悴。

译文：She is scraggy and haggard.

第二，增加从属连词。

一是，增加表示因果的从属连词。

例如：他没有看过校长讲话的文本，不愿加以发挥。

译文：He declined to amplify on the principal's statement, since he had not read the text. / He had not read the text of the principal's statement, so he declined to amplify on it.

二是，增加表示条件的从属连词。

例如：你不参加这个比赛，那我也不参加。

译文：I won't participate in the contest if you don't.

三是，增加表示时间的从属连词。

例如：你明天去购物，帮我把这封信寄了吧。

译文：Please post the letter for me when you go shopping tomorrow.

（4）增加汉语中省略而英语中必需的介词。

例如：我家的屋后有一个果园。

译文：There is an orchard at the back of my house.

（5）增加表示特定文化的背景词汇。由于中西方文化间的差异较大，因此，关于中国特有文化的内容，如果简单而机械地译成英语，外国读者肯定会感到困惑。此时就有必要在译文中适当加上解释性词语，从而把该汉语词汇或短语所隐含的意思表达清楚。

例如：茅台是我爷爷的最爱。

译文：Maotai liquor is my grandpa's favorite.

"茅台"是中国知名白酒品牌，这里其实具体指的是"茅台酒"。考虑到多数外国人并不知道这是一种酒，所以这里有必要添加"liquor"一词，予以说明。

6. 将抽象或含义模糊的词语具体化法

汉语原文中有些用词比较抽象或含义比较模糊，翻译时不妨把这些词语加以具体化，以使英语译文更加形象生动，同时也能帮助读者理解其中的深意。

例1：我们刚进入太空时代。

译文：We are at the dawn of the space age.

例2：他精彩的演讲博得满堂喝彩。

译文：His remarkable speech brought down the house.

7. 根据汉英各自表达习惯的视角转换法

有些汉语词汇在英语中找不到对应的词汇，这时就需要转换一下视角以寻找到翻译的突破口。此外，根据汉语和英语各自的表达习惯，有时需要把从正面表述的汉语翻译成从反面表述的英语，或者把从反面表达的汉语翻译成从正面表达的英语，类似于英译汉中的正反译法。

例如：她们虽是妯娌，关系却不太好。

译文：Although their husbands are brothers，they are not on good terms with each other.

8. 改变形容词与副词语序的结构调整法

（1）名词前有多个形容词修饰时，这些形容词在汉语和英语中的位置是不尽相同的。因此在汉译英时，要根据英语习惯改变这些形容词的前后次序。

例如：这本书介绍了优秀的德国现代建筑。

译文：This book gives an introduction of outstanding modern German architecture.

（2）汉语常把表示时间、地点等的定语置于被修饰名词之前，译成英语时，一般而言，要把这种定语后置。

例如：你看过《霓虹灯下的哨兵》吗？

译文：Have you seen *Sentinels under Neon Lights*?

9. 使汉语文化内涵更加清晰的加注法

汉语中许多词汇具有本族特有的丰富文化内涵。译成英语时，仅靠用增词法还不足以把相关的文化背景介绍清楚，此时就需借助详细注释，帮助读者明白汉语句子的真实含义及其相关文化背景。

例如：佛跳墙是一道福州传统名菜。

译文：Buddha Jumping over the Wall（Stewed Shark Fins with Assorted Seafood）is a famous traditional dish in Fuzhou.

Note：It is a name after a legend saying that even Buddha could not resist the temptation of the dish and jumped over the wall of the temple to taste it.

（二）大学英语词汇的翻译类别

句子和篇章都是由词语组成的，要做好翻译，必须重视词语的翻译。有所不同的是英语中有冠词，而汉语中有量词和语气词。

1. 名词的翻译

英汉名词特点基本相同，都表示人、地方和事物的名称，但英语倾向于运用名词来表达某些在汉语中常以动词表达的概念。因此，就词类而言，英语中以名词占优势，即英语倾向多用名词。

（1）英汉专有名词翻译。专有名词是指人名、地名、机构团体名和其他具有特殊含义的名词或名词词组。

第一，英汉的人名。

一是，英汉姓名的顺序差异。汉语先说姓后说名，如李四光，“李”是姓，“四光”是名。而英语反之，即先说名后说姓，如 Benjamin Franklin，Benjamin 是名，Franklin 是姓。

二是，英汉姓名的组成差异。汉语人名是由“姓+名”构成，其中姓有单姓和复姓，名也有单名和双名，如诸葛孔明，“诸葛”是复姓，“孔明”是双名；司马光，“司马”是复姓，“光”是单名；陈景明，“陈”是单姓，“景明”是双名。习惯上欧美人都有两个名，但第二个名很少用，第二个名即中间名，是教名，由教堂的牧师或神父命之，常常只写首字母或省略。

三是，人名的翻译原则。①名从主人。名从主人原则是指在翻译人名时，要以该人名所在国的语言发音为准，不能从其他文字转译。也就是说译英国人名时要以英语的音为准，译中国人名要以汉语的音为准，译法国人名要以法语的音为准，即是哪个国家的人名，就以哪国的音为准。例如 John 约翰；李明 Li Ming。②约定俗成。约定俗成原则是指有些人名在长期的翻译实践中已经有了固定的译法，已为世人所公认，一般不轻易改动，即使译名不够妥帖。在以往的翻译中不乏这样的例子，如英国作家 George Bernard Shaw 应该译为“乔治・伯纳・萧”，但是过去一直译为“萧伯纳”，这个中国化的译名一直沿用下来。又如，英国作家柯南道尔的小说中的主人公 Holmes 惯译为“福尔摩斯”，尽管按读音应译为“霍姆斯”。在汉译英中，也是如此，如孙中山译为 Sun Yat-sen，并沿用至今。

第二，地名的翻译。

一是，地名的翻译原则。地名的处理同历史、国情、语言及习惯等都有关系，一般要遵循两个原则。①名从主人。地名翻译仍然要遵循“名从主人”原则，即翻译地名必须遵照原来的读音。比如 Paris 按英语的读音应译为“巴黎斯”，但由于在法语中“V”不发音，所以译为“巴黎”。②约定俗成。地名具有社会性，应该有相对的稳定性，一经约定俗成，就代代相传。所以已经被广泛接受的译名，不要轻易改变。比如俄罗斯首都一直被译作“莫斯科”，这是按英文 Moscow 音译的，如按俄文应为“莫斯克娃”。又如，Green Witch 一直沿用“格林威治”的译名，虽然它的标准译名应该是“格林尼治”。

二是，地名的翻译方法（表 10-1）。

表 10-1 地名的翻译方法

方法	具体内容
音译法	音译法也是翻译地名的最常用方法。在翻译时同样遵循前面关于人名翻译时讲到的准则，即要保证音准，不用联想词和生僻字，翻译时可省略不明显的音，但不能添加音。如英语地名 London 译作“伦敦”，Chicago 译作“芝加哥”。汉语地名的英译一般用汉语拼音进行音译，如“山西”译作 Shanxi，“上海”译作 Shanghai
意译法	意译法是指根据原文的意思，按照目的语的构词法进行翻译。有些地名有明确的意义，这种情况多采用意译，如 Thursday Island 译为“星期四岛”（因探险者于星期四发现它而得到此名），Long Island 译为“长岛”，the Pacific Ocean 译为“太平洋”，Red Sea 译作“红海”，Pearl Harbor 译作“珍珠港”，等等
音意混译法	音意混译即一半用译音，一半用译意来翻译一个地名，如 Northampton 译作“北安普敦”，New Zealand 译作“新西兰”，New Mexico 译作“新墨西哥”等。一般而言，由具有词义的词和不具有词义的词组成的地名，可采用音意混译法

三是，其他问题。①地名翻译时增加通名（如“山”“川”“河”“海”“省”“市”等）。例如，“纽约市”“日内瓦湖”，其中“纽约”“日内瓦”是专有名词，“市”“湖”是通名。有的地名原文不包括通名，但是，为了便于读者了解，翻译时有时需要增加“山”“川”“河”“海”“省”“市”等族类词。②增加国名或区域范畴词。有时一个译名可指数个不同的地点，如“圣路易斯”可指巴西的 San Luis，阿根廷的 San Luis，也可以是美国的 Saint Louis。对于异地同名者，翻译时可加注国别、省市等区域范畴词，以区分不同的地方。上述的“圣路易斯”可做如下处理：圣路易斯（巴西），圣路易斯（阿根廷），圣路易斯（美国）。

（2）英语普通名词翻译。

第一，名词译作名词。

一是，英语中的名词多数都可以译作汉语中的名词。

例 1：We found the hall full.

译文：我们发现礼堂坐满了。

例 2：The flowers smell sweet.

译文：花散发着香味。

二是，增加范畴词。抽象名词有时候说明人以及事物的性质、情况、动态、过程、结果等，有时候又是具体的人或事物，这些词若直译，不能给人具体明确的含义，因此，翻译时往往要在汉语的抽象名词的后面加上范畴词“情况”“作用”“现象”“性”“方法”

“过程”等来表示行为、现象、属性，使抽象概念更具体些。

例 1：Keep your eyes on this new development.

译文：请你注意这个新的发展情况。

抽象名词 development 译作具体的事物“发展情况”。

例 2：Under his wise leadership，they accomplished the“impossibility”.

译文：在他的英明领导下，他们完成了这件“不可能完成的工作”。

抽象名词 impossibility 译作“不可能完成的工作”。

第二，转译为动词。

一是，含有动作意味的抽象名词往往可以转译成动词。

例 1：A careful study of the original text will give you a better translation.

译文：仔细研究原文，你会翻译得更好。

包含有动词意味的 study 译作了汉语的动词“研究”。

例 2：The sight and sound of our jet planes filled me with special longing.

译文：看到我们的喷气式飞机，听见隆隆的机声，令我特别神往。

含有动词意味的 sight 和 sound 分别译作了汉语的动词“看到”和“听见”。

二是，由动词派生的抽象名词往往可转译成汉语动词。在英译汉中，常将那些由动词转化或派生而来的行为抽象名词，转译成汉语的动词，以顺应汉语多用动词的习惯。

例 1：Enough time has passed since Dolly's arrival for a sober，thorough assessment of the prospects for human cloning.

译文：多利出生以来，人们用了足够多的时间，审慎而详尽地评估了人类克隆的前景问题。

arrival 译成汉语动词“出生”，名词 assessment 译成动词“评估”，读起来更顺畅，符合汉语用词习惯。

例 2：In spite of all the terrible warnings and pinches of Mr. Bumble，Oliver was looking at the repulsive face of his future master with an expression of horror and fear.

译文：尽管本伯尔先生狠狠警告过奥利弗，又在那里使劲掐他，他还是带着惊恐害怕的神情望着他未来的主人那张讨厌的脸。

句中的英语名词 warnings 和 pinches 译作汉语的动词“警告”和“掐”。

（3）英语名词复数翻译。名词复数在英语中广泛使用，在汉语中若该复数概念是可以意会的，汉译时一般不必把复数译出来。但有些情况下，需要明确表达原文含义或符合汉语的习惯，则须将复数译出。这时英译汉通常采取增词法或重复法表达名词的复数。

第一，省译名词复数。由于汉语名词的复数不是通过词形变化表示的，因此，英语名词复数在汉译时通常不必译出来。英语的某些名词，总是以复数形式出现，这是因为它们表示的物体总是由两部分构成。例如，glasses（眼镜），trousers（裤子），shorts（短裤），knickers（短衬裤）等。在汉译的时候，这些词不必译为复数。

第二，增词法翻译名词复数。通常而言，汉语是通过加数量词或其他词的方式表示复数的，而英语是用名词的形态变化表示复数的。一般而言，在英语复数名词译成汉语时，根据上下文需要，可在名词前加定语“一些、各（诸）、成批（群、堆等）的”，或在名词后加复数词尾“们、群、之流”等表达。

第三，用重复法翻译名词复数。为了加强名词本身或使译文明确、通顺，不至于造成逻辑混乱，常常采用名词重译的方法。

2. 代词的翻译

代词可以代替词、词组、句子甚至可以代替一大段话。代词翻译的具体内容如下：

（1）英语代词翻译。

第一，关系代词、指示代词和不定代词。

一是，关系代词。英语常用的关系代词有 who，whose，whom，which 等。关系代词所引导的定语从句如需分开译，则关系代词的译法与人称代词及物主代词的译法基本上相同。

译成汉语的代词。

例 1：I was a willing worker，a fact of -which my new boss took fully advantage.

译文：我很爱干活，新老板就尽量占我这个便宜。

例 2：My cousin is a painter，who is in Japan at present.

译文：我表哥是个画家，他现在在日本。

例 1 中的 which 译成“这个”；例 2 中的 who 译成“他”。

重复英语的原词（先行词）。

例如：Rain comes from clouds，which consist of a great number of small of particles of water.

译文：雨从云中来，云中包含有无数的小水滴。

由于提到的物或人不止一个，因此，在译文中重复原词以避免混淆。

二是，指示代词。①英语的 this（these）和 that（those）有着严格的区别，除了表示“这（些）”“那（些）”之外，this（these）指较近的事物，或下文将要提及的事物；that（those）指较远的事物，或者上文已提及的事物。而汉语的“这”与“那”区别较小，一般而言，that 常可译成“那”。②有时英语在前一句中提到两个名词，在后一句中就用 this（these）指第二个名词，用 that（those）指第一个名词。翻译时，汉语常重复原词，而不用“这”与“那”。

三是，不定代词。①some 和 others 常一起用于英语复合句中，汉语译作“有的……，有的……”“或……，或……”。②one... another... a third... 用于复合句中，是表示许多并列的事物，汉语译成“一（个）……，一（个）……，一（个）……”或其他表示并列的句型。

（2）汉语代词翻译。汉语的代词分为人称代词、指示代词和疑问代词三类，具体内容如下：

第一，人称代词。汉语常见的人称代词基本形式为：我、你、她、他、它。在它们的后面增加“们”字，可构成它们的复数表达形式。“自己”是一个复称代词，如果句子的主语是人称代词或指人的名词，后边又需要复称主语的，便用“自己”。汉语中，还有“咱、咱们、我们”，表示听话人在内的所有人。汉语使用代词比较少，如果句子能读明白，一般而言，不加代词，以使句子简洁；有时为了避免重复名词，也使用代词，因此，翻译人称代词时要根据具体情况进行翻译。

一是，增补人称代词。英语通常每句中都要有主语，因此，翻译时要补充人称代词，以符合英语语法习惯。

例 1：漏电会引起火灾，必须好好注意。

译文：Leakage will cause a fire，you must take good care.

例 2：如果有时间就来串门。

译文：If you are free，please drop in.

以上两例都是无主语句，但翻译成英语时译成了复合句，要增加主语 you，使句子完整。

二是，增补物主代词。汉语的很多句子的逻辑关系明确，不需要用物主代词；但是，英语中涉及人的器官、所有关系、有关的事物时，都要用物主代词。因此，英译时应该增补物主代词，使关系清楚。

例 1：他们在做化学实验。

译文：They are doing their chemical experiments.

增补了物主代词 their。

例 2：她费了不少劲才找到回家的路。

译文：It was with some difficulty that she found the way to her own house.

增补了物主代词 her。

例 3：他耸耸肩，摇摇头，两眼看天，一句话说不出。

译文：He shrugged his shoulders，shook his head，cast up his eyes，but said nothing.

句中增补了三个物主代词 his。

三是，增补反身代词。汉语的一些句子的反身代词是隐含的，英译时应该补上，尤其是一些作宾语或同位语的反身代词。

例 1：为何我们扇扇子会感到凉快？

译文：Why do we feel cooler when we fan ourselves？

译文中的反身代词 ourselves 在从句中作宾语。增补了反身代词会使句意更完整，即把汉语隐含的内容翻译出来了。

例 2：她由于工作落后而感到惭愧。

译文：She was ashamed of herself for being behind in her work.

herself 在译文中充当介词 of 的宾语。

例 3：昆虫到冬天就蛰伏起来了。

译文：Insects hide themselves in winter.

四是，人称代词照译。汉语的一些人称代词在句中的用法同英语相似，因此，译成英语时可以照译。

例 1：电子计算机为我们节省了大量时间。

译文：The electric computer saves us much time.

例 2：咱们今天觉得怎么样，琼斯先生？

译文：And how are we feeling today，Mr. Jones？

例 3：大家都说物价又要上涨了。

译文：They say prices are going to increase again.

第二，指示代词。汉语的指示代词基本形式是“这、那”，由此衍生出的常用指示代词有：表示处所的“这儿、那儿、这里、那里”；表示时间的“这会儿、那会儿”；表示方式的“这么（做）、那么（做）、这样（做）、那样（做）”；表示程度的“这么（高）、那么（高）”等。

一是，增补指示代词。英语中常用指示代词来代替句子中曾经出现过的名词，但汉语对出现过的名词常常省略，因此在汉译英时需要增补指示代词。①在英语的比较句式中，常常用指示代词来替代前面提到的事物，以避免重复。②汉语中表示自然现象、时间、距离、天气等情况时，多用无人称句；但英语的句子必须有主语，因此，译成英语时要增补主语，所增补的主语通常是 it。③有时为了英语语法的需要，翻译时要增补形式主语或形式宾语。

二是，照译指示代词。

例如：这是一座现代化的工厂。

译文：This is a modern factory.

第三，疑问代词。汉语中常见的疑问代词有：谁、哪、哪儿、哪里、怎、怎样、怎么、怎么样等。汉语和英语都把疑问代词用在疑问句中，并且都有相对应的词，所以，通常在汉译时可以照译。

例 1：谁在隔壁房间打字？

译文：Who is typing next door?

例 2：哪儿能买到邮票？

译文：Where can I buy some stamps?

例 3：我怎样才能找到好工作？

译文：How can I find a satisfactory job?

3. 冠词的翻译

冠词是一种虚词，本身不能独立，只是附着在一个名词前帮助说明这名词的含义。英语中的冠词有不定冠词 a（an）以及定冠词 the。汉语中没有冠词。

（1）不定冠词 a（an）的译法。不定冠词 a（an）具有一定的意义，但并不是必须要译出的。汉语“量词”很多，翻译时需要注意搭配，有所选择。翻译时不能见到 a 就译成“一个”，而不考虑“个”是否和后面的名词相配。

（2）定冠词 the 的译法。

第一，定冠词 the 在汉译时常省略。在汉语中，名词是泛指还是专指，类指还是特指，往往从上下文或者语境中可以知道，所以一般不需要指示代词“这”或“那”。因此，在汉语译文中，定冠词 the 常省略。

第二，定冠词 the 译成“这”“那”或其他词。

一是，冠词在指示性作用较强的地方可以翻译出来。在指示性作用较强的地方，定冠词 the 可以翻译出来，因为有些名词要是不加“这（那）”就容易和别的事物混淆。

二是，名称替换。在英语中，有时候提到一个人或一件事物，以后再提的时候却变了一个说法，这就是名称替换。用这样的方法，很多时候都要用到定冠词（或物主代词），在翻译的时候有两种处理办法。

4. 副词的翻译

（1）英语副词翻译。英语副词是说明时间、地点、程度、方式概念的词，一般情形下，可以修饰动词、形容词、副词或全句，表示状况或程度。

第一，英语副词可以译成汉语的副词、形容词、动词、名词代词、独立句、关联词等。

第二，副词词序及其翻译。英语副词位于英语句首、被修饰词之前或介于被修饰部分之间，汉译时，位置可以不变。

（2）汉语副词翻译。汉语的副词是表示动作、行为、性质、状态等，在程度、范围、时间、情态、频率、否定、语气等方面不同情况的词。副词主要用作状语，像“很、极”可以放在形容词后作补语。汉语的副词可以译成英语的副词、形容词、名词、动词、介词。

5. 动词的翻译

（1）动词时态翻译。

第一，英语动词时态的翻译。

一是，一般现在时。一般现在时主要表示经常性的动作或现在的特征或状态，还可用来表示普遍真理。一般现在时还可以用在条件和时间状语从句中表示将来的动作，用来代替一般将来时。谓语动词一般采用直译的方法，有时还可以在动词前用“可以……”“会……”等。

二是，一般过去时。一般过去时主要表示过去某时发生的动作或情况（包括习惯性动作）。有些情况，发生的时间不是很清楚，但是，实际上是过去发生的，应当用过去时态。一般过去时的译法比较简单，一般不需要添加哪些副词或者助词来表示过去时，这是因为汉语习惯上不需要明确表示动词的时态。根据上下文，或者借助句子里的时间状语，便可表达过去时。但是有时候为了更加准确的翻译，或者为了强调起见，也可在动词前后添加“已经”“曾”“……过”“……了”等字，或者在句首添加“以前”“当时”“过去”等时间副词。

三是，一般将来时。一般将来时态表示将要发生的动作或存在的状态。在翻译这种时态时，大多数都可以在动词的前面添加，如“将要……”“会……”“便”“就”等词。

四是，现在进行时。现在进行时表示某一时刻，或是某一时段正在进行的动作，译为汉语时，译文中有“着”“在”“正在”“不断”等体现进行时的词。

五是，现在完成时。翻译现在完成时，可在动词前面添加时间副词“已经”和在后面添加助词“了”“过”或者“过……了”。

第二，汉译英中的时态表达。汉语句子的时态通过词来表示，其中包括副词、助词以及时间短语等。

一是，通过一些特定词进行翻译。①如果句子用“着”“一直/不断/不停”“在”“从……来”“向……来/去”“边……边……”，那么句子的时态为进行时。在没有时间状语的情况下，可以翻译成现在进行时态，现在完成进行时态或者过去完成进行时态。②如果句子用“将要”“要”，那么句子的时态为将来时态。如果句子用“要/快要……了”，那么句子的时态为将来完成时态。如果句子用“已经在……了/呢”，那么句子的时态为完成进行时态。③如果句子用了“了”“已经”“完”“好”“掉”“成”，那么句子的时态一般为完成时。在没有时间状语的情况下，可以翻译成英语的过去时态、现在完成时态或者过去完成时态。

二是，不同的理解，不同的翻译。汉语句子的时态意义主要是靠语境提示，即使有一些特定的词起到了提示作用，它们与英语也并非逐一对应。

（2）被动语态翻译。被动语态是英语动词的一种变化形态，表示句子的谓语动词和其主语之间存在逻辑的动宾关系。被动句的主语实际上是谓语动词动作的承受者。被动语态的广泛使用是英语有别于汉语的又一个特点。被动语态的出现多为四种情况：①不知道或者不必说出动作的执行者是谁；②动作的承受者是谈话的中心；③出于礼貌、措辞选用等方面的考虑，不愿意说出动作的执行者是谁；④为了上下文的衔接或者句子的合理安排。

汉语中也有被动句，但使用范围较狭窄，许多被动意义的句子是用无主句的形式来表达的。汉语的被动语态表现为三种形式：显性被动，用“被”“让”“叫”“给”“由”等介词作语态标定的句式；半显性（半隐性）被动，用“加以”“……是……的”“……的是……”“……为……所……”等句式；隐性被动，即逻辑上的被动以形式上的主动表示。

第一，英语被动语态的翻译。英语中的被动语态，在多数情况下要译成符合汉语习惯的主动语态，也有少数保留被动语态。例如，译成汉语的主动句。首先，保留原文中的主语。在将被动句翻译成汉语的时候，有时可以将原文中的主语仍作译文中的主语。其次，将原文中的主语转译成宾语。将原文之中的主语翻译成宾语。如果原句中没有施动者，在必要的情况下还可以在译文中添加相应的主语如“人们”“大部分人”“大家”等。最后，有些是以 it 为形式主语的句子，在译成汉语时常常要改变成主动形式。译文有时不加主语，有时需要加入不确定的主语，如“有人”“大家”“人们”“我们”等。

第二，汉语被动语句的翻译。与英语反之，汉语常用意义被动式，少用结构被动式。

翻译时，常用英语的被动式表达。

（3）虚拟语气翻译。虚拟语气表示说话人所说的话不是事实，或者不可能发生，而是一种愿望、建议、猜测或与事实相反的假设等。英语通过动词形态变化来表述虚拟语气，而汉语主要利用词汇手段来表述。现代汉语用以表示虚拟的词语范围比较广，但主要是以下词语类别。

第一，参与组成谓语部分的前置助动词。①表示能力和可能性：能、能够、可以、会、可能等。②表示意愿和意向：愿、愿意、情愿、敢、肯、乐意、想、要等。③表示推测和必要：应、应该、当、该、得等。

第二，参与加强或限定谓语成分的副词。

一是，就、就会："就"以及"就"与助动词"会"的搭配式"就会"是表示"假设"的最重要的副词。"就"是一个表示强调的副词："我要是你，我就去。"这时的"就"是不可少的，不能省的。"就"之前还可以加"早"，作为对"就"的强调。"就"的基本作用是加强。

二是，本、本来、原本（是）：也是现代汉语中参与构成假设陈述重要的副词，其作用是限定。

三是，竟："竟"是表示出乎所料的一个副词，其作用是加强。一般而言，现代汉语表示"假设"的谓语形式就是以上两类情态辅助性词语与动词的组合，一般结构形式是："副词+助词+动词"。

引导条件句的连接词。一般而言，现代汉语在复句中表达假设的含义，是通过连词引导条件句来完成的。这样的连词包括：如果；假如，假设，假定，假若；若，倘使、倘，若使、设若；要是。

第三，英语虚拟语气及其翻译。英译汉时，要根据各种谓语动词的形态、表示假设的连词以及特殊的句子结构和某些特定的词语来判定虚拟语气的类型，并加以恰当的表达。虚拟条件句，即非真实条件句中，条件从句及主句所用谓语动词的形式，根据时态的不同，可以分为三种形式：①与现在事实相反；②与过去事实相反；③与将来事实相反。句中的条件从句和结果主句都须用虚拟语气。

第四，汉语虚拟语气及其翻译。

一是，有虚拟标志的汉语句。根据汉语的词汇手段，即虚拟标志，大体可以从字面上判断出汉语的虚拟语句。然后用相关的英语虚拟语句译出。

二是，隐性虚拟汉语句。对没有虚拟标志的汉语语句，即汉语的隐性虚拟表达，一般而言，可通过句子的逻辑含义来判断。如果是虚拟语句，则用相应的英语虚拟语句译出。

6. 连词的翻译

连词是连接词与词、短语与短语、句与句的词。连词可分为两类：并列连词和从属连词。并列连词是用来连接同等的词、短语或分句的；从属连词是用来引起从句的。

（1）英语连词翻译。

第一，省略不译。英译汉时，有些连词在很多情形下可以不译，特别是一些在句子里只起连接作用而本身并无意义的连词，一般而言，可以略去不译。

第二，照译。有些连词在句中除了起连接作用外，本身也具有一定的含义，特别是一些连词短语，具有很强的含义，但是如果省译会影响对句子的理解，就要照译。

第三，转译。英语的连词除了可译作汉语的连词外，还可根据原句中的关联作用译成汉语中的副词、介词、助词、动词。

（2）汉语连词翻译。在汉语中，词与词、短语与短语、分句与分句不一定需要连词连接。例如，“文（学）艺（术）界”“好好学习，天天向上！”“王老师工作一贯认真负责，这次被评为‘优秀班主任’”等。

二、大学英语翻译内容——句式

（一）大学英语句式翻译的类别

中西方思维方式的差异在英汉两种语言中就明显体现出来。英语文体各异，句型复杂，长句的出现频率高，逻辑性强，给译者增添了许多困难。然而，英语语言具有“形合”的特点，无论多长、多么复杂的结构，都是由一些基本的成分组成的。译者首先要找出句子的主干结构，弄清楚句子的主语、谓语和宾语，然后再解析从句和短句的功能，解析句子中是否有固定搭配、插入语等其他成分。最后，再按照汉语的特点和表达方式组织译文，这样就能保证对句子的正确理解。

1. 英汉句子类型

英汉两种语言中的句子种类及类型有同有异，具体如下。

（1）英语句子种类及类型。句子是按语法规律构成的语言单位，用以表达一个完整的、独立的意思。句子是构成篇章的基本单位。句子的种类一般是按使用目的划分的，主要有陈述句、疑问句、祈使句和感叹句。句子的类型是按结构划分的，可大体分为简单句、并列句和复合句三种。

（2）汉语句子种类及类型。汉语的句子有单、复句之分。单句可以从不同的角度来分类。从句子所表达的内容和句子的语气来看，单句可以分为陈述句、疑问句、祈使句和感叹句四类。从句子的语法结构来看，单句又可分为完全句、省略句、无主句和独语句四类。复句是由两个或两个以上在意义上有某种联系的单句合起来构成的比较复杂的句子。构成复句的单句叫分句，这些分句必须有一定的联系，这种联系可以用语序或关联词语来表示。

第一，复句的结构比单句复杂，意义和容量也较大。复句的类型是依据分句之间意义上的不同来划分的，一般而言，分为联合复句和偏正复句两大类。联合复句各个分句意义上的联系是平行的，可用来表示并列关系、递进关系、承接关系、选择关系和取舍关系等。

第二，偏正复句各个分句意义上的联系是有主次之分的，表示主要意义的分句叫作正句，表示次要意义的分句叫偏句，通常偏句在前，正句在后。偏正复句按偏句和正句之间意义上联系的不同可以分转折复句、条件复句、假设复句、因果复句、目的复句等。

2. 定语从句翻译

在英语中，定语从句分为限制性从句与非限制性从句两种，在句中的位置一般是在其所修饰的先行词后面。限制性定语从句与非限制性定语从句的区别主要在于限制意义的大小。而汉语中定语作为修饰语通常在其所修饰的词前面，并且没有限制意义的大小之分，因此，限制与非限制在翻译中并不起十分重要的作用。英语中多用结构复杂的定语从句，而汉语中修饰语不宜臃肿，所以，在翻译定语从句时，一定要考虑汉语的表达习惯。如果英语的定语从句太长，无论是限制性的还是非限制性的，都不宜译成汉语中的定语，而应用其他方法处理。英语中单个词作定语时，除少数情况外，一般都放在中心词前面。而较长的定语如词组、介词短语、从句作定语时，则一般放在中心词后面。在了解英汉两种语言差异的基础上，以下探讨适合商务句子的翻译方法。

（1）前置法。前置法即在英译汉时把定语从句放到所修饰的先行词前面，可以用“的”来连接。既然定语从句的意义是作定语修饰语，那么在翻译的时候，通常把较短的定语从句译成带着“的”的前置定语，放在定语从句的先行词前面。在商务翻译实践中，人们发现前置法比较适合翻译结构和意义较为简单的限制性定语从句，而一些较短的具有描述性的非限制性定语从句也可采用前置法，但不如限制性定语从句使用得普遍。

（2）后置法。后置法即在英译汉时把定语从句放在所修饰的先行词后面，翻译为并列分句。英语的定语从句结构常常比较复杂，如果译成汉语时把它放在其修饰的先行词前面，会显得定语太复杂，而无法叙述清楚。这时，可以把定语从句放在先行词后面，译成并列分句，重复或者省略关系代词所代表的含义，有时还可以完全脱离主句而独立成句。

（3）融合法。融合法即把主句和定语从句融合成一个简单句，其中的定语从句译成单句中的谓语部分。由于限制性定语从句与主句关系较紧密，所以，融合法多用于翻译限制性定语从句，尤其是“there be”结构带有定语从句的句型。

（4）状译法。英语的定语从句与汉语中的定语还有一个不同的地方，即英语中有些定语从句和主句关系不密切，它从语法上看是修饰定语从句的先行词的，但限制作用不强，实际上是修饰主句的谓语或全句，起状语的作用。换言之，有些定语从句兼有状语从句的功能，在意义上与主句有状语关系，表明原因、结果、目的、让步、假设等关系。在这种情况下，需要灵活处理，在准确理解英语原文的基础上，弄清楚逻辑关系，然后把英语中的这些定语从句翻译成各种相应的分句。因此，应视情况将其翻译成相应的状语从句，从而更清晰明确地传达出原文中的逻辑关系。

由此可见，语言的表达是灵活的。英语中的定语从句应根据原文的文体风格、原文内容、上下文的内在逻辑关系灵活处理。在翻译一个句子，特别是当原作语言和译作语言在语法结构和语义结构上差异较大时，往往要经过一个解析、转换和重组的过程。理想的翻译结果是在重组的过程中，两种语言的信息能产生共同的语义结构，并达到概念等值，最终使译文的读者对译文信息的反应与原文的读者对原文信息的反应趋于一致。

3. 状语从句翻译

英语的状语从句在句中可以表示时间、地点、原因、条件、让步、方式、比较、目的和结果等意义。表示不同意义的状语从句在句中分别由不同的从属连词引导。英汉语言中状语从句位置不同。英语中状语从句一般处在宾语后的句尾，即主+谓+宾+状，但有时也出现在句首，而汉语中状语的位置比较固定，汉语中状语往往位于主谓语的中间，即主+状+谓+宾；或者为了表示强调，状语也常常位于主语之前。因此，人们在进行英译汉翻译时要遵循汉语的表达习惯，相应进行语序的调整，不能过分受制于原文的语序和结构。

（二）大学英语句式翻译的技巧

在了解掌握了汉译英中词（组）的翻译方法之后，就要应对句子的翻译。要将汉语句子译成通顺、地道的英语句子，译者也往往需要采用适当的句子翻译技巧和方法，以妥善处理不同类型的句子，这些技巧和方法主要包括合句法、分句法和变序法等。

1. 汉语复句紧凑翻译的合句法技巧

汉语各句子或分句之间主要凭借语义逻辑维系，而其语法逻辑关系似乎不甚清晰，句子结构在形式上比较松散。因此，把汉语句子翻译成英语时，需要先解析汉语复句的各句子，或是分句之间内在的逻辑关系，确定其主句和分句，再通过使用介词短语、从句等手段把它译成地道的英语句子。

例 1：在保险期限内，被保险人应采取一切合理的预防措施，包括认真考虑并付诸实施本公司代表提出的合理的建议。由此产生的一切费用，均由被保险人承担。

译文：During the period of this insurance, the insured shall at his own expense take all reasonable precautions, including paying sufficient attention to and putting into practice the reasonable recommendations of the company.

第二个汉语句子在译成英语时作为一个介词短语融入了第一句中，这种处理使英语句子的译文更加简明扼要。

例 2：地处人民广场的上海大剧院以其独有的建筑风格成为上海市的标志性建筑。它的存在使人民广场成为这座城市的政治和文化中心。

译文：With its unique style, the Shanghai Grand Theatre located at the Peopled Square has become a representative building in Shanghai, whose existence renders the People' s Square the city' s center of politics and culture.

英语译句中使用非限制性定语从句，把两个汉语句子合并为一句，使结构紧凑。

例 3：他用积攒了好几年的零用钱买了一台数码摄像机。此后，他带着这台摄像机访问了全国各地的景点，拍摄了许多录像。

译文：With the pocket money (that) he had saved for quite a few years, he bought a digital video, with which he then visited various scenic spots throughout the country and shoot a lot of videos.

此例中，汉语复句通过“此后”，把前、后两句作时间上的连接。译成英语时，把第一个汉语连动句式，处理成偏正关系的“with… (that)… he bought…”、带定语从句的“介词短语+主谓结构”；又把第二句汉语句译成“with which.”的“非限制性定语从句”，从而把汉语结构相对较为松散的复合句，译成英语一个主句带两个定语从句和一个介词短语的句式，使结构紧凑，逻辑层次分明，这就是合句译法的妙用。

例 4：人的一生有多少意义，这有怎样的衡量标准吗？

译文：Is there any standard to evaluate the meaning of a person' s life?

此例的汉语复句由两个分句松散地联合而成。翻译时只要稍加解析就不难发现，这里“衡量标准”即指“衡量人的一生有多少意义”的标准。故译成英语时用合句法把第一汉语句译成动词不定式短语，作后置定语修饰“standard”，从而把两句并列关系的汉语句译成一句“偏正关系”的英语简单句，使结构紧凑，重点突出。

由此可见，译者的英语水平越高，就越有可能自如地通过介词短语、动词的非谓语形式（包括独立主格结构）、从句以及插入语等手段，把连接关系相当松散的汉语复句，译成语法逻辑关系清晰、结构层次分明的英语句式。这样既符合英语的表达习惯，又能有效表达句子的含义。

2. 汉语长句有机拆译的分句法技巧

汉语的句子只要意思连贯，其形式往往呈松散铺排，并无太多语法逻辑的拘泥。汉语句子可以很长，且一个复句中有时可有多个主语。与此反之，英语则是结构分明、逻辑性很强的语言。有鉴于此，译者有时会发觉难以把一个汉语长句的全部内容浓缩于一个英语句子中。此时，译者需根据汉语原文的内在逻辑关系，对整个汉语长句进行划分，有机拆开，予以分译，译成两句或两句以上的英语复句，这种翻译方法就是“分句法”。

例 1：表面上看来，管理者会不得不对一些文化群体比对另一些文化群体在守时方面更宽容一些，但是这种做法在城市文明中是站不住脚的，因为它将使人相信“这种文化的时间取向比西方的时间取向逊色”这一学术论调。

译文：On the surface, it might seem that a manager may have to be more tolerant about punctuality with some cultural groups than others. But this is unwarranted in an urban civilization. It would give credence to the academic literature that implies “the time orientation in such a culture is inferior to that in the West”.

解析此句汉语长句的内在逻辑关系，可以对此句进行如下划分。

表面上看来，管理者会不得不对一些文化群体比对另一些文化群体在守时方面更宽容一些，但是，这在城市文明中是站不住脚的，它将使人相信此种文化的时间观念比西方的时间观念逊色这一学术论调。

由此可见，第一个分句与后两个分句之间存在着转折关系，而后两个分句之间则存在着并列关系。所以，可将该汉语句子拆译成三个英语句子。

例 2：近年来，我国政治体制的改革与调整已经在进行之中，其中最为重要而且成就最为显著的就是政府职能的转变。

译文：The reform and adjustment of the political system of our country has been under way these years. The most significant and the most accomplished (reform and adjustment) is the shift of governmental functions.

该汉语句的前、后两个分句之间其实存在着“总、分”关系，故译成英语时，不妨将两层意思分译成两句英语句子。必须明确的是，使用“分句法”翻译的汉语句并不都是长句。有些汉语句子虽然并不长，是一个句子，却包含了两层甚至更多层的意思，此时也有必要把汉语句子拆开，予以分译。可看更多的例子如下。

例3：不，村庄并没有消失，现在的村庄比以往任何时候都更有活力。

译文：No, the village is not dead. It is now more vital than ever before.

该汉语句子前后分句之间呈“递进”关系，也可分译。

例4：他的花园里有一个漂亮的池塘，池塘上有一座桥，桥中央有一个亭子。

译文：There is a beautiful pond in his garden. Across the pond is a bridge with a pavilion in the middle.

该汉语句子的前后三句之间呈“追述关系”，用动词非谓语形式不妥，故可拆开分译为两句。

3. 汉英表达顺序灵活翻译的变序法技巧

如前所述，汉语与英语的表达顺序不同。汉语中各分句的先后顺序往往是按照事件发生的时间先后、或先因后果、或先条件后结果、或先事实后结论等顺序来排列。与此反之，英语句子的排列顺序则相对要灵活得多。所以汉译英时，可按实际情况、或出于某种修辞手段之目的，有意识地改变原句中部分语法结构的语序，乃至全句和各分句之间的语序，以灵活表达原句之意，达到符合英语表述习惯之目的。“变序法”一般有下列情况。

（1）时间、地点、方式等状语的变序。汉语中往往把表示时间、地点、方式等的状语前置：而英语中状语的位置相对比较灵活，状语的位置可前可后。所以进行汉译英时，常常需要使用“变序法”。

（2）句子语态转换时的变序。“变序法”还常常涉及句子语态转换问题。众所周知，汉语中被动语态的使用频率不是很高，因为汉语常使用主动句式来表达被动含义。较之于汉语，英语中被动语态的使用频率就高得多，因为欧美人惯于使用被动句式以示客观。在科研论文写作中情况更是如此。此外，在不少情况下，汉语语法允许汉语句式为无主句。然而，译者在翻译汉语无主句时，一般可适当地补充句子主语，或可将句子译成被动句。

总而言之，由于汉语和英语在语法和表达习惯方面甚有差异，所以译者在把汉语词语译成符合英语语法，以及表述习惯的英语译文时，需要使用增词法、省略法、具体法、抽象法、词性转化法、视角转换法、结构调整法、归化法以及加注法等翻译技巧。在把句子和文章译成英语时，需要合理使用合句法、分句法、变序法等技巧，灵活处理句子结构，使句子表达符合欧美人的说话习惯，同时使句子逻辑清晰严密，突出主题思想。译者唯有掌握了上述技巧，凭借着良好的英语语言基础包括句法和语法的概念，再加上丰富的英语词汇量，才能自如地进行难度较高的汉译英翻译活动。

三、大学英语翻译内容——语篇

句子是语法解析的理想单位，但在运用语言进行实际交往时，语言的基本单位则是语篇。语篇是由句子组建而成的，它是人们运用语言符号进行交往的意义单位，故可长可短。一部长篇小说是一个语篇，一个句子或短语，甚至一个词，都能构成语篇。因此，译者一定要把握好对语篇的翻译。

语篇是高于句子的语言层面，能够独立完成某种特定交际功能的语言单位。语篇是语言结构和翻译的最大单位。语篇可以对话形式出现，也可以独白形式出现。可以是众人随意交谈，也可以是费尽心思的诗作或精心布局的小说或故事。但是，需要注意的是，语篇并不一定就是一大段话，只要是表达了一个完整的意思，那么一个词语也可以称为“语篇”。

（一）大学英语的英汉语篇结构

语篇结构是某一特定文化中组句成篇的特定方式，是一种约定俗成的、相对稳定的语言使用习惯，是文化因素在语言运用过程中长期积淀的结果。语篇是由段落组成的，段落是由句子组成的。语篇要求内容一致、意义连贯，要求用有效的手段将句子、句群、段落连成一个有机的整体。

与句子相比，篇章具有自己的特点。它不是一连串孤立句子的简单组合，而是一个语义上的整体。从语言形式上看，篇内各句、段之间存在着粘连性，如连接、替代、省略、照应；从语义逻辑上看，全篇通常有首有尾，各句段所反映的概念或命题具有连续性，而不是各不相关。每个句子都起着一定的承上启下的作用，句与句、段与段的排列一般都符合逻辑顺序。

1. 英语语篇结构

英语语篇一般是由几个相互关联的段落组成的，每一段阐述一个要点。文章结构具有系统性、严密性的特点。一篇结构完整、脉络清晰的文章应具有三个主要的组成部分：引言段、正文和结尾段。

（1）引言段。引言段位于文章的开头，其最基本的作用是引导读者阅读文章的其余部分。引言在全篇文章中所占的比例较小，用于说明文章讨论的是哪些问题，将要谈哪些问题等。引言段一般包括两部分：概括性的阐述和主题的阐述。概括性的阐述是指引出文章的主题，简要提供有关主题的背景信息，以引起读者的注意，便于读者了解文章论题的由来，对文章的意图和意义产生兴趣。文章主题的阐述，就像段落的主题句一样，阐明文章的主题。它包含了正文具体论述扩充的内容，同时也表明作者的态度、意见、观点。与段落主题句相比，主题的阐述更为宽阔，它表达整篇文章的中心思想，并可能表明整篇文章的组织构思方法。主题阐述常位于引言段的结尾处。

（2）正文。文章的正文也称主体，是文章的核心，位于引言段之后。正文一般由一个或多个段落组成，在文中占较大篇幅。作者在正文的写作中围绕引言部分所提出的主题，选用相关细节和事实依据说明和解释主题并深化主题，使主题思想得到升华。主题一般由若干个次主题组成，每个段落阐述一个次主题，所以正文中段落的数目一般由次主题的数目决定。正文部分实际上就是通过对次主题的逐一论证达到对主题的论证的。正文部分的逻辑性，如正文内容的安排顺序和层序等，都是依据主题对各个次主题的统率，次主题对事实、数据、细节的统率体现出来的。

（3）结尾段。结尾段位于文章的末尾，是整篇文章不可缺少的组成部分，是要点总结。它总结归纳文章正文阐述的观点，并重申主题，与引言段首尾呼应。由于这是作者展示论点的最后机会，所以结尾段应该警策有力而又耐人寻味。

总而言之，英语语篇思维模式的特点是：先总括，后细节；先抽象，后具体；先综合，后解析。作者往往直截了当地声明论点，然后逐渐、有层次地展开阐述，非常注重组织、注重理性，主从层次井然衔接，句子组织环扣盘结。

2. 汉语语篇结构

汉语语篇的思维模式既包括英语语篇的思维模式，又具有自己的独到之处。汉语语篇的思维模式，它是比较灵活的，其论点的提出取决于文章思路的安排，换言之，可根据文章的内容、性质和论证的方式与方法等因素在最恰当的地方提出论点。根据论点在文章中的位置，汉语语篇模式可分为文首点题、文中点题和文尾点题等。

（二）语篇解析在大学英语翻译中的应用

语篇解析是美国语言学家哈里斯于 1952 年首先提出来的一个术语，后来被广泛用于社会语言学、语言哲学、语用学、符号学、语篇语言学等领域。自从翻译界将“语篇解析”这个语言学研究的成果嫁接到翻译学科，翻译界对“上下文”的认识有了一个飞跃，从感性上升到了理性，从经验上升到理论。掌握了“语篇解析”理论，译者就能在跋涉译林时，既看到树木，也看到整片森林；就能将原文的词、句、段置于语篇的整体中去理解、去翻译。这样，译文的整体质量就有了很大的提高。语篇解析的基本内容包括衔接手段、连贯、影响语篇连贯的因素，其中对译者而言，最为重要的是衔接与连贯。

句子或句群不是杂乱无章地堆砌在一起构成段落与篇章，反之，它们总是依照话题之间的连贯性和话题展开的可能性有规律地从一个话题过渡到另一个话题。篇章的存在要求其外在形式和内在逻辑，即衔接和连贯具有一致性。作为语言实体，段落与篇章在语义上必须是连贯的，而连贯性在很大程度上需要靠语内衔接来实现。连贯是首要的，衔接要为连贯服务。翻译工作者为了使译文准确、通顺，就必须处理好衔接与连贯的问题。在英译汉实践中，译者应该先吃透原文，了解作者怎样运用衔接手段来达到连贯目的，然后根据英汉两种语言在形式与逻辑表达上的差别通权达变。

1. 语篇衔接

衔接是篇章语言学的重要术语，是语段、语篇的重要特征，也是语篇翻译中的一个重要环节。衔接的优劣，关系到话语题旨或信息是否被读者理解和接受。所谓“语篇衔接”，就是使用一定的语言手段，使一段话中各部分在语法或词汇方面有联系，使句与句之间在词法和句法上联系起来。句组中的各个句子之间、句组与句组之间需用不同的衔接手段来体现语篇结构上的黏着性和意义上的连贯性。语篇的衔接手段大体可分为词汇手段、语法手段两大类。

（1）词汇手段。语篇的连贯可以通过词汇衔接手段予以实现。英语词汇衔接关系可分为两类：同现关系和复现关系。此外，运用逻辑连接法也可实现语篇的连贯。

第一，词语之间的同现关系。同现关系指的是词语在语篇中同时出现的倾向性或可能性。一些属于同一个“词汇套”或同一个“词汇链”的词常常一起出现在语篇中，衔接上下文。例如，thirsty 一词，常会使人们联想到 drink，water，soda water，mineral water，tea，coffee，coke，beer 等词，这些词可能会在语篇中同时与 thirsty 一词出现。除了这种词之外，反义词也常用来构成词语之间的同现关系。反义词的两极之间可以存在不同程度或性质的词语，如在 hot 和 cold 之间尚有 warm，tepid，lukewarm，cool 等词。

第二，词语之间的复现关系。复现关系主要是通过反复使用关键词、同义词、近义词、上义词、下义同、概括同等手段体现的。词语的不同复现手段往往能显示不同的文体或风格特征。

第三，运用逻辑连接语。逻辑连接语指的是表示各种逻辑意义的词、短语或分句，包括五个方面：①表示句子之间（含句组之间）的时间关系的逻辑连接语；②表示句子之间的因果和推论关系（causal/resultive/inferential relation）的逻辑连接语，如 consequently，so，otherwise，then，hence，because，BS a result，for this reason，in that case 等；③表示附加关系（additive relation）的逻辑连接语，如 by the way，in other words，for instance，likewise，similarly，and，or 等；④表示句子之间的转折和对比关系（adversative/contrastive relation）的逻辑连接语，如 however，but，yet，never the less，in fact，in any case，on the contrary 等；⑤表示位置（location）、方向（direction）和地点（location）等意义的逻辑连接语，如 over，here，there，under，above，down，up，nearby，further，beyond，beneath，adjacent to，close to，near to，next to，in front of，on top 等。

（2）语法手段。句子或句组之间的衔接可以通过语法手段予以实现。其中较为常见的语法手段有以下方面。

第一，动词的时、体变化。动词的时和体可以在句子中起到衔接的作用。

例 1：The boy stopped running. He saw his mother.

译文：那个男孩停止跑动，他看到了他的母亲。

例 2：The boy stopped running. He had seen his mother.

译文：那个男孩停止跑动，因为他看了他的母亲。

从动词的时、体变化角度可看出，例 1 中的两句之间，存在动作发生的时序关系，而例 2 中的两句之间既存在着动作发生的时序关系，又存在着因果关系。

第二，照应手段。照应指的是词语与其所指对象之间的关系。在语篇中，如果对于一个词语的解释不能从词语本身获得，而必须从该词语所指的对象中寻求答案，就产生了照应关系。因此，照应是一种语义关系，是表示语义关系的一种语法手段，也是帮助语篇实现其结构上的衔接和语义上的连贯的一种主要手段。照应关系可分为两种类型：语内照应和语外照应。语内照应又可分为两种情况：一种是“上指”（亦称“反指”），即用一个词或词组替代上文中提到的另一个词或词组；另一种情况是“下指”（亦称“预指”），即用一个词或短语来指下文中即将出现的另一个词、短语乃至句子。语外照应是指在语篇中找不到所指对象的照应关系。

第三，替代。替代是一种既可避免重复又能连接上下文的手段，指的是用代替形式来取代上文中的某一成分。替代是一种语法关系，与照应表达对等关系不同，它表达的是一种同类关系。在语篇中，替代形式的意义必须从所替代的成分那里去查找，因而替代是一种重要的衔接语篇的手段。替代可分为名词性替代、动词性替代和分句性替代等多种形式。与英语相比，汉语中替代手段使用的频率较低，汉语往往使用原词复现的方式来达到语篇的衔接与连贯。英语可以用代词 so，do，do the same 等替代形式来替代与上文重复的成分，形成衔接。但是汉语没有类似的替代形式，通常需要用词义重复来连接。因此，译者在翻译时应注意英、汉语的不同表达习惯。

第四，省略。省略指的是把语言结构中的某个成分省去不提。句中的省略成分通常都可以从语境中找到，这样句与句之间就形成了连接关系。同替代一样，省略的使用也是为了避免重复，突出主要信息，衔接上下文。作为一种修辞方式，它符合语言使用的经济原则。省略可看作一种特殊的替代——零替代。省略是一种重要的语篇衔接手段。省略也可分为名词性省略、动词性省略和分句性省略。相比较而言，英语的省略现象比汉语要多一些。因为英语的省略多数伴随着形态或形式上的标记，不容易引起歧义。

第五，连接。连接是表示各种逻辑意义的连接手段，连接词又称“逻辑联系语”。连接词既可以是连词，也可以是具有连接意义的副词、介词及短语，还可以是分句。连接关系是通过连接词以及一些副词或词组实现的。连接词在语篇中具有专业化的衔接功能，表明了句子间的语义关系，甚至通过前句可从逻辑上预见后句的语义。通过使用各种连接词语，句子间的语义逻辑关系可以明确表示出来。

语篇中的连接成分是具有明确含义的词语。通过这类连接性词语，人们可以了解句子之间的语义联系，并且可以根据前句预见后续句的语义。英语的连接词语按其功能分为四种类型，即添加、递进，转折，因果，时序。这四种连接词的类型可分别由 and，but，so，then 这四个简单连词来表达，它们以简单的形态代表这四种关系。

2. 语篇连贯

语篇既然是语义单位，那么能够称作“语篇”的语言实体必须在语义上是连贯的。语义连贯是构成话语的重要标志。衔接是通过词汇或语法手段使文脉贯通，而连贯是指以信息发出者和接受者双方共同了解的情景为基础，通过逻辑推理来达到语义的连贯。如果说衔接是篇章的有形网络，那么连贯则是篇章的无形网络。译者只有理解看似相互独立、实为相互照应的句内、句间或段间关系并加以充分表达，才能传达原作的题旨和功能。语篇中句子的排列如果违反逻辑就会对句与句之间语义的连贯产生影响。有时候，说话的前提以及发话者、受话者之间的共有知识，也会影响到语义的连贯。诗篇的连贯性主要取决于读者的联想和想象。

3. 衔接与连贯的相互联系

在进行英汉段落与篇章翻译时，语篇的“衔接”与“连贯”是必须要考虑的两大要素。衔接是一个语义概念，它是存在于语篇中的、并使语篇得以存在的语言成分之间的语义关系。衔接是语言机制的一部分，它的作用在于运用照应、省略、替代、连接和词汇衔接等手段使各个语言成分成为整体。语篇衔接手段主要有语法衔接和词汇衔接。在语篇中，语法手段的使用可以起到连句成篇的作用。语篇衔接手段能使语篇结构紧密，逻辑清晰，更好地实现语义的连贯。

连贯是篇章体现为一个整体而不是一串不相关语句的程度。连贯对于篇章是一个有意义的整体，而非无意义堆砌的一种感觉。衔接是一种篇章的特点，连贯是一个读者对于篇章方面的评价。语篇的连贯性应该经受住对语句的语义连接及语用环境的逻辑推理，所以语篇连贯不仅包括语篇内部意义的衔接，还包括语篇与语境的衔接。连贯语篇的基本标准是其意义形成一个整体，并与语境相关联。

衔接是客观的，从理论上讲能够被轻易识别；而连贯是主观的，对篇章中连贯程度的评价将因读者不同而不同。衔接的前提是思维的逻辑性、连贯性，而连贯是交际成功的重要保证。衔接是篇章的外在形式，连贯是篇章的内在逻辑联系。衔接是语篇的有形网络，是语篇表层结构形式之间的语义关系；连贯是语篇的无形网络，是语篇深层的语义或功能连接关系。

第三节　基于文化视角的大学英语翻译

一、文化对比视角下的大学英语翻译

（一）色彩文化对比视角下的大学英语翻译

颜色词汇指的是固定的、对事物进行客观描述的颜色符号。由于中西文化背景不同，英汉颜色词汇的文化内涵也不尽相同。在翻译英汉颜色词汇的过程中，译者可以采用直译法、转译法、增词法、省略法、解释性译法，具体内容如下。

1. 色彩文化的直译翻译法

翻译英汉颜色词汇时，当颜色词表示基本的直观含义时，一般可以采取直译法进行处理。例如：

green tea 绿茶

grey uniform 灰制服

white flag 白旗

yellow brass 黄铜

red rose 红玫瑰

yellow fever 黄热病

black list 黑名单

green consumerism 绿色消费

double-yellow-line 双黄线

Red Cross 红十字会

blood red 血红

as red as a rose 红如玫瑰

2. 色彩文化的转译翻译法

英汉两种语言中有一些颜色词，其感知的色彩印象有所不同。源语与目的语都有其自身的表达方式，具有明显的文化差异。在翻译这类颜色词时，应首先了解其基本含义，在此基础上，结合文化内涵，采用转译法进行翻译处理，也就是根据译入语的表达习惯改换颜色词进行翻译。例如：

black tea 红茶

由于茶叶是黑色的，因此西方人称为 black tea，但是茶色泡出的颜色为红色，因此应采取转译法，将 black tea 译为“红茶”。

类似的例子还有很多。例如：

brown sugar 红糖

brown bread 黑面包

red sky 彩霞

black bamboo 紫竹

turn purple with rage 气得脸色发青

one's face turns green 脸色变白

3. 色彩文化的增词翻译法

在翻译过程中，如果源语中所表达的隐喻意义或象征意义难以在目标语中找到相对应的表达，译者可以采用增词法使作者的思想准确地传达出来。例如：

make a good start 开门红

good luck 红运

white coffee 加奶咖啡

red-letter day 重要的日子

red tape 繁文缛节

4. 色彩文化的省略翻译法

在一些固定的搭配词组中，很多表示颜色的词汇不再含有色彩的意义，对这类颜色词进行翻译时可以采用省略法，即将原文的颜色词省略不译。例如：

green as grass (as) 初出茅庐的、容易受骗的

go between 红娘

all round victory/success in every field 满堂红

5. 色彩文化的解释性翻译法

在翻译一些具有文化内涵的颜色词时，可以采取解释性译法，从而使读者更好地理解其文化背景。例如：

Black Tuesday 黑色星期二

a red paper envelope containing money a gift，tip，or bonus 新年红包

综上所述，在翻译英汉颜色词汇时，译者不仅要考虑文化共性的相应性，更要注意文化个性的影响。在对颜色词进行准确理解的前提下，考虑其文化内涵，并关注源语颜色词的基本意义与文化引申义，选择恰当的翻译方法，提高翻译的质量。

（二）数字文化对比视角下的大学英语翻译

英汉数字所承载的文化内涵体现出很大的差异，因此在翻译时，译者除了要了解数字的基本含义之外，还应准确地把握其文化含义，采取恰当的翻译方法。概括而言，英汉数字文化翻译主要可以采取下面一些翻译方法：直译翻译法、改写翻译法以及解释性翻译法。

1. 数字文化的直译翻译法

在英汉数字文化翻译中，直译翻译法是最简单、最省力的方法。直译翻译法即保留原文中的数字直接进行翻译的方法。例如：

a drop in a ocean 沧海一粟

reach thc sky in one step 一步登天

2. 数字文化的改写翻译法

无论是英语还是汉语中，都有一些数字具有特定的文化背景或特定的语言表达习惯，在翻译这类数字时，可以采取改写法，使译入语读者更好地理解原文所表达的意义。在翻译英汉数字时，改写法主要包括以下三种情况：更换数字、减少数字、增添数字。

（1）更换数字。由于存在文化差异，英汉两种语言中的数字表达并不完全对应，这时可以根据具体情况转换原文的数字来进行翻译。例如：

think twice 三思后行

in threes and fours 三三两两

（2）减少数字。有时，在对英汉数字进行翻译时，可以采取省略法，即原文中的一些

数字省略不翻译，以符合目的语的语言表达习惯。

(3) 增添数字。在翻译过程中，有时可以在译文中增加一些数字，从而使译文表达更为形象、生动。

3. 数字文化的解释性翻译法

解释性翻译法多用于翻译英汉数字习语。具体而言，在翻译英汉数字习语时，应先将字面意义翻译出来，然后添加注释予以说明，从而使原文的比喻形象得以保留，同时忠实地再现原文的含义。数字不仅用于计数，同时还蕴含着丰富的文化信息，形成了特有的数字文化现象。在英汉数字文化翻译时，译者对英汉语言与文化的了解与把握是准确传达数字含义的前提。

二、文化传递视角下的大学英语翻译

(一) 翻译过程中文化内涵的信息传递

从语言学的角度对信息的定义是："A process of interaction between what is already known or predictable and what is new or unpredictable." 语言学所说的信息，指的是以语言为载体所传递的消息内容，称为话语信息。就翻译实践研究而言，译者所关心的核心问题是翻译活动中的实际问题，讨论的具体内容应该从翻译实际出发，考虑译者在平时的翻译活动中会遇到什么问题和困难以及如何解决它们。换言之，译者在这里所关注的是翻译的实践操作过程，是译者应当怎样通过源语获取信息和如何利用译语传递信息的过程。那么，这里所说的信息，就是指译者在从事翻译实践活动的过程中，以两种语言为载体解读和传递所有内容，如消息、思想、观点、情感等。

就翻译而言，信息的传递涉及两种文化传统背景不同的语言及其语言使用者，其复杂性远远超过了一种语言之内的信息传递。从形式上看，翻译是一种语际转换活动，而实质上它是借助语言这个信息载体的转换而进行的跨文化信息传递活动。译者的工作对象，是具有不同文化传统背景的两种语言及其使用者。故此，这里所说的跨文化信息传递活动，就是指译者在翻译的过程中，通过源语解读作者承载于原文的各种信息，并通过译语把原文所承载的各种信息传递给译文读者，也就是译者借助两种语言作为信息载体，把源语作者明确表达的和隐含其中的消息、思想、观点、情感等各种信息传递给译语读者。这个活动涉及三个主体，即源语作者、源语读者/译者、译语读者（这里的源语作者、源语读者/译者、译语读者也分别指源语说话人、源语受话人/译者、译语受话人）。

首先，源语作者作为信息传递者，将自己头脑中产生的信息，以符合源语文化传统规约的表达模式寄载于源语文字；其次，译者作为特殊的源语读者，即信息接收者，通过源语载体获取原语作者传递的信息；再次，译者作为信息传递者，将其获取的信息以符合译语文化传统规约的表达模式寄载于译语文字；最后，译语读者通过译语载体获取原语作者意欲传递的信息。翻译活动始终是围绕着跨文化信息传递这个中心来进行的。因此，可以认为翻译是把一种语言所承载的信息用另一种语言尽可能准确而恰当地表达出来的跨文化信息传递活动，其本质是跨文化信息传递。

就英汉之间的翻译来说，英语和汉语反映着不同的文化，即各自在历史发展中形成了全社会共有的社会结构、生活方式、民俗、传统观念及文学艺术。我国民族文化和英美文化之间，由民族历史、社会制度、生活方式以及地理环境的差别形成的文化差异是很大的。表现在语言上，无论是词语的理解与运用，还是表达习惯都有差异，英汉语中有时也采用截然不同甚至相反的语言形式来表达同一事物，如中国人出于礼貌请对方先走、先吃或是先做某事时常说“您先请”，与此相反，英语里的习惯用法却是“After you”。在英汉互译的过程中，如果能抓住源语背后的文化信息，并在目标语言中用读者可以理解的表达方式传递出原文的文化信息，那么翻译用来交流文化的目的便达到了。

在翻译这个跨文化信息传递活动的过程中，活动的主体是信息传递者和信息接收者（源语作者、源语读者/译者、译语读者），传递的内容是信息，传递信息的载体是两种语言，即源语文字和译语文字。虽然翻译活动的过程的确需要涉及两种语言，需要涉及从一种语言文字到另一种语言文字的转换，但这只是翻译这种跨文化信息传递活动在形式上的体现。

翻译活动的核心是信息传递，其涉及的两种语言只是用来传递信息的载体，而具体的源语文字表现形式和译语文字表现形式二者之间没有直接的对应关系。两种语言文字表现形式的异同是相对的，翻译的跨文化信息传递本质是绝对的。译者是跨文化信息传递者，其所从事的活动绝对不是简单、机械的两种语言文字的对应转换。例如，把“Matt Parkman，who was the youngest son of Mr. Parkman and had succeeded him as the boss two months ago，acted a lot older than his years.”译为：马特是帕克曼先生最小的儿子，两个月前接替其父做了老板。别看他年纪轻轻，处事却相当老练。这个译例比较简单，但它能体现出翻译的信息传递本质，体现出两种语言的具体文字表现形式之间没有直接的对应关系。如果把这个译例的英语原文与汉语文放在一起来对比，就不难看出译者所从事的活动绝对不是简单、机械的语言文字对应转换，而是通过源语文字表现形式获取原文作者意欲表达的信息，并通过译语文字表现形式把信息传递给译文读者。

译者在翻译时，没有必要，也不可能直接对应着原文一词一句转换过来。译者在平时的翻译实践活动中面对的是各种各样的文本，这些文本的文字表现形式往往要比例句复杂。译者必须明确翻译活动的性质，不能把翻译活动简单地理解为两种语言文字本身的对应转换。除了源语作者刻意通过某种直观的方式（如音、形、结构等），赋予某一文字表现形式本身某种信息元素的特殊情况之外，作者具体使用了怎样的文字表现形式本身并不重要，重要的是这些表现形式承载了什么信息，译者应当如何将这些信息以比较恰当的译语文字，尽可能充分、准确地传递给译文读者。

在翻译的操作过程中，译者应当仔细、充分地解读原文承载的各种信息，认真思考、斟酌如何将这些信息以比较恰当的译语文字表现形式，尽可能准确地传递给译文读者。其中所谓的各种信息，当然也包括语言风格和修辞特点这些信息。一般所说源语作者使用的具体文字表现形式本身并不重要，指的是其所采用的词语、形式结构、修辞方法等本身。在翻译实践操作过程中，原文中用了一个名词，在译文中就不一定（往往也不能够）也用一个名词，而可能会用动词、形容词，甚至是副词；原文中用了一个词，在译文中就可能会（往往也需要）用几个词；原文中用了一个词或短语，在译文中完全有可能（有时是必须）用一个小句；原文中用了一个定语从句，在译文中就需要视具体情况（实际上是多数情况）用一个表示并列、因果、让步、目的、条件等关系的分句，等等。反之亦然。这样做的目的，就是要尽可能使用符合译语文化规约的各种文字表现形式，比较准确而恰当地把原文承载的各种信息传递给译语读者，其中当然也包括风格信息和修辞信息。

（二）影响英语翻译中文化传递的要素

翻译作为一种语际交流，它不仅仅是语言之间的转换过程，同时也是文化的传递和移植过程，作为语言之间的转换，对从事翻译的人而言，不会是件很难的事；然而，作为文化的传递和移植，却绝非易事，影响英语翻译中文化传递的要素具体如下。

1. 理解语言只是文化的重要组成部分

虽然语言和文化，语言和翻译有着极为密切的关系，但却不能把它们等同起来。语言只是文化的有机载体和媒介；翻译也不仅仅是翻译语言层面，而是要通过语言这一载体和媒介去把语言所体现的文化内涵揭示出来。如“不到长城非好汉”，在我们汉文中表示“不达目的誓不罢休”之意。译文为“He who doesn't reach the Great Wall isn't a true man”，对于不了解中国文化的外国人，这只能算是字面上的语言转换，根本没有译出汉文化中的特殊含义。但是，对于有一定中国文化的外国人来说，就另当别论了，但毕竟有一个前提——需要了解有关的文化。这种大量的非语言因素就是隐藏在语言后面的文化现象，因此，翻译就是透过语言去把握语言所体现的文化底蕴。

2. 扎实的语言能力与深厚的文化功底

“语言是音义结合的符号系统，是人类思维和体现思维的工具，是文化的载体，也是人类最重要的交际工具和传播媒介”。而翻译是两种语言的转换，可以说翻译与语言的关系比与其他任何学科都更为普通、牢固和密切。离开了语言，翻译只能是“空中楼阁”。例如，“to separate the wheat from the chaff”这一短语，假如不明白组成这一短语的每个词的意思，就无法理解整个短语的意思。因此，翻译者必须具备过硬的语言功夫，要努力成为“双语者”。既然翻译涉及两种语言，而翻译的实质又是文化的传递，因此，仅成为“双语者”是不够的，还要成为一个“双文化者”。因为，文化包含着语言，并影响着语言。而语言又是文化的一个主要组成部分，是保存文化、交流文化和反映文化不可或缺的工具。所以，语言是文化的语言。

众所周知，各民族的文化是在自己特定的历史条件下形成的，除了有共性之外，更多的却是个性，这就是不能询问英美人年龄等多种问题的原因。当然，个性的形成是由各民族所处的生态环境、物质文化环境、社会文化环境等不完全相同造成的，但文化的个性充斥社会生活的各个方面是毋庸置疑的。如果不懂得英语国家的文化，我们就难以明白为何他们见面时，互相的问候总是说“Isn't a great day today?”“How nice the weather is today!”之类的话。他们也总是对我们的“你吃饭了吗”“你到哪里去”等问候语表示反感。对诸如此类的文化现象如果不彻底了解，翻译时就会犯极为可笑的错误。

（三）传递文化信息的大学英语翻译方法

为了传递文化信息，翻译中一般有两种策略，即以美国翻译理论家韦努蒂为代表的“异化策略”和以奈达为代表的“归化策略”。“异化策略”坚持译文应以源语或原文作者作为考虑的出发点，“归化策略”则坚持译文要以目的语或译文读者作为考虑的出发点。本书认为，为了更好地传递文化信息，英汉互译中可以根据不同的情况采取相应的策略。

第一，当词语的联想意义不同时，翻译时通常采用归化，用目的语语言文化中的习惯表达来转换源语，以利于译语读者的理解，如“健壮如牛”常译为“as strong as a horse”。但为保留源语文化色彩，有时仍可以采用异化的方法，只是须用上增译，以便于译文读者真正感受到异域文化的魅力。

第二，当英汉两种语言中存在含义相近的表达，但包含不同的文化特征时，不能归化。因为这样的翻译会损害翻译所担负的文化传播功能，减损甚至扭曲源语包含的文化信息。

第三，当文化含义具有共性时，可以归化。比如“snowy winter, a plentiful harvest”

“When the wine enters，out goes the truth” 可以采用归化处理，分别译为“瑞雪兆丰年”“酒后吐真言”。这种文化信息是人类的共同经验，不存在文化鸿沟。

第四，直译。直译是将源语中的文化信息按字面意义直接译为目的语。随着社会的发展、科技的现代化，人们之间的文化交流空前频繁。文化领域呈现出隔阂减少、融汇通合的趋势。以“龙”为例，“龙”在西方是指“长有双翅，会吐火的怪兽”，它的喻义是指“凶恶的人”。而在中国，从某种意义上说中国是龙的国度，作为中华民族图腾的龙以及代表它的符号可以说是无处不在。“龙”随着中国对外开放，“龙”的形象和它的文化含义被越来越多的外国人所熟悉。以前人们对“望子成龙”的翻译，多避开 dragon 一词，如“to long to see one’s son succeed in life”或者“to hope one’s children will have a bright future”，这些翻译都具有一个特点，那就是形至而神不至。现在可以译成“to long to see one’s son become a dragon”。对于西方人来说，在与中国文化相关的语境中，看到 dragon 一词就会想到“a person with great power”。

第五，用目的语的文化替代源语文化，由于人们所生存的客观世界是相似的，对许多的事物具有相同的概念认识，只是表达的方式不同；换言之，在不同的语言中，有不同的语言形式来表达同一个事物或概念。例如，英语中“kill two birds with one stone”和汉语的“一箭双雕”所用的喻体不同，但表达的含义是相同的，都表示“一举两得”的意思。在这种情况下，可用目的语的文化替代源语中的文化，更能准确地传达原文的意义。

第六，直译加注。此方法在论及翻译方法的专著中很少提及，或未将其作为一种独立的方法列举出来。为使文化内涵词由源语进入译入语，并保持音、形、义、美的和谐统一，“直译+注解（释）”不失为一种比较理想的方法。例如，把“O heart，lose not thy nature；let nit ever. The soul of Nero enter this firm bosom.”译为“心啊！不要失去你的天性之情，永远不要让尼禄的灵魂潜入我这坚定的胸怀。”（朱生豪译《哈姆莱特》）。为了使目的语读者能了解西方的文化，译者在译文中保留原文的字面意义的同时，用脚注的形式对其加以诠释，即“尼禄，曾谋杀其母”，这一注解诠释了该典故的由来，可谓“言简意赅”，目的语读者通过此注的提示，再根据原文的语境，便可以理解莎士比亚在此用 Nero 一词的含义，将哈姆莱特既恨其母负情负义，却又不愿弑之的矛盾心理刻画得入木三分。

第七，直译加意译法。由于文化上的差异，采用直译法让读者费解的情况也在所难免。为了更明确地表达原意，又同时传递原文化信息，直译译出文化，意译译出文化所包含的意义，可谓“完美”的结合。例如，把“这对年轻的夫妇并不相配，一个是西施，一个是张飞”译为，“The young couple is not well matched，one is a Xishi—a famous Chinese beauty，while the other is a Zhangfei—a well known ill-tempered brute.”。这些人名虽然在中国家喻户晓，译文读者却有所不知。翻译时加上必要的意译，就可以达到一举两得的效果，既让人领会了意思又传递了文化。

总而言之，翻译不仅是语言间的转换过程，也是文化信息的传递过程。东西方文化的差异，决定了翻译所承担的任务。翻译就是文化信息的使者，起着文化信息的传递作用。作为译者，承担着传递文化，促进中外交流的使命，应掌握扎实的文化背景知识，要有文化意识感和使命感。翻译是各民族之间文化交流的需要，不翻译就很难沟通，同样不准确忠实地翻译就无法促进交流。因此，译者应从翻译的目的和任务出发，架起中外交流的桥梁，输送文化信息，乃至促进各民族文化的交流与繁荣。

三、文化功能视角下的大学英语翻译

（一）文化功能视角下的商务英语翻译

“商务英语写作是国际商务、国际贸易、国际金融、国际营销、专门用途英语、商务英语等专业的一门语言技能课程。”[①] 同时，它也是英语的一个重要分支，其用英文可以翻译成“Business English”。简单而言，商务英语主要指的是用于世界各国的商务活动中的英语。由此可见，英语一旦与商务活动相联系，那么就会涉及商务英语这一形式。开始，商务英语的内涵和应用都比较狭窄，只是应用于外贸贸易。也正因如此，商务英语有了另外一个名称，即外贸英语。在全球化进程的推动下，商务英语的内涵逐渐丰富，外延逐渐拓宽，同时，其应用也十分广泛，如商务英语已经涉及经济、文化、科技、教育等诸多领域。

1. 商务英语翻译的遵循标准

（1）“三原则”标准。翻译的“三原则”标准对翻译也产生了深远的影响。这一标准的提出者是英国学者亚历山大·泰特勒。关于这一标准的具体论述主要见于《论翻译的原则》中。翻译的“三原则”标准具体如下：第一个原则是译者必须完整地将原文的思想表达出来；第二个原则是译者必须保持原文的风格以及原文作者的笔调；第三个原则是译者必须保证译文的通顺、流畅。

“三原则”标准的提出者，在当时提出这一标准的时候，主要倾向于文艺翻译，尤其是强调了这一标准适用于诗歌的翻译。实际上，翻译的“三原则”标准适用范围十分广泛，可以在所有文体翻译中使用这一翻译标准。另外，翻译的“三原则”标准强调原文与

---

① 朱玲意. 论商务英语的写作［J］. 西部皮革，2016，38（2）：281.

译文的一致性，其中最重要的就是让译文读者获得与原文读者同样的阅读感受，产生同样的阅读反应，这在商务英语翻译中有着重要作用。例如，译者在翻译商务信函时，既要将信函中的内容信息准确完整地翻译出来，也要尽可能地使收信者产生发信者所期待的反应。

（2）“信、达、雅”标准。“信、达、雅”的翻译标准是由清代翻译家严复提出的，对其的具体解释，主要见于《天演论·译例言》中。对“信达雅”翻译标准的具体解析如下。

第一，“信”。“信”是这一翻译标准的第一步，其核心就是对原文思想、观点、内容等的忠实。“信”主要强调的是译者对原文的忠实性，即将原文的内涵、内容完整而准确地翻译出来，并强调译者不能对原文的内容进行任何的改动，也不准对原文的内容有任何的遗漏。实际上，译者要想满足“信”，首先要做到的就是对原文进行全面的、准确的理解，如果没有做到这一点，就谈不上满足之后的翻译标准了。

第二，“达”。“达”是这一翻译标准的第二步，也就是在忠于原文的基础上做到译文的通顺和规范。如果要想做到“达”，译者就要在翻译中避免出现语言晦涩、结构混乱、语句不通等错误。

第三，“雅”。“信”与“达”是在“雅”的基础上实现的，也是这一翻译标准的最高要求。“信”“达”“雅”实现的过程也就是从易到难的过程。而“雅”主要强调的是流畅同时译文具有一定的文采特点。众所周知，一篇译文的质量与翻译者的翻译水平紧密相关，而译者的翻译水平既包括其英语水平，也包括其汉语水平，更包含译者对原文的理解。“雅”是翻译的最高境界，要想实现“雅”，必须做到以下方面：①译者必须彻底理解原文的思想、观点和内容，并在此基础上对原文进行翻译；②译者在翻译过程中不能将逐个原文词语的翻译拼凑成译文，这样会导致译文的生硬。

上述翻译标准在翻译界产生了很大的影响。同样地，商务英语翻译也受这一翻译标准的影响。在商务英语翻译中，同样需要遵循“信、达、雅”的翻译标准，即商务英语翻译不仅要忠于原则，做到语言的准确和严谨，还要保证商务英语翻译译文的通顺性和易懂性，做到语言的通俗易懂。更为重要的是，还要注意商务英语翻译译文的得体性，商务英语译文应该保持原文的行文风格，尽可能地还原原文，同时译文的语言表达也要与商务文本的语言特色相符。这就是商务英语对“信、达、雅”翻译标准的具体阐述。

（3）“直译”与“意译”标准。直译和意译在英语翻译中都比较常用。译者必须坚持该直译的地方必须使用直译的方法，而该意译的地方也必须坚持使用意译的方法。

第一，直译。直译简单理解就是对原文一对一的翻译。译者采用直译法既可以保持原文的具体形式，又可以保持原文的具体内容。这种方法在英语翻译中比较常见。

第二，意译。意译，也被称为自由翻译。由于英汉两种语言在很多方面存在差异，当原文的形式和内容存在一定的矛盾，不能同时兼顾时，译者就不能采用兼顾原文内容和形式的方法——直译法，而需要采用一种注重原文内容，不保留原文形式的方法——意译法。

（4）“功能对等”的标准。“功能对等”的翻译标准主要强调的是功能对等性，该翻译标准的突出代表就是美国翻译家尤金·奈达。“功能对等”的翻译标准，在中国翻译中也发挥着不可替代的作用。同时，“功能对等”的翻译标准主要强调原文与译文在诸多方面的对等，例如，在信息内容、语言风格、文化内涵等方面实现对等。“功能对等”的翻译标准在国际商务英语翻译中也起着重要的作用，无论是商务英语还是英语的其他文体，都必须保证原文信息与译文信息的对等。

（5）“语义翻译”与“交际翻译”标准。“语义翻译”与“交际翻译”标准在英语翻译中也是十分重要的，其提出者是英国翻译家彼特·纽马克。这一翻译标准主要由两个部分组成，即语义翻译和交际翻译。语义翻译是对直译的总结，是对逐字逐词翻译的归纳，更是集忠实翻译的诸多优势于一体的一种翻译方法；交际翻译是对归化的总结，是对意译的归纳，更是集地道翻译的诸多优势的一种翻译方法。“语义翻译”与“交际翻译”标准将语义翻译和交际翻译结合起来，更能达到翻译的良好效果。

综上所述，国外和国内都有自己的翻译标准。从整体上来看，不管是国内还是国外的翻译标准都注重翻译信息的对等性。具体而言，国外翻译标准主要注重文体的内容、文体的信息传递、文体的具体形式等；国内翻译标准主要注重文体的忠实性、文体的等值性、文体的内容、文体的传神性等。由此可见，国内外翻译标准都注重译文是否能够真实地反映原文的内容、思想等。而商务英语是英语的一种常见变体，其涉及的内容十分广泛，因此商务英语翻译标准与普通英语翻译标准是有一定区别的，它具有自身独有的特点。也正因如此，商务英语翻译注重信息的对等性，即语义信息、风格信息、文化信息等方面的对等。

2. 商务英语翻译的重要原则

（1）准确性原则。准确性原则也是译者在翻译商务英语过程中必须遵循的原则。这一原则的主题就是准确。换言之，在翻译过程中，译者必须能够用译文的表达方式将原文的内容和思想等信息完整、准确地表达出来。

（2）忠实性原则。忠实性原则在商务英语翻译中占据十分重要的地位，它也是译者在翻译商务英语过程中必须遵守的原则。忠实性原则主要强调的是译者翻译的译文与原作者的原文信息对等。这也是由商务英语的性质决定的。同时，译者在翻译商务英语时，必须以忠实性原则为导向，保证译文与原文的信息对等，同时译者不可以篡改、歪曲、遗漏原文所表达的思想。另外，还需要强调的是，忠实性原则强调的不是原文语言表达形式的忠实，而是原文内容的忠实或原文风格的忠实。

（3）通顺性原则。无论是商务英语翻译还是其他形式的语言翻译，都必须遵循通顺性原则。通顺性原则主要指的是译者在翻译商务英语时必须使译文的词汇、句子通俗、顺畅，同时符合商务活动的规范和要求。另外，译者在保证译文通顺的基础上，还必须保证用词的准确性，避免用词的生硬化和艰涩化。例如，“I work at the Bank of China.”如果译成“我工作在中国银行”，就不符合汉语表达习惯。

3. 商务英语翻译的处理技巧

（1）艺术化的处理技巧。翻译是对原文的一种再创造。有时简单的对译就能满足翻译的要求，但这种情况比较少见，即使是简单的对译，译者也要考虑英汉语序的转换。有时，一个英语单词包含的含义往往需要译者运用若干个汉语词汇来翻译，因而译者在翻译英汉对译的时候要运用一定的翻译技巧，即对译文进行艺术加工。在商务英语的翻译中，译者经常运用的艺术化处理技巧，主要包括如下方式。

第一，合句法。所谓“合句法”就是指译者在翻译的过程中把若干个较短的句子合并成一个长句。众所周知，汉语在表达中重视意合，因而其句子比较短，而英语在表达中重视形合，因而其句子都比较长，这就要求译者在把汉语翻译成英语时可以适当地运用合句法，从而使译文更加符合西方人的表达习惯，换言之，译者可以将原文中的多个简单句或一个复合句用译语语用习惯翻译成一个单句。

例如：晚上十点三十分的时候，网上交易量就少了。

译文：The time is 10：30 pm，and transactions on the net are light.

第二，分句法。译者在具体的翻译过程中可以对原句结构进行一定的改动，将冗长的英文句子拆分成短句，这就是分句法，这种方法有利于译文读者顺利阅读。对英语句子具体的拆分可以选在关系代词、主谓连接处、并列转折处等地方，在这些地方进行拆分不会使句子的本意发生变化。这种翻译方法有助于整体上保留英语原有的语序，符合汉语的语序习惯，可以使译者顺译全句，使译文更加清晰、流畅。

第三，词类转化法。由于英语与汉语是两种完全不同的语言体系，因此英汉语言存在诸多差异，其中语法结构方面的差异较为明显。在商务英语翻译中，译者如果要想成功地完成翻译任务，让译文读者在阅读时没有过多的障碍，就必须对原文中的词类，进行灵活处理，通过转换词类使译文更加流畅，更具可读性。下面对商务英语翻译中的词类转换类型进行阐述。

一是，转化为动词。商务英语翻译过程中，可以将一些本身含有动作意味的名词、形容词、副词、介词等转换为动词。

二是，转化为名词。商务英语翻译中，可以把一些由名词派生而成的动词、部分形容词及副词转换为名词。

三是，转化为形容词。在翻译时，把某些形容词派生的名词及副词转换为形容词。

四是，形容词转化为副词。商务英语翻译，可以将部分形容词转换为副词。

第四，加词法。加词法是指译者在具体的翻译中根据实际需求适当地添加能够表达原文意思的词语，从而使译文更加准确和通顺。译者可以添加的词语种类很多，如名词、动词等，需要注意的是，加词法只能增加词语，不能随意增加其含义。除此之外，要想让译文更加生动准确，译者还可以对已经出现过的词语进行重复，适当地概括总结前文，这也是加词法的合理运用。

在汉语的表达中，中国人经常使用没有主语的句子，然而在英语的表达中，西方人则很少使用没有主语的句子，因而译者在把汉语翻译为英语时，除了英语中极个别的结构可以使用无主句之外，译者要为大部分的英语译文加上主语，从而方便读者理解。

例如：What is on following the discussion of the prime interest rate?

译文：讨论完优惠利率后，下一项议程是哪些？(增译主语)

英语和汉语在词汇方面存在较大差异。具体而言，在英语的表达习惯中，人们善于使用代词，因此译者在把汉语翻译为英语时要为译文适当添加物主代词，同时也要增添连词。在英语语言的表达中，西方人还大量使用介词和冠词，这也要求译者在翻译时适当添加。需要注意的是，增译法要合理使用，在保证语法结构完整的同时，还要达到译文的准确明晰。

第五，减词法。与增词法相对应的是减词法，减词法要求译者在遇到一些无法译出或者没有词意的词时，不必将这些词翻译逐一翻译出来，这样有助于提升译文的简洁性。对仗是汉语中常见的语言表达，这种句式结构有助于增强文章的气势，但是在英语中这种表达方式并不多见，因此，在翻译中可以进行适当的省略，这样既符合英语的语用表达习惯，也使译文显得更加简短有力。如果将这句话翻译成“性质相反的毒药能够互相抵消”，就会使译文过于冗长，不够精练。在商务英语翻译过程中，译者还可以适当地省略一些没有重要含义的冠词、代词、连词、介词、动词等，这样形成的译文会更加符合译语读者的阅读习惯与思维方式，会更显精练准确。

第六，换词法。换词法是指在翻译过程中，译者可以按照具体的语境要求，在保证语意连贯的前提下，更换成更为恰当的词语进行翻译，这样可以使译文完整地传达原文的意思，避免出现译文离题的情况。

第七，正译法与反译法。不管是在英语中还是在汉语中，人们描述同一个事物、讲述同一种观点时，都可以采用正说与反说两种方式，正译法与反译法就是在此基础上建立的。正译法就是按照与原文相同的语序或是表达方式进行翻译；反译法就是按照与原文相反的语序或表达方式进行翻译。实际上，正译法与反译法的效果一般是相同的，不过在汉译英的过程中，反译法更适合英语的语用习惯与思维方式，会使译文显得更加地道。

在英语表达中有一些词语与句子本身不含否定含义，但是其呈现出来的语义是否定的；还有些词句属于否定形式，但表达出来的却是肯定的含义。面对这种情况，译者首先要准确理解语句的真正含义，然后再使用正译法或反译法将原文含义翻译出来。

第八，深化法与浅化法。在商务英语的翻译实践中，有的时候译者不能直接从字面的意思来翻译原文，译者需要结合上下文以及汉语的表达思想来完成翻译，根据具体的语境与语用习惯译者会进行合理引申，这就是深化法或浅化法。由此可见，深化法就是从一般中提炼出特殊，浅化法就是将特殊总结为一般。

第九，倒译法。在中国人的汉语表达习惯中，人们往往把句子中的定语以及状语等词汇放在被修饰语的前面，然而在西方人的英语表达习惯中，人们往往把句子中的定语以及状语等词汇放在被修饰语的后面，因而译者在翻译时要适当调整语序。通常情况下，倒置法较多地应用于英译汉中。

第十，包孕法。在英语长句的翻译中，译者将英语的后置成分前置，按照汉语语序使修饰成分在译文中形成前置包孕，这就是包孕法。需要注意的是，译文中的修饰成分不应过多，不然会显得烦琐啰唆，还有可能导致汉语句子结构的混乱不清。

第十一，重组法。一般情况下，译者在翻译商务英语时通常会遇到各种各样的句式，有时一些句式十分拗口，不符合目的语国家的语言表达习惯，这时就需要译者在彻底理解原文思想以及结构的基础上对原文的句子进行重组，即运用重组法进行翻译。

（2）完全对译与部分对译的处理技巧。通常而言，面对一些专业名词、专用术语，译者可以使用完全对译的翻译方法。如果没有出现一词多义的情况，那么使用这种翻译方法就非常简便。

如果在翻译过程中出现了一词多义的现象，译者就要借助具体的语境、上下文等明确该词在当前的语境中代表哪些含义，尽量选择与原文含义相接近的译文词语。以“best”为例，这个英语单词只在特定的语境中或者在固定的搭配中才会具有“优惠的、便宜的”这个含义。对于中国的学习者而言，当他们想要用某个英语单词表示“便宜的”意思，他们往往会优先选择“cheap”这个单词，因它比较常见。然而在英语的文化中，“cheap”这个单词往往具有一定的贬义，因而在翻译的过程中要慎重使用。

在商务英语翻译过程中，如果出现了一词多义的现象，译者就必须考虑具体的语境，根据上下文选择最恰当的表达方式，不能只翻译表面意思或常见意思。例如，商务英语中常见的发放贷款，可以用英语中的“to launch a loan”来表达。而其中的“launch”就属于一词多义，“to launch a training class/course”表示开设训练班，“to launch a satellite”则表示发射卫星。又如，翻译“Boss is firm with his men”时，如果按照“firm”的普遍含义译为“坚定”就不够准确，使翻译流于形式，其内在含义应该译为“严格/严厉”，只有这样才能准确表达原文意思。除此之外，在商务英语翻译中还有可能出现一些很难在译语中找到恰当对应的词，这些词原本的含义无法在译文中得到准确体现，这就需要译者按照具体语境，对该词的含义进行引申延展，从而找到合适的表达。

5. 商务英语翻译的注意事项

（1）掌握文化背景的差异。由于中西方在地理位置、气候、风土习俗以及发展历史等方面存在比较大的差异，因而中西方的文化也存在较大的差异，这种文化差异也会对英语和汉语这两种语言产生较大的影响。这就要求译者在具体的翻译实践中先要了解作者所处的时代背景以及文化体系，从而准确翻译作品，避免由于不了解中西方在某个方面的文化差异而出现错误的翻译，造成文化影响。世界上有很多个不同的民族，每个民族都有自己的文化体系以及风土人情等，其能够反映本民族居民的生活和精神风貌，是本民族智慧的结晶，因而文化对翻译有着非常重要的影响。

因此，译者在开展商务英语翻译工作时，一定要十分谨慎仔细，要考虑多方面的因素，不能使译文出现较大的翻译错误，从而造成歧义。例如，英语单词“dragon”的汉语意思是“龙”，在中国，龙是一种深受中国人喜爱的吉祥物，人们可以在很多场合看到“龙”这种形象，甚至中国还有很多人的名字里面包含“龙”字，然而在西方的各个国家中，他们却认为“龙”是罪恶的代表，他们不喜欢“龙”，所以译者在翻译有关“龙”的作品时，一定要正确处理中西方文化中对“龙”的理解差异。

（2）重视专业术语的对等。所谓专业术语通常是指应用到很多专业领域或者专业学科中的词汇，这些词汇是固定的搭配而且它能够表达准确科学的含义。专业术语有很多其他词汇不具备的特性，如它具有单义性。单义性，就是指专业术语的意思应该是准确的，不要引起人们的猜测或者有歧义。由于商务英语的性质使商务英语中有很多专业术语，因而译者要想准确翻译商务英语，其前提条件就是译者要准确读懂和理解商务英语中的专业术语，这就要求译者要广泛大量学习和了解其他学科的专业知识等，从而使译文在翻译时能够准确翻译与商务英语相关的专业术语。

商务英语翻译需要遵循一定的参考标准，其中最重要的标准就是翻译的功能对等。所谓功能对等就是指译者在翻译时不要逐字逐句地翻译，要从文章的宏观结构出发来审视商务英语的原文，从而从语篇的角度进行翻译。在具体的翻译实践中，译者必须重视译文中的词语选择，注重词语的文化背景以及逻辑性等，尤其是译者在选择专业词汇时一定要十分谨慎。总而言之，译者在翻译商务英语时一定要重视词汇的选择，从而使译文更加通顺，符合功能对等原则。

通常情况下，在英语这门语言中有一个十分明显的特点，那就是英语中的每个词语往往都有许多个不同的含义，换言之，人们把一个英语词语放在不同的语境中它就能够表达不同的含义，这种现象也经常出现在商务英语之中。有一些我们日常比较熟悉且使用比较广泛的词汇，把它们应用到商务英语的某一个具体的学科中，它们就具有了其他特殊的含义，这是一种固定的含义，也就是所谓的“专业术语”。因此，需要强调专业术语的单一释义特征，换言之，译者在商务英语的翻译中要遵循术语对等的原则。

（3）注意翻译增词和减词。当我们对商务英语合同进行翻译的时候，因为合同是签订合同的双方以及当事人应该遵守的规定，这样的话，合同就是具有一定的法律效力的，所以，翻译人员必须做到使用词语谨慎、措辞准确贴切。翻译文本要非常准确并且非常完整，这样的合同才是比较合理准确的。在对英文合同的文字进行翻译的时候，翻译人员可以在原文的基础上适当地增加一些隐含的文字，这样才能使得合同看起来更加完整，结构也更加清晰，读者进行阅读的时候也就更加方便。

除了用词准确之外，还得谨慎选择词语，不同的词语有不同的意思，其使用的语言环境也是不一样的，这些都和文化有着或多或少的联系。从这些足以看出，语言环境不同，词汇的含义就不同，因此，译者必须合理选用翻译词语，从而准确表达其意思。除了这些以外，在使用商务英语进行交流的时候，我们也要注意对比较容易混淆的词语进行准确的区分。因为很多时候，如果翻译时选用的词语不合适，句子就会出现歧义，甚至表达了完全不一样的意思。所以，我们必须区分比较容易混淆的词语，只有这样，才能使商务英语翻译质量得到提高。

在对商务英语进行翻译的时候，我们要掌握一个比较重要的翻译技巧——对词量进行适当增加或者减少。在进行翻译的时候，翻译人员要依据原文上下文的意思、逻辑关系、翻译文本的语言上的特点和表达上的习惯，要么增加原文本中并没有的但是有一定意思表示的词语，要么减去原文本中存在的但是并没有实质性的含义的词语。依据上下文，可以先适当地增加动词、形容词等。具体是在何时增加词语，怎样增加词语，这些都不是一蹴而就的，需要在翻译实践过程中不断积累。另外，在进行翻译的时候，删减词语的翻译方法可以使得翻译文本变得简洁明了，这样就不用对原来的文本进行逐字逐句的翻译了，也在一定程度上改变了文本的累赘和歧义的问题。

除了这些以外，因为英语中的很多词语在汉语中只有一部分能找到相对应的词语，有的甚至找不到相对应的词语，这个时候，在进行翻译的时候，翻译人员要采取相应的措施。例如，Nike 是众人皆知的美国的一款运动品牌，其本来的意思是希腊神话故事中胜利女神的名字，美国人把这个词语看作吉祥和胜利的意思。然而，假如我们简单地对这个词语进行音译，就可以译为“娜基”，但这个翻译对中国人而言较难理解和接受。所以，译者在进行翻译的时候，对词语的音节进行了一定的模仿，再加上运动服装都是比较经久耐用的，最后把这个词语翻译成“耐克”。这样的翻译方式既展现了运动服装经久耐用的特点，还把其中蕴含的毅力坚强的特点展现出来。即便如此，在西方人和中国人的心里，Nike 的含义还是不一样的，文化上存在差异性。所以，汉语中没有相对应的词语和英语对应，并且英语的文化气息比较重的时候，翻译人员就需要对文化进行适当的调整。

(4) 语篇文体翻译要得当。商务文体的类型是非常多的，并且不一样的类型的翻译特征也是不一样的，如广告类型、公文类型等。文体的类型不一样，其翻译的风格和整体的方向也就不一样，在对商务英语进行翻译的时候，如果我们要想使其更为合理，就需要深入了解各种不同的文体，并且在对文体进行了解的基础上，再根据各个不同文体的特点来翻译语言。

例如，契约文体，通常而言，大部分的契约的语言都是很正式的，并且具有文艺性。当我们对契约文体进行翻译的时候，用得比较多的就是法语或者是拉丁语言中的比较精确的词语。契约文体与其他的文体进行比较，我们就会发现，契约文体翻译使用的词语更为严谨。在对契约文体进行翻译的时候，我们非常注意的一点就是尽可能地避免使用一些弹性比较大的不经常使用的词语。相比较而言，对于公文文体的翻译而言，就没那么正式了，比较形式化，语言的使用也没那么文艺性，显得严肃庄重了许多。我们在对公文文体进行翻译的时候，使用的词语大多都是比较专业的。在翻译公文文体的时候，翻译人员必须做到尽量使翻译出来的文字非常简单，别人一看到就能完全明白其中的含义，是不需要使用很多修饰性词语的。

除了契约文体和公文文体外，还有一种文体和这两种文体都不一样，那就是广告文体。翻译广告文体的时候，翻译人员使用比较多的就是形容词，还有就是形容词的最高级。人们做广告是有目的的，那就是吸引消费者，从而让消费者对产品进行消费，与此同时使越来越多的人知道这个企业的存在，所以，在翻译广告文体的时候，翻译的文本必须具有一定的吸引力，使人们根据广告对产品进行一定的了解，进而产生想要购买产品的需求。所以，在对商务英语进行翻译的时候，翻译人员需要先确定翻译文本是哪一种文体，然后根据文体来断定翻译的方向，只有这样，翻译出来的文本才能更加合理。如果翻译人员对要翻译的文本的文体并不了解，就会出现使用错误的情况。

（5）调整“无对应词”翻译。英语中的很多词语并不是和汉语中的词语完全对应的，有的可能是有一部分是相对应的，有的可能完全找不到相对应的词语，这就出现了词语空缺的现象。例如，Benz 车一开始被翻译成了“笨死”，又叫“平治”，这两种翻译都没有给其带来消费者。直到有了“奔驰”这个贴切的译名，才开始在中国大陆有了广大的市场。除此之外，再如汉语中人们经常使用“鸳鸯”这个词语来比喻夫妻，英语翻译的时候就翻译成了“mandarin duck”，英语翻译后的词语并不能把汉语中词语的真实含义表达出来。所以，对于一些并没有对应词语的外来的语言来说，因为其文化气息比较浓厚，我们在对其进行翻译的时候，需要适当地调整文化。

（6）恰当地使用词类的转译。所谓的“转换”指的是商务英语翻译中语言的表达方式和词语性质的变化。因为英语和汉语的表达方式和词语搭配存在很大的差异性，所以，翻译人员在对商务英语进行翻译的时候会出现一定的不对应性，这个时候，翻译人员就需要进行一定的转换。

在对商务英语进行翻译的时候，我们不能忽视翻译的风格。即便是人类的生存环境和条件等存在一定的差异性，从而使得文本的文化不能进行有效的翻译，但是，人类生存的主观需要和思考的方式并不是完全不一样的。各个不同的民族之间的差异性是非常多的，翻译人员需要对其进行较为全面的了解，从而不断促成不同文化之间的相对应。在进行翻译的时候，如果翻译人员把原文本中的风格信息忽视了，这样既会丢失翻译文本的信息，也会使得翻译文本变得并不是很合理。总而言之，国际商务英语涵盖了各种各样的文体的语言形式，翻译人员必须对此加以注意。

在商务英语翻译中，翻译人员经常会遇到一些词语在词典中的含义和上下文中的意思表示并没有联系的情况，假如翻译人员直接把词典中的含义应用到翻译文本中，那么，翻译出来的文本就有可能变得比较含糊，再严重一点，读者可能会误读文本的含义。所以，翻译人员必须根据自己平时积累的语言知识对上下文进行理解，进而对词语的引申含义进行解读。

（二）文化功能视角下的科技英语翻译

1. 科技英语翻译的类别

随着科学技术的迅猛发展和知识经济的到来，科技英语（English for Science and Technology，EST）已经成为一种独立的重要英语文体，与传统的新闻报刊文体、论述文体、公文文体、描述与叙述文体以及应用文体一起，构成了当代常见的六大英语文体。特别是进入20世纪70年代以后，科技英语文体日益受到人们重视，引起国际上广泛的注意和研究。科技英语泛指一切论述和谈及科学或技术的书面语和口头语。具体而言，科技英语可分为以下五个类别。

第一，科技著述，科技论文和报告，实验报告和方案等。

第二，各类科技情报和文字资料。

第三，科技实用手册，包括仪表、机械、工具的结构描述和操作说明等。

第四，有关科技问题的会谈、会议、交谈的用语。

第五，科技影片、录像等有声资料的解说词等。

2. 科技英语翻译的实践

（1）科技英语词汇翻译。了解和掌握科技英语的词汇和词法特征具有很大的重要性，这是因为一方面我们缺乏最为完善的科技英语词典，所以需要掌握一般的构词等规律和特征来判断和识别不熟悉的以及新出现的科技词汇。词典的编纂需要耗费大量的时间和精力。一般而言，一本词典从编写到出版需耗时多年，然而在编写词典过程中，语言却没有停止发展。因此，任何描述现代语言的词典所标榜的“新”，只能具有相对性，不可能做到绝对的“新”。即便后续编写了增补本，但与日新月异、一直都在变化发展的语言相比，词典语库的更新永远具有“有限性”和“滞后性”。

另外，随着新学科、新技术、新材料、新设备、新工艺的不断产生，新的科技词汇和新的科技术语大量涌现，其数量之多、速度之快，远非英语中其他问题所能企及。为此，目前在使用中的英汉科技词典，包括一些专业性很强的分类词典，已经很难全面满足科技英语翻译之需，而且不少科技英语词典的质量有待提高。所以，了解和掌握科技英语的词汇和词法特征以及主要的翻译方法，对于快速掌握科技专业词汇，准确理解词义，做好科技英语的翻译工作具有重要现实意义。

（2）科技英语句法翻译。

第一，使用名词化结构。科技英语的一个重要句法特征，就是大量使用名词化结构。

名词化结构在科技英语中主要有三个作用：①适合表达定义、定律、原理等抽象概念；②可以较少使用人称主语，体现科技概念的客观性；③有效简化叙事层次和结构，使行文更加直接、紧凑、简洁。

第二，使用长难复合句式。科技英语要求思维严密，论理精确，因而往往加入一些修饰性、限制性的语句，而通过频繁使用语法功能极强的介词短语和各类非限定性动词短语，又可以使句子结构长而不乱，信息分布合理，给人一气呵成之感。

第三，使用一般现在时。科技英语倾向于多用动词的现在时，尤其多用动词的一般现在时，以描述通常发生或并无时间限制的自然现象、过程、常规等，或者表述科学定义、定理、方程式、公式的解说以及图表的说明。但叙述过去发生之事，则使用一般过去式。

第四，使用条件句式。一般条件句式由两个句子组成：表示假设条件的“if”从句在前，后面的主句则说明满足该条件时才会出现的推论或后续步骤。在作假设时，有时还使用虚拟语气。

第五，使用后置定语。后置定语是指位于名词或代词之后的定语，常为形容词、副词、介词短语、非限定动词、同位语和定语从句等。科技英语的准确性和严密性使其频繁使用后置定语。这也部分地造成了科技英语中复杂长句多的现象。尽管定语是句子的次要成分，但对后置定语的处理是影响译文质量的重要因素之一。

（三）文化功能视角下的旅游英语翻译

1. 跨文化意识下旅游英语翻译

旅游英语翻译，作为推介旅游资源的重要手段，对我国旅游业的发展以及对外交流都发挥着重要作用。近年来，为了满足社会对专业翻译人才的需求，许多高校开始重视专门用途英语（ESP）课程，特别是旅游英语翻译课程的开设，这也推动了旅游英语翻译事业的发展。然而，旅游英语翻译质量仍存在许多问题，这些问题很多都是由于缺乏跨文化交际意识引起的。因此，在强化译者语言基本功的同时，如何消除文化差异造成的不必要误解，提升对外旅游宣传质量，值得引起外语教育工作者的关注。

跨文化交际，即不同文化背景的人们（信息发出者和信息接收者）之间的交际；从心理学角度来看，是指信息的编、译码是由来自不同文化背景的人所进行的交际。旅游英语翻译作为翻译活动的一个分支，不仅是语际转化过程，更是两种不同文化的碰撞与交流。由此看来，正确处理文化交流与碰撞中遇到的问题，对提高旅游资料翻译质量至关重要。

（1）跨文化意识下的旅游英语翻译标准。翻译的标准问题从研究翻译活动之日起就受到人们的广泛关注，也是翻译界争议最多的一个领域。所谓“翻译标准”，是指翻译活动中译者所遵循的原则，也是翻译批评家评价译文时必须遵循的原则，它既是翻译实践的准绳，从某种程度上来看，也是衡量译文好坏的尺度。翻译活动先应该做到“信”即译文须对原文忠实准确。另外，译文应完全译写出原作的思想；译文的风格和笔调应与原文的性质相同；译文应和原作同样流畅。

在旅游翻译活动中，旅游资料翻译，作为我国对外宣传的重要手段，翻译效果直接影响我国的国际形象。因此，在遵守“信”的翻译标准、坚持正确性与科学性的同时，译者更应该树立跨文化翻译观，将目的语读者放在首要位置，强调旅游翻译效度，有效传播中国文化，让更多的外国游客认识中国、了解中国。

（2）跨文化意识下的旅游文化信息处理。作为一种“信息文本”旅游资料都是以信息传递的方式传播中国文化的。要达到上文提到的旅游翻译效果的最优化标准，文化信息的处理显得尤为重要。五千年华夏文明是吸引海外游客慕名而来的主要原因。中国人喜闻乐见的诗词、楹联，诗情画意的风景名胜，处处蕴含着山水之趣、人文之趣、乡音之趣。然而遗憾的是，这类趣味信息却经常丢失在旅游翻译之中。

2. 旅游英语翻译中文化差异处理

旅游翻译主要是通过翻译让翻译后的旅游文本，符合译语接受者的审美情趣，起到传递信息、诱导游客、宣传当地文化等功能。采取合适的翻译策略和方法来处理旅游英语中的文化差异是十分必要的，其目的就在于使译文符合西方的审美观点和思维方式，让西方读者看后有深刻的印象。根据翻译目的论，在旅游英语翻译教学中，应着重培养学生处理中西方文化差异的能力，使其在进行旅游英语翻译时学会运用以下策略。

（1）景点名称的音译和意译的恰当选择。旅游英语专业学生在对一些景点、景区名称进行翻译时，常出现音译与意译运用混乱的现象。为避免此现象，应使学生明白音译与意译的特点，在翻译时做出恰当选择。

（2）历史人物、事件等的说明性翻译。中国拥有悠久的历史和古老的文化，在介绍文物古迹的时候，总会联系到大量的历史事件和朝代名称，而国外游客对我国的历史朝代并不熟悉，因此最好补充一个朝代的公元年份。在翻译国外游客不熟悉的历史名人时，可以添加相关的背景资料，补充这个人的身份，在历史上的地位和功绩等，以增加国外游客对此人的了解。对国外游客而言，在文化旅游中最有吸引力的是感触和体验异域的历史文化和风土民情，而这又是旅游翻译中的精髓所在。

（3）特殊文化、事物的解释性翻译。对于一些中国特有的历史事物、历史上的典故、神话传奇和独特的民族传统节日的翻译，应增添一些解释性文字加以说明，以便更好地让国外游客理解。

（四）文化功能视角下的财经英语翻译

财经涉及的面较广，包括金融、投资、保险、财会、经营管理、市场营销、信息处理、合同和法律文书等，由于涉及权利和义务的方方面面，财经英语表达严谨，语法结构复杂，不允许有半点纰漏。

1. 熟练把握文体的特点

文体不同，其语言风格就不同，财经英语的语言非常精练、正式，有很多附加成分修饰。

例 1：A draft（bill of exchange）is an unconditional order in writing prepared by one party（drawer）and addressed to another（drawee）instructing the drawee to pay a specified sum of money to，or to the order of，a third person（payee），or to the bearer，on demand or at a fixed and determinable future time.

译文：汇票是一方（出票人）写给另一方（受票人）的一种无条件的书面命令，指示受票人即期或是定期在确定的日期将规定的金额支付给第三方（收款人）或付给第三方指定的人或支付给持票人。

这个长句子包含两个过去分词短语 prepared by one party（drawer）and addressed to another（drawee），一个现在分词短语 instructing the drawee... 作定语，还有其他介词短语和固定搭配，如 a sum of money，to the order of，on demand or at a time。

例 2：Thus，what is bought and sold in the foreign exchange market is not actually foreign currency but rather bank deposit denominated in foreign currencies.

译文：因此，外汇市场上买卖的实际上并不是外币，而是银行外币存款。

句子的主语是“what is bought and sold in the foreign exchange market”；“denominated in foreign currencies”是过去分词短语作定语，修饰“bank deposit”，意思是“用外币命名的”。

2. 掌握英汉语言的差异

英汉两种语言的主要句子结构大致是相同的，然而也经常有差异比较大的情况，翻译时需要慎重考虑。

例如：Insurance certificate has the necessary items of an insurance policy，but it doesn't set out the rights and duties of the insurer and the insured，which are still subject to the detailed insurance clauses of a formal insurance policy.

译文：保险凭证有保险单上的必要项目，但是，它并不列出保险人和被保险人的权利和义务。他们应以正式保险单详细的保险条款为准。

原文是一个句子，包含一个非限制性定语从句 which are still subject to the detailed insurance clauses of a formal insurance policy，这个非限制性定语从句和前面的内容紧密相连，是一个完整的句子，但翻译成汉语时需要把这个非限制性定语从句单独翻译为一个独立的句子。

四、文化交融视角下的大学英语翻译

（一）文化交融视角下归化与异化翻译

语言是人与人之间沟通交流的桥梁，是友好往来的重要媒介。但中西方的文化存在着巨大的差异，尤其是语言方面和思维意识方面。随着各国之间的往来增多，跨文化交流也越来越多，包括语言资料之间的借鉴欣赏，这时候就需要翻译来进行辅助。而翻译的过程又是一个较为复杂的过程，其包含着各国的文化底蕴。因此，翻译人员在翻译过程中要掌握好归化和异化策略，处理好二者之间的关系。

1. 文化交融视角下归化翻译

归化指的是将源语本土化，以目的语文化或者读者为基础进行翻译，运用目的语读者所习惯、能接受的思维方式、语言表达方式来进行内容的表述。归化翻译策略要求翻译者要把自己想象成本国的作者，将翻译的内容转成地道的本国语言，符合目的语读者的思想和文化观念。

（1）归化翻译的优点。归化策略的优点是其翻译的内容以目的语读者为基础，能使读者毫无理解障碍地读懂文章内容，并能更好地接受，增强了翻译作品的可读性和欣赏性。习惯使用归化翻译策略的人认为，归化策略解决了读者在阅读过程中的障碍，有效避免国家之间的文化影响。

例如，英语“The lion’s mouth”，翻译成汉语就是“虎穴”的意思，指非常危险的地方，这就是一种归化翻译。因为在西方人的眼中，狮子是万兽之王，是勇猛、威严的象征，因此英语的“lion”有着强壮、受人尊重敬仰的含义。而在我国老虎被誉为万兽之王，是勇敢、威猛的象征，与西方文化的“lion”有着相似的含义。所以将“The lion’s mouth”翻译为“虎穴”是两国文化的相互结合，能使中文的读者更容易的理解文章内容。

（2）归化翻译的缺点。任何事物都具有两面性，归化翻译策略也不例外。归化法的最大缺点就是破坏了原作的风姿，翻译者过于加入自身的主观意识，将原作独特的国家文化消磨殆尽。

例如，西方国家对我国《红楼梦》的翻译，其中有一句“巧媳妇做不出没有米的粥”，英国翻译者将其翻译成了“Even the cleverest housewife can't make bread without flour”。由于英国的传统主食是面包，对米、粥等食物不太了解，所以就采用了归化法，将没有米的粥翻译成了“bread with out flour”。这种翻译虽然有利于英国读者进行理解和阅读。但是，《红楼梦》是我国古典小说，在其中加入西方的面包与整部书内容显得格格不入，而且国外的读者也不能了解到我国的文化特色以及小说的真正内涵。

总而言之，归化与异化各有优缺点，完全的归化策略翻译不仅破坏了原作的内涵，还不利于各国之间文化的交流。而完全的异化策略翻译使目的语读者很难理解文章内容。所以，翻译人员要正视归化与异化之间的关系，采用以异化为主，归化为辅的翻译策略，将二者相互融合，在让读者能轻松容易地理解文章的同时还能感受到其他国家的文化底蕴。

2. 文化交融视角下异化翻译

异化是指翻译者尽可能不改动原作的内容，在翻译的过程中保留外来文化的语言特点、思维方式、表达方式等，以原作者的表达方式为基础。让目的语的读者跟着内容进行思考，去向作者靠拢。

（1）异化翻译的优点。异化翻译策略，能够将原著的内容、国家的文化底蕴、语言特点等都完完整整地展现到读者眼前。让读者在阅读的时候不仅能感受到其他国家语言表达的特点，还能体会到其他国家的文化、地域风情、风俗习惯等。对国家之间的文化交流有着重要作用。

例如，“In the county of the blind the one-eyed man is king”，这句英文寓意深刻，生动形象，翻译成中文为“盲人国内，独眼为王”，读者通过阅读能够开阔自身的视野，得到一定的启迪。而且，异化翻译策略不仅将原本的文章内容展示给读者，还具有创造新语言、新词汇的重要作用。例如“Crocodile tears”这句英文，就有三种不同的翻译分别是“鳄鱼的眼泪”“假情假意的眼泪”“假慈悲的眼泪”。

（2）异化翻译的缺点。当采用异化策略进行翻译时，虽然能保证原作的还原性，但是各国之间的文化存在着巨大差异，这种翻译策略会面临着不被读者理解的问题。例如，对“You have got to have faith in your sleeve，otherwise you won't succeed”这句英文进行异化翻译时，意思为“你必须袖子里藏有信心，否则你不会成功”。当读者在阅读时就很难理解这句话的含义，进而影响了对整篇文章的阅读。

（二）文化交融视角下“双向文化导入”翻译

由于人们对社会和自然界的看法类似或比较一致，文化虽在不同环境下形成，但存在着大量共同之处。同时每种文化都局限于特定自然与历史条件，存在其独有的约定俗成，因此文化教学应侧重差异对比，培养双向文化思维习惯。具体可以从以下方面着手。

第一，词汇的文化内涵。不同文化背景下词汇的内涵不是一一对应的关系，词汇承载的文化信息、文化差异都需要教师细致阐释、深入解析。

第二，语法的文化影响、文化背景不同，语言的表达方式也各异。例如，汉语语法比较宽泛，结构词经常被省略，主要是通过句子之间的内部逻辑关系表达出来；而英语语法形式和意义高度一致，逻辑术语作结构词，表达明确、严谨。学生如了解这一思维习惯上的差异，可以达到事半功倍的效果。

第三，篇章的文化信息，语篇通常涉及目的语文化的背景知识，包括了节日习惯、价值观念、思维方式等，教师可引导学生挖掘文化信息，开阔文化视野。文化背景知识越丰富，理解篇章内容能力越强。

第四，习语的文化差异，习语具有强烈的文化特征，是修辞手段的集中体现；教师可指导学生做一些习语收集和对比，从而加深对双向文化的了解。双向文化导入在大学英语翻译教学中是一个庞大而复杂的系统工程，作为其重要有机组成部分，在翻译教学中双向导入文化因素具有直接的现实意义。

1.“双向文化导入”模式的框架

在大学英语翻译教学中建构“双向文化导入”模式，必须在坚持原则的基础上构建“共性与特性”“形式与内涵”有机并存的框架，确保文化导入的双向性。英语翻译中“双向文化导入”模式的框架具体内容如下。

（1）“共性与特性”。教师应当引导学生在比较中寻找并发现两种文化的共性和特性，培养感知两种文化的自觉性和敏感性，增强获取语言信息和文化信息的能力，以客观辩证的态度看待两种文化，肯定两种文化的共同性和沟通性。同时，学生也应学会体验两种文化间的细微差别，辨别这些差别给文化交流和翻译实践带来的障碍，能对其特性进行对比、加工、总结，形成有效的互补和渗透，并最终运用到翻译实践中。“共性与特性”并存的训练，能让学生更加深入了解中华优秀文化，提升民族自豪感和自信心，同时也能以海纳百川的姿态正确对待西方文化，开拓国际视野。

（2）“形式与内涵”。在形式上，应摆脱以往以教师为中心的守旧思想，不拘泥于课堂讲授、照本宣科的传统模式，把双向文化导入贯穿到整个教学过程中，把课堂扩展到课后延续学习、网络互动讨论、现实案例解析等多模态形式中。在内容上，应选择中西方文化中的代表性知识，编写符合学生知识水平结构、符合现实生活、符合社会需求的文化翻译教材。

2.“双向文化导入”模式的建构

文化知识本质上具备广博性，而“双文导入”又具备广泛内容，如包含了媒体知识、法律知识及相关的社会知识、经济政治知识，当然更加融合了民族性格以及不同价值观念和相异生活习惯等，可见“双文导入”内涵之丰富。而大学阶段英语课程翻译教学应用“双文导入”模式可以从以下方面开展：

（1）英语词汇中“双向文化导入”模式的建构。文化的重要载体就是语言，学习语言则能够对理解文化产生重要的影响作用，因为只有语言了解了，文化才会随之被理解。词汇是语言的基本构成，各种文化特征都能在该语言的词汇上找到痕迹。词汇在中西方文化中含有不等值性，时常指示意义相同，联想意义却完全不同。对于这样的词汇，教师在课堂中应及时进行文化双重导入，以免学生对不同文化的词汇理解出现偏差，不能了解其深刻内涵。目前，大多数学生对中西方词汇的文化差异了解得少之又少。由此，英语课程翻译教学开展“双文导入”模式，应该从中西方两者之间词汇文化的认识解析上进行努力。

具体而言，当前众多语言方面研究学者认为，词汇其实是承载文化的重要信息载体，故将词汇称为“负载文化词”较为贴切。而对于英语课程翻译教学本身，并非仅仅让学生进行不同语言上的良好转换，而是需要依托于对文化的丰富理解促使翻译更加准确以及富有文化气息。故而，英语课程教师需要对这些“负载文化词”向学生进行详细阐释，包含问候语、熟语、交际语、委婉语、敬语、食物词、动物词、颜色语、谚语、成语、俗语、数量语、重叠语、政治词语等，这些多种多样的词汇可以说包含着自身的文化含义，需要教师在翻译教学中向学生有效地传达出来，帮助学生挖掘词汇中不同的文化内涵。这样才能促使学生更好地掌握翻译技能。例如，教材中出现的动物词汇，由于中西方历史、传统、习惯，甚至是思维方式的不同，经过历史积淀导致其在文化内涵上也有着较大差异。对于布谷鸟（cuckoo）的理解，西方人认为布谷鸟的叫声是不吉利的；中国人则认为布谷鸟是春天的使者，喜欢布谷鸟的叫声。对于中西方文化中的非对应及零对应词汇，也需要教师在课堂上加以导入。

（2）英语句子中“双向文化导入”模式的建构。不同民族语言的句子之间存在着丰富的差异文化现象，同样中西方文化在句子上也体现着较大的差异。教师在教学中可从句子结构差异以及句子中典故差异向学生导入两者文化间的差异性。通过对比解析，学生将进一步掌握中西方文化的异同，从而提高跨文化认知能力。由于句子的文化因素具有较强的外显性，加之文化渊源不同，因此不同句子的句子结构无疑存在较大的差异。

英语句子中常使用被动语态，而汉语中则经常使用主动语态，尽管汉语中有表示被动的词，但表达的时常是主动含义。这说明西方人会清楚表达主语“身份”是主动还是被动，个人主义意识强。而在中国，主语的主动或被动“身份”更多的是一种不言而喻。造句顺序上，中国人通常采用从大到小的词序造句，而西方人造句则是按照从小到大的顺序，这也反映了中国人的顺向思维和西方人的逆向思维。教师在教材讲述的过程中，须导入中西方文化间不同的造句方式，以便于学生理解句子中的文化差异。

此外，教师在教学过程中遇到含有典故或习语的句子时，也需要深入挖掘中西方不同的文化特色，进而导入文化内涵差异使学生更加深刻地体会句子含义。

(3) 英语语篇中“双向文化导入”模式的建构。大学英语教材中，许多语篇都涉及英美国家典型的文化背景知识，教师可以根据这些文化背景知识，导入与该背景文化相关的中国文化进行对比解析，使得学生在理解语篇内涵的同时，也懂得了中西方文化的异同之处。例如，可在翻译教学中导入具有美国文化特征的代表物，同时，教师应向学生进一步讲解具有中国文化特色象征物的英文表达方式、来源等。最终比较中西方不同的代表物，找出中美代表物历史文化差异。通过此方法，学生可以概略地了解整单元的文化知识，同时也将填补中国文化知识的空白，达到在英语教学中中西方文化并举的目的，从而提高学生的综合文化素养，并为学生能够更好地进行跨文化交际以及大力输出母语文化打下坚实基础。

随着经济全球一体化进程的加快，中国与世界的交往日益密切，学生对外语学习的需求更加深入，学生能够恰当地将母语文化进行输出，以便让更多的人了解中国文化的欲望更加强烈。因此，外语教学必须同时培养学生的语言能力和多元文化能力。这就要求外语教师在教授语言知识的同时按照文化导入的阶段性、适度性和实用性的原则导入中西方文化知识。教师可从课堂内的词汇、句子、语篇中挖掘中西方文化知识，在外语教学中实施双向文化教育，在学习西方文化的同时弘扬中华民族文化。

综上所述，针对大学阶段英语课程翻译教学而言，“双文导入”在一方面能够避免母语文化对于翻译教学产生较大负迁移影响，另一方面也能够在“双文导入”的基础上将学生知识眼界打开，并将知识学习思路充分拓宽，最重要的是能够促使学生在受到丰富中外文化良好熏陶的同时提升艺术修养，这对于英语专业学生而言起着重要的影响作用。

(三) 文化交融视角下文化图式翻译模式

图式是表征人类一般知识的认知结构，由从个体先前所不断经历的环境或事件中抽取出的信息构成。在图式理论的认知中，人们在理解、吸收输入信息时，需要将输入信息与已知信息联系起来。对新输入信息的解码、编码都依赖于人脑中已存的信息图式、框架或网络。输入信息必须与这些图式相匹配才能完成信息处理的系列过程，即从信息的接收、解码、重组到储存。图式理论是一个抽象的关于人的知识的理论，它涉及任何形式的事件和客体，是人的记忆对所有知识进行组合、归类的总汇。

文化图式是人脑中关于“文化”的“知识结构块”，是人脑通过先前的经验已经存在的一种关于“文化”的知识组织模式，可调用来感知和理解人类社会中的各种文化现象，它包括风土人情、习惯、民俗、生活方式、社会制度、思维方式、价值观念等内容建立起来的知识结构。它在语言理解、文本解读过程中起着不可或缺的作用。文化图式最大的特点是民族性，不同的民族在各自久远的发展过程中，常常形成有别于其他民族的独具特色的风土人情、审美情趣和价值观念等。各种文化一经习得，便以图的方式储存在译者的长时记忆里。不同的种族有着不同的文化图式，文化图式的差异会造成话语意义的不同理解。这种语义是在发话人、受话人的文化图式基础上，对于一个话语所产生的某一特定感受。不了解语义就不能完全接受一个话语所承载的全部信息，甚而产生误解。这是文化缺失所导致的。

翻译是将一种语言用另一种语言进行表达的转换过程，这种过程从表面上看是一种语言活动，但从译者的角度来说，翻译实质上是一种思维活动。它是用一种语言文化把另外一种语言文化的文本再现出来，译文不可避免地反映出两种语言文化的特征。翻译的过程主要分为理解和表达两个阶段，理解实质上是对源语信息的解码，译者应具备并激活大脑已有的与源语相关的图式，以确保对源语的正确解码。

然而表达实质上是用目的语对源语信息进行再编码，在这个过程中，译者对目的语图式的编码有利于激活潜在读者已有的图式，同时有利于帮助他们建立更多新的图式以达到翻译的跨文化交际的目的。在翻译过程中无论是理解阶段还是表达阶段都离不开对文化图式的认知。翻译的作用就在于将源语文化中的文化移植到目的语的文化中去。王佐良先生指出，翻译的最大的困难就是两种文化的差异，译者必须透彻地理解原文，要做到这一点，深入了解外国文化十分必要。同时，译者还得深入了解本民族的文化。作为译者，对两种语言的文化背景了解得越多越深入，就越能在翻译活动中准确地把握语言的主旨，再现原文的风采。

翻译既是语言之间的转换，更是文化之间的交流，这是翻译的本质，因为翻译的直接对象总是与文化密切相连。语言是文化的符号和载体，语言直接反映文化现实；同时，语言又是文化的一个组成部分。语言和文化的密切关系注定了翻译和文化的密切关系。根据图式理论，图式是对过去经验的抽象和概括，而每项具体经验都是文化的体现。如果把图式看作一种框架，那么文化就是框架的内容、框架的填充物，二者的关系密不可分。语言从不同方面反映文化，从而形成不同层面的文化图式。

文化翻译是在文化研究的大语境下来考察翻译，即对文化以及语言的“表层”与“深层”结构进行研究，探索文化与翻译的内在联系和客观规律。基于翻译是源语和译入语语言图式和文化图式间的转换这一观点，可认为文化翻译是源语和译入语的文化图式的转换，或者说文化翻译即文化图式翻译。文化图式的翻译就是在重视源语其他层面信息忠实转换的基础上强调源语文化图式的正确解码，并努力实现其在译入语中的再编码。

在翻译过程中，不同民族在文化图式上表现为源语和译入语文化图式的异同，具体可分为文化图式对应和缺省。对应指源语和译入语文化图式基本对等，用译入语中的文化图式能正确全面表达相关源语文化图式承载的文化信息，如“look before you leap”可用“三思而后行”表达，“纸老虎”可用“Paper tiger”表达。而文化图式缺省则指源语中的相关文化图式在译入语读者的认知语境中根本不存在或不完整。在翻译过程中，文化图式缺省会导致译入语读者在认知推理过程中无法找到相关图式，因而造成理解失败或不完全理解。

翻译的目的是促进两种语言的交流，而文化翻译不仅如此，更是为了促进源语和译入语文化双向交流，寻求文化的共生和融合。在英汉翻译实践中，可以选用文化图式对应、文化图式诠释、文化图式交融三种翻译模式，将源语蕴含的信息包括其文化意义等值地转换为目的语，具体解析如下。

1. 英语翻译的文化图式对应模式

（1）直接对应。在英汉互译中，如果目的语中存在与源语相对应的文化图式，即两种文化图式能基本重合，直接对应翻译是优先选择的方法。因为这样，可以在目的语中直接体现源语中的独特的文化图式，使目的语读者能直接品味源语文化。这种翻译模式只需译者能对源语文化模式进行解码，并激活自身已存储的图式，直接进行对应翻译即可。

例如：“Walls have ears”表示隔墙可能有人偷听，与中文里“隔墙有耳”具有相同的文化图式；“Don’t cross abridge till you come to it”意为问题或矛盾会随之进展自然会得到解决，可直接译作“船到桥头自然直”；“A truly wise man does not show off his capability”则与“大智若愚”的图式对应；“The water that bears the boat is the same that swallow sit up”可译为“水能载舟，亦能覆舟”。

（2）间接对应。由于英语与汉语属于不同的语系，两者具有各自独特的文化图式，可能引起文化图式影响的问题。与文化定位、社会准则的差异相同，文化图式差异也必定会导致文化影响。译者应当对两种语言的文化背景以及语言特征等有清晰的了解才能在英汉翻译中准确把握源语的真实意图，从而将其忠实地解码并转换成目的语。

例如，“white day”如果被译为“白色的一天”，读者会感到很困惑。由于在汉语中无法直接找到与之对应的文化图式，为了准确表达源语的真实含义，译者需将源语的文化图式转换为目的语的文化图式。通过这种间接对应的方式，实现源语与目的语文化图式的对等转换。此例中，可用汉语的“黄道吉日”来对等替代“white day”，因为两者在汉英两种语言中的文化图式是对等的，读者较为容易就能接受。如果译者不了解中西方语言风俗习惯和思维方式，那么很难实现这种对等。

2. 英语翻译的文化图式诠释模式

有时一种语言所传承的文化含义在另一种语言文化中根本不存在，也没有相应的表达方式，在译者的大脑中根本无法建立相对应的文化图式，这就会出现图式缺省。当源语中的文化图式无法直接被译入语读者理解的时候，就可以采用增译，或是解释的办法在译入语中为源语文化图式提供相关的图式信息，这就是文化图式的诠释模式。

（1）直译加注。直译加注是在译文中增添目的语读者缺乏的文化背景知识，以便读者理解和建立源语文化图式。例如，汉语中的“气管炎”作为一种疾病与英语中的 tracheitis 对应，但因与“妻管严”谐音而具有“怕老婆”的含义。某人开玩笑说“他有气管炎”，若采用文化图式移入模式译为“He suffers from tracheitis.”，外国人看到或听到，不但不会发笑，反而会莫名其妙、困惑不解。这时如果采用文化图式诠释模式，将此句译成“He is a hen-pecked man”能更好地让英语读者了解“气管炎”的文化内涵。

（2）直译加解释。在翻译过程中，尽管在译文后增添注解能弥补直译的不足，但是穿插太多、太长的注解会影响甚至是阻碍读者的畅快阅读。在这种情况下，如果采用直译加解释方法，既能简化译文，又能在目的语中植入源语文化图式。例如，把“终日望君君不至，举头闻鹊喜。”（冯延巳，《谒金门》）译为“Waiting for you the whole day long wears out my eyes. Raising my head，I'm glad to hear magpie.（Who is glad to hear the magpie chatter is supposed to announce the expected arrival.）”（许渊冲译）。

对汉语读者而言，喜鹊是吉祥之鸟，预示着吉庆和鸿运来临。对词中描绘的深闺女子而言，枝头喜鹊的喳喳声传递的是亲人归来的报喜乐曲。而在英语认知语境中，与喜鹊有关的文化图式传达的是唠叨、饶舌的喻义。因此，英语读者会认为对于百无聊赖的少女而言，听到喜鹊叫声的惊喜也许是因为饶舌的鸟儿突破了寂静，带来了一丝生机。由于译入语的文化缺省，源语读者和译入语读者对诗词的理解就产生了偏差。而许渊冲先生的译文在后面增加了“Who is glad to hear the magpie chatter is supposed to announce the expected arrival”这一解释，修正了英语读者关于“喜鹊”的文化图式，从而引导他们获得了与源语读者相同的理解。

3. 英语翻译的文化图式交融模式

交融模式是指源语文化图式和译入语文化图式交相融合，试图在目的语中构建一种新的文化图式。随着英汉文化交流日益频繁，主要通过音译或者音、意兼顾来将两种文化图式融合。西方医学中的“CT 检查”以及“维生素 A”，服装方面的“T 恤”，娱乐方面中的“卡拉 OK”和“DVD 光盘”都已成为词汇。这种音、意兼顾的译法已成为源语文化融入译入语文化的有效途径。例如，围棋（weiqi）、太极（taiji）等都已被英语所接受，成为英语的外来词。而诸如“梁祝”（Liang Shanbo and Zhu Yingtai，the Romeo and Juliet in China），“情人眼里出西施”（Beauty is in the eye of the beholder）等的译文，也都遵循了文化图式的交融模式，体现出了中西方文化的交汇融合，更好地达到了跨文化交际的目的。

在翻译实践中，译者往往会综合应用多种方法来排除对文化图式缺省带来的理解障碍。译者须充分考虑不同文化背景下文化图式转换的问题，包括文化图式缺省和影响的难题。善于捕捉到隐藏在原文中的文化缺省，依据源语读者和译入语读者文化图式的差异，在充分理解源语文化图式后，采取相应的文化图式对应模式、文化图式诠释模式或文化图式交融模式，尽可能更好地为目的语读者再现源语文化，从而达到文化翻译的目的。

第四节　探究式学习对翻译水平的提升

“探究式教学模式是一种以‘启发引导、问题探究’为主要特征的教学模式。”① 探究式教学就是要以人为本，以学生为主体，最大限度地把学生的学习积极性、主动性、创造性发挥出来，创造发展。在我国，探究式教学模式主要分为总结提高教学模式、协作交流教学模式、自主探究教学模式、启发思考教学模式以及创设情景教学模式。下面以情景教学为例，阐述探究式学习对翻译水平的提升。

情境认知理论强调情境在教学过程中的重要作用，注意凸显学生在教学活动中的主体地位。根据情境认知理论进行大学英语翻译教学改革能有效激发学生的学习兴趣，使原来枯燥的课堂变得生动、丰富、有趣，并有利于学生跨文化交际能力的培养。情景教学法在大学英语翻译教学实践中的作用表现如下。

一、激发学生兴趣，加强词汇理解与使用

学好英语，单词是关键。词汇教学是英语教学的重要组成部分，也是重点和难点所

① 郭凯. 探究式教学模式初探［J］. 消费导刊，2011（9）：160.

在。因此，提高词汇教学效果是英语教学成功的关键。按照传统的教学方法，教师通常在讲解完单词的发音、词性和基本含义后，让学生进行造句练习，以实现对该单词的理解与使用，这种词汇教学方式在中国的高校英语课堂上极为常见，但实际效果不佳。一方面学生只是机械地记住了该单词的含义和句子，缺少足够的想象空间和思维拓展训练，很容易遗忘；另一方面，这种教学方法并不能有效地扩大学生的词汇量，也不能激发学生的学习兴趣与热情，难以提高教学质量。

语言的学习离不开语境，英语词汇从来都不是孤立存在的，词汇的意义只有在上下文的具体语境中才能具体化，否则就会有歧义。而如果按照情景教学法来学习单词，则会起到不一样的效果，仍然以“cling”为例。教师可以让同学甲和乙根据该单词的三个含义进行对话练习。

甲：你所坚持的人生哲学是什么？

乙：那就是“决不依附于别人，把命运紧握在自己手里”。

该情境创设好之后，两位同学再将其转换成英文：

甲：What is the life philosophy you cling to?

乙：That is “I will never cling to anybody，but cling to my destiny by myself.”

从这个对话练习可以看出，学生不仅激发了自己的想象力，灵活地创造出一个完整的意境，而且准确运用了 cling 的三个含义，强化了记忆并且锻炼了思维和口头表达能力，可谓一举多得，效果显著。

二、利于英文谚语、俚语等文化习俗学习

英语谚语是英语民族在长期的生活中积累形成的富有色彩的语言形式，既有字面意义，又有内涵意义，也有比喻意义，还有外延意义。反映了英语民族的生活背景和文化特点。英文谚语、俚语是英语文化的重要组成部分，也是英语教学与学生学习的重点和难点。如何能让学生在有限的课堂时间里增加对英语文化知识的学习，拓宽知识面是当前中国大学英语教学的重要任务和研究方向。

为了提高课堂教学效率，充分利用课堂时间，教师可以采用情景教学法，加强对英文谚语、俚语方面的教学。例如，表示“安慰”的英文单词有 comfort，console，solace，consolation 等，相关的谚语有“Don’t worry. Bob is your uncle.”。如何把这些词汇和谚语有效地结合在一起，教师可以根据情景教学法让学生进行对话练习：

甲：我没有通过公务员考试。我真是太伤心了，需要安慰。

乙：别太难过了。吸取教训，下次一定成功。

甲：I failed to pass the civil service examination. I’m so sad and need your comfort.

乙：Don't worry. Bob is your uncle. You will definitely pass it next time if you draw lessons from it.

从这个对话练习中可以看出，学生不仅灵活地使用了该谚语，而且顺便学会了“公务员考试”，“吸取教训”等名词短语和动词短语的英文表达方式，既学会了谚语，又掌握了其他词汇，拓宽了知识面，取得了良好的效果。

三、纠正英语错误，增强跨文化交际能力

由于中西文化的巨大差异和交流上的障碍，很多大学生学习了多年的英语仍然没有完全掌握英语文化的精华和内涵，致使中国式英语广泛存在并且根深蒂固。因此，提升高校学生对跨文化交际的重视程度，引导学生注重跨文化交际有助于在高校英语教学中实现跨文化交际的渗透与灌输。例如，西方人普遍喜欢养宠物并且形成了独具特色的宠物文化，因而宠物文化也成为西方文化的重要组成部分，英语教学也应该引起足够的重视并加强该方面的教学。西方常见的宠物主要有猫、狗、鸟类等。与之相关的各种习语和文化知识相当丰富，其中有的与中国文化相似或完全相同，例如，a wolf in sheep's clothing，字面意思是“披着羊皮的狼”，内在含义是“虚伪的人”“表面善良却心狠手辣的人”。有的则完全不同甚至会引发歧义与冲突。例如，“It rains cats and dogs outside——外面下着倾盆大雨。”“You are a lucky dog——你真是个幸运儿”等。

教师在课堂上介绍西方宠物文化特别是容易引发歧义的地方时，可以采用情景教学法，由教师创设一个情景，让学生参与其中进行对话练习。例如，

A：你喜欢猫还是狗？

B：我喜欢狗。

同学甲：Do you like cat or dog?

同学乙：I like dog.

这两个同学的对话练习看似正确，没有问题，但是了解西方习语文化的人就会知道，同学甲和乙的翻译是错误的。因为“Do you like cat or dog?”在英文中的意思是“你爱吃猫肉还是狗肉？”“I like dog.”在英文中的意思是“我爱吃狗肉”。而正确的翻译应该是：

A：Do you like cats or dogs?

B：I like dogs.

所以，这个时候教师就会指出错误所在，进而开始相关的西方文化知识的讲授并纠正中国式英语的错误。

通过情景对话练习，学生不仅学习到了西方文化知识，还纠正了自身存在的中国式英语错误，从而提高了跨文化交际能力。

第十一章　大学英语教学评价与探究式应用

第一节　大学英语教学评价的体系解读

一、大学英语教学评价的内容

传统教育观认为，受教育者、教育者、教育内容、教学手段，也就是学生、教师、课程、教学方法，是组成教学的四个要素。根据这一观点，基于当前大学英语教学评价的内容具体包含以下部分：学习者评价、教师评价、课程评价和教学过程评价，这四项内容之间既相互独立又相互联系、相互作用，对于其中一个方面进行评价时就会从侧面反映出其他三个方面的情况。

（一）学习者的评价

学习者是大学英语教学的主体和中心，对学习者进行评价是大学英语评价的重要内容。大学英语学习者评价主要可以划分为两个方面的内容：①对学习过程的评价，包括对学习策略、学习态度、学习动机、学习风格以及学习效果等的评价。②对学习结果的评价。当前大学英语学习者评价，根据教学背景，还需要对学习者的计算机操作能力、网络信息获取能力与分析能力展开必要的分析。

（二）教师的评价

由于互联网环境纷繁复杂，因此教师在大学英语教学中的作用愈加凸显。对教师进行评价，也成为大学英语教学评价的重要内容。

新的互联网环境给教师带来诸多新的挑战，教学中教师的角色也发生了相应的改变。教师不仅是知识的传授者，更是教学的组织者、学生的引导者与合作者。在互联网环境下，教师不仅要掌握一般的教学技能，更要具备熟练驾驭网络教学的能力。所以，对教师的评价不仅包含传统的评价内容，还包括以下内容：计算机操作能力、对网络教学的组织能力、对网络教学方法的运用等。

（三）课程的评价

课程的质量是影响和制约大学英语教学发展的关键因素，所以课程评价也是大学英语教学评价的重要内容。具体而言，大学英语教学课程评价主要包含以下方面的内容。

第一，对互联网大学英语教学系统的评价。互联网大学英语教学系统评价具体包括对教学系统的评价、对教学管理系统的评价、对资源库系统的评价、对支持与维护系统的评价。对大学英语教学系统的评价，可从三个方面进行：课程的界面、课程的兼容性和课程的产品质量。其中，课程的界面评价主要是对互联网课程的导航设置、导航功能以及操作性进行评价。课程的兼容性评价主要是对互联网课程运行所需的环境与条件进行评价。课程的产品质量评价主要是对图形、文本、格式等进行评价。

第二，对互联网大学英语课程教学设计的评价。具体而言，对大学英语课程教学设计的评价主要包括以下内容：教学目标、课程说明、教学目标与教学内容的一致性、教学反馈的设计等。

（四）教学过程的评价

教学过程直接影响教师授课效果和学生对知识的吸收效果，因此教学过程评价也是大学英语教学评价的重要内容。具体而言，对教学过程的评价主要是指对教学中所使用的教学方法以及开展的相关教学活动的评价。

为了保障教学评价更加科学与有效，除了需要对上述教学评价的内容进行研究外，还要重视对大学英语教学的评价标准、评价方法以及元评价的研究。

第一，任何评价都需要一个科学的尺度作为判断的标准。大学英语教学评价标准设置得是否科学，对评价的结果有着直接的影响作用。

第二，大学英语教学评价与传统的大学英语教学评价有所区别，这种区别在评价方法上有着显著的体现。当前大学英语教学评价有哪些方法？这也是英语教学评价值得研究的方面。

第三，元评价就是对评价本身的再评价。其评价结果可靠与否，直接受评价方法的恰当性和科学性与否的影响。元评价可对上述评价本身进行判断，对保障评价结果的真实性具有重要意义。

二、大学英语教学评价的标准

对大学英语教学进行评价，必然会关注评价的质量，即是否真正地改进了教学状况，是否反映了学生的进步情况，是否为教学提供了可靠、有效的信息等，这些就需要大学英语教学评价遵循一定的标准。

（一）一般评价的标准

作为一种大学英语教学模式，其评价必然离不开基本的大学英语教学评价标准。只有在一般评价标准的基础上，才能更深层次地探究特殊的评价标准。为了确保评价的质量，大学英语教学评价需要遵循信度和效度这两大标准。

1. 一般评价的信度标准

在大学英语教学评价中，信度就是一致性，其主要包含三种形式：稳定性信度、复本信度、内部一致性信度，这三种信度是不能相互替换的。

（1）稳定性信度。所谓“稳定性信度”，是指测验结果的跨时间的一致性程度，即使测验进行的时间、场合不同，其结果应该大体是一致的。为了考察在不同时间评价结果的稳定性程度，往往需要间隔一周到两周的时间，然后再进行重复的测验。因此，稳定性信度又可以被称为“重测信度”。

一般而言，计算稳定性信度的方法有两种：一是计算前次测验与第二次测验之间的相关系数；二是求两次测验间分数所处类别没有变动的人数比重（按百分比计算）。这种确定信度的方法被称为“类别一致法”，可以用以确定哪些学生可以不用再学习某些知识点的情况。

（2）复本信度。所谓“复本信度”，是指等值的测验复本间的一致性，该信度主要解决两个等值复本或多个等值复本间是否是真正等值的。但是，对同一测验进行重复使用是不公平、不合理的，因为后一批接受测验的学生有更多的练习机会，他们的测验结果也会明显高于先前接受测验的同学。基于这一问题，教育者往往会选用复本。

一般而言，对复本信度进行确定的步骤与上面的计算稳定性信度的方法有些相似之处。给同一组被测试者两个测试复本，但两次测验间最好间隔较短，或者没有时间间隔。得到被测试者的两次测验的分数，计算两个复本间的相关系数。

（3）内部一致性信度。内部一致性信度与稳定性信度、复本信度不同，其关注点并不在于被测试者在测验分数上的一致，而是着重于测验题目之间在功能上的一致，即测验题目的同质性。并且，在测试次数上，稳定性信度和复本信度需要测试两次，而内部一致性信度只需要测试一次。

一般而言，内部一致性信度包含如下几种不同的计算公式。针对判断正误的题目，采用库德-理查逊的 K-R 公式。针对可以计不同分值的题目，采用克伦巴赫的克伦巴赫 α 系数。在教学评价中，信度是核心概念之一。如果一个测验的信度较低，那么根据测验的分数是得不到准确答案的。因此，务必要记得评价所连带的利害关系越大，就越需要对信度予以更高的关注。

2. 一般评价的效度标准

除了信度之外，另一个重要的评价标准就是效度。效度的意义在于：评价准确，其对于改进策略的质量是有利的；评价错误，那么就可能会误事。所谓“效度”，即准确性，是指在评价结果的基础上对做出的推论的准确性。一般而言，评价的效度由三种效度证据来决定：内容关联效度、效标关联效度、结构效度。

（1）内容关联效度。所谓“内容关联效度”，是指测验内容对所要推论的评价范围的代表程度。其中评价范围主要包含知识、态度、技能等。因此，在确定测验内容的代表性、抽取样本进行检测时，评价范围中的所有内容都具有应用性。一般而言，对内容关联效度进行证据收集的办法有两种：一是通过外部评价；二是通过测验编制，从而确定内容关联效度。

（2）效标关联效度。所谓“效标关联效度”，是指评价成绩对学生在外部效标成绩上的预测程度。这与前面所述的内容关联效度类似，其能够指导测试者决定他们可以从多少程度上相信以成绩作为基点对学生的推论情况。但是在证据收集方面，效标关联效度与内容关联效度还是存在明显区别的。效标关联效度只单单应用于需要根据评价结果来预测学生在之后的效标变量中的表现的时候，因此是具有明确的使用范围的。一般而言，效标关联效度最普遍的应用形式就是对学生在能力倾向测验的情况进行计算，进而与后来的学业成绩进行对比。

（3）结构效度。所谓“结构效度”，是指经验性证据对某种结构的存在性进行确定的程度以及运用评价工具对这一结构进行测量的程度。一般而言，结构效度的证据收集往往是非常直接的，主要包含如下步骤：根据已经理解的被测试结构的运行机制，对被测试者在这一测验上的表现程度进行一个或者两个假设。对经验性证据进行收集，并检验上述假设能否证实。在方法方面，搜集结构效度的证据往往会采用不同群组法、干预法、相关测验法。不同群组法是由于不同的人群其结构概念的表现不同，因此其测验的结果也应该不同。干预法是在接受某种干预后，被测试者在评价中的表现会呈现不同的变化。相关测验法是指由于两个测验测的是同一结构，因此其测验的结果应该存在着某些相关性。

总而言之，从测验的发展历史上说，人们习惯将信度与效度作为测验的标准，其实它们还是评价的标准。从微观层面上来说，信度和效度是保证评价质量和方法的需要；从宏观层面上来说，信度和效度是评价学科发展的历史必然。

（二）特殊评价的标准

当前大学英语教学评价标准并没有一个统一的认识，但是美国20世纪初开发的《在线学习的认证标准》是当前最有影响力的评价标准，也是被很多专家学者所认可的最可靠的标准参照，这一标准主要是从三个层面对大学英语教学进行评价，即可用性、技术性以及教学性。可用性评价标准主要针对的是用户进行网络多媒体学习时操作是否方便；技术性评价标准主要针对的是网络多媒体课件的安装及在其运行时的技术指标；教学性评价标准主要针对的是教学目标、教学内容、教学媒体、教学策略、教学评价等，并且教学性评价标准的比重是最大的。

综合而言，这一特殊的标准具有科学性、具体性、全面性及可操作性，受到了广大网络多媒体英语教学研究者的认可和欢迎，是目前应用比较广泛的一个评价标准体系。

三、大学英语教学评价的实施

大学英语教学评价的实施是一个科学、完整的过程，下面以“互联网+”下的大学英语教学实施为例进程阐述。

（一）大学英语教学评价实施的意义

“互联网+”下的大学英语教学是互联网技术与现代教育理论相结合的产物。而为了使互联网技术能够更好地为大学英语教学服务，在进行计算机的装备时，必须要了解如下问题。

第一，解决互联网环境教学的信息资源问题。

第二，解决互联网环境教学的课程改革问题。

第三，解决互联网环境教学中师资力量的培训问题。

第四，及时对互联网环境教学进行评价。

因此，“互联网+”下的大学英语教学评价有着重大意义，是当前互联网环境教学的重要组成部分。首先，“互联网+”下的大学英语教学评价能够监控学生的学习，保证学生的学习质量，促进学生的发展。根据学生在学习活动中的各种表现，对其学习过程、态度、效果等进行评价，有助于为学生调节、计划、指引、暗示等方面的学习提供支持。根据评价的结果，教师能够更有效地指导学生的英语学习，对自己学习中的不足进行弥补，最大限度地将学生的潜能挖掘出来。其次，“互联网+”下的大学英语教学评价还有助于促进教师的专业发展。这是因为，教师评价的目的主要是对教师工作现实和潜在价值做出判断。

（二）大学英语教学评价实施的条件

要进行“互联网+”下的大学英语教学评价，得出该评价要比非网络环境评价更具有优势的结论，就必须对不同学校、不同专业、不同班级进行分析和综合。由于学校不同，其开展“互联网+”下大学英语教学的情况是存在差别的，无论是硬件还是软件都会存在不同，因此参与评价的学校需要满足如下前提条件。

1. 教师应满足的要求

作为教育者，教师是教学的组织者，在教学中起着重要的指导作用。在互联网环境下，知识的传递和信息源都来自网络环境，而教师将主要的精力放在自己学生身上。教师需要运用计算机进行正确指导，让学生学会使用网络环境设备，以获取其需要的信息。

2. 学生应满足的要求

在教学过程中，学生的身份首先是教学的对象，教学的效果和质量都可以从学生的身上看出来。在教学活动中，学生是教学活动的出发点和落脚点。在网络环境下，学生在教师的指导下按照自己的学习进度来控制学习进程。因此，教师应该让学生掌握计算机的操作和使用，并抓好计算机的阅读和写作方法，自觉按照自己的进度来解决学习中出现的问题。

3. 教材应满足的要求

在“互联网+”下的大学英语教学中，其不仅包含书本、音像教材，还包含多媒体教材。对于多媒体教材来说，其需要满足如下要求。

（1）多媒体教材需要满足科学性的要求，即内容要正确、要符合逻辑、要层次清晰、要符合场景等。

（2）多媒体教材要满足教学性的要求，即选题要恰当、重难点要突出、要能够促进启发和思维能力的发展等。

（3）多媒体教材还需要满足技术性的要求，即声音、图像等设计要合理，画面要清晰，声音要清楚，声像要同步。

（4）多媒体教材要满足实用性的要求，即界面要友好、容错能力要强。

（5）多媒体教材要满足艺术性的要求，即要创意新颖、要节奏合理、媒体要选用恰当、要具有表现力和感染力。

4. 系统应满足的要求

“互联网+”下大学英语教学系统应该具备如下基本功能。

（1）制作、收集、管理、存储各类多媒体素材和教材，这些信息可以随时提供给系统和多个终端。

（2）通过系统中的任意一个多媒体终端机，为教师备课和优化教学设计创造良好的教学环境。

（3）设置互联网环境终端机和显示设备，为开展互联网环境下的课堂教学提供有利条件。

（4）学生利用交互式的互联网环境教学终端机，不仅可以进行补课、查询、复习，还可以利用各个学科软件配合相应的设备开展小组教学，进行仿真的练习。

（5）该系统可以为各科教师、研究人员的科研工作提供各种类型的资料，为科研工作、教学管理提供有力的支持。

5. 教学媒体应满足的要求

在选择和使用教学媒体时，需要满足如下要求：

（1）教学媒体要坚持抽象层次原则，即教学媒体所提供的抽象和具体程度都分为不同层次、不同等级。

（2）教学媒体要坚持最小代价原则：一是在内容上要满足教与学的需要；二是所需花费的人力、物力、财力要最少。

（3）教学媒体要坚持多重刺激原则，即从不同侧面、不同角度，使用不同方式将同一内容表达出来。

（4）教学媒体要坚持共同经验原则，即设计和选择的教学媒体应该与学生固有的经验有着某些共同的地方。

6. 教学方法应满足的要求

“互联网+”下大学英语教学的主要应用模式有小组教学、课堂教学、个体化教学等，因此教学方法设计时应该根据学生的具体特点而定，只有这样才能激发学生的兴趣，促进学生进行记忆与理解。

（三）大学英语教学评价实施的原则

原则是规律的反映，教学评价原则反映的是大学英语教学评价的规律。要想对大学英语教学评价有一个真正的把握，还需要掌握一定的教学评价原则。根据这些评价原则来选择评价手段和方法，才能与教学评价规律相符合，才能与教学规律相符合。

1. 针对性原则

教学评价具有明确的针对性，其往往是针对教学中的具体问题进行的，这在大学英语教学评价中也是非常明显的。对于教师和学生而言，如果教学进行得非常顺利，师生之间也配合得更为默契，那么就需要进行教学评价，以帮助教师和学生总结经验，便于推广；如果教学进行得不顺利，出现了较多的问题，那么也需要进行教学评价，从而帮助教师和学生解决教与学的问题，便于之后克服这些问题。

此外，如果教师改变了教学方法与手段，也需要进行教学评价，以确定该教学方法是否发挥了效果；如果学生积极性不高，也需要进行评价，以增强学生学习的自信心，活跃课堂气氛，扭转这一教学局面。

总而言之，大学英语教学评价具有极强的针对性，但是它针对的不是积累层面，而是过程层面；不是结论层面，而是诊断层面；不是总体层面，而是具体层面。

2. 客观性原则

大学英语教学评价需要坚持客观性原则。教学评价的客观性原则是指评价中不能主观臆断，而应该实事求是，不能掺杂个人的感情。在大学英语教学工作中，教学评价具有很强的科学性。一般而言，评价是否具有客观性往往对教学效果产生直接的影响。如果评价是客观的，那么就有助于促进教学目标的实现；如果评价是不客观的，那么教学就会远离预定的目标。因此，教学评价中必须坚持客观性原则，即要求教学评价要根据一定的教学目标来确定评价的标准，并结合多重因素，考虑该标准是否能够得到人们的认可。评价的标准确定之后，任何人不得更改，这就能较好地体现客观性原则。

3. 差异性原则

差异性原则是大学英语教学评价实施的首要原则。由于受生活环境、家庭背景的影响，每一位学生都会有自身的个体特征，即每一位学生都存在着自身的差异。另外，在教学过程中，教师对不同的学生也会有不同的指导，这也导致学生的发展存在很大差异。因此，针对这一情况，在进行教学评价时，需要遵循差异性原则。

在大学英语教学评价中，教师需要先对不同学生存在的差异性有一个基本的认可，并根据不同学生的水平和要求来制订不同的学习要求，在这一基础上建立和谐、平等、尊重、理解的师生关系，也有利于构建良好的课堂教学氛围。在这样的教学氛围中，学生才能积极地发表自己的观点和见解，在教师的鼓励下充分地发挥自己的个性。

对于中等以上水平的学生而言，教师给予适当的指导即可，从而更好地促进学生的长远发展。对于中等水平及以下的学生而言，教师需要不断地对他们进行鼓励，灵活地运用各种教学手段调动学生的主动性与积极性，最终提高学生的学习能力。

4. 导向性原则

教学评价是根据一定的教学目标制订的，其通过对比现状与目标间的距离，能够促进被评对象不断与既定的目标相接近。因此，教学评价具有导向的功能。

大学英语教学评价并不是单一的评价问题，其评价目标也不仅仅是评优与鉴定，而是在此基础上引导教师更新观念，将新的观念在具体的教学过程中展现出来，也激励教师在内心深处产生一种研究欲望。在对教学活动的评价上，教师需要充分调动教师和学生双方的积极性和主动性，力求为教学双方在教学活动中展现自身的潜质，构建出恰当的评价方法与体系。但是，在构建评价体系标准的过程中，发挥评价的导向原则是必然的，并将这一原则贯穿始终。

5. 开放性原则

在大学英语教学中，开放性是非常重要的特征。大学英语课堂中，学生的心态、思维等处于开放状态，教师也需要将学生的思考、体验、领悟、探索等能力激发出来，因此对其评价也必然是开放的。

开放性教学评价虽然遵循了教学评价的基本标准，但是并不是统一不变的。例如，开放式的课堂导入强调开放的发散性、合理性与深刻性。在这样的教学中，教师要注重学生的个性化，鼓励学生展开发散性思维，主动展开探究性学习和合作学习；对于教学中的提问，学生也愿意主动回答，内容也强调延伸性和推进性；在作业的布置上，教师要保证内容的拓展性和实践性。从这些层面来看，英语教学都坚持了开放性的原则，符合开放性的标准，有助于教师和学生形成符合自己的教学风格和学习风格。

6. 发展性原则

发展性教学评价原则是根据发展性理念，提出一定的发展性目标和发展性的评价方法以及技术，对教学过程中教与学的状态进行价值评判。与传统教学评价指标不同，发展性教学评价不仅注重教师的主导地位，还注重学生的主体地位。对学生进行学习评价是发展性教学评价的核心。

大学英语教学中，教师应该构建创造性、教育性、可操作性、实践性的且以学生为主体的教学形式，让学生主动参与和思考，主动实践，以实现学生综合能力的发展。过程与方式、知识与技能、情感与价值观是发展性教学评价原则的重要内容。

第二节　大学英语教学评价的具体方法

大学英语教学评价可以采取学生自评、同学互评、专门调查以及学习日志等方法。

一、大学英语教学评价之学生自评

在大学英语教学评价中，学生自我评价是一个重要的方法，体现了以学生为中心。通过学生自评，不仅学生能够发现自己学习中的问题，并寻找改进措施，而且教师也可以了解他们的学习态度和成果。

“自我评价的内容包含学习过程、学习态度、学习手段、努力程度、学习优缺点、学习结果等。在自我评价中，教师需要做到两点：一是根据评价目的制订自我评价表，引导学生进行自我评价；二是通过与学生讨论自我评价的结果和过程，了解学生的学习态度。”① 一般情况下，自我评价法往往采用电子自评表和自我学习监控表两种工具。

（一）电子自评表

电子自评表对于教学评价的效率来说至关重要，而且操作起来也非常省时、方便。一般而言，教师可以选择在互联网课程结束之后发送给学生，让学生对自己的学习进行自评。

（二）自我学习监控表

自我学习监控表是对学生学习过程进行监控的表格，在大学英语教学评价中有着十分重要的作用。使用自我学习监控表应注意以下步骤和事项。

第一，使用该表前，教师需要向学生介绍该表的用途和操作方式，便于学生认识和使用。

第二，在新单元学习之前，教师可以让学生从自己的实际情况出发，提前制订一个理想的目标，然后在活动栏中写上自己的预期任务。在之后的学习过程中，学生可以根据这些任务和目标监控自己的学习进度。

第三，尽管在使用学习监控表时，完成预期目标和任务是学生的事情，但是教师也需

---

①　黄燕鹏．“互联网+”背景下大学英语教学体系的反思与重建［M］．成都：电子科技大学出版社，2018：228.

要参与其中，需要时刻提醒学生对自己的目标和任务进行检查，为他们调整下一次的目标和任务给予指导意见。

二、大学英语教学评价之同学互评

大学英语教学注重同学之间的协作，因此，通过其他同学对其进行评价也是很重要的一种评价方法。同学互评这一评价方式主要是通过学生之间的了解、合作和沟通来实现的。因此，在同学互评中，沟通和合作技能是非常重要的两个因素。这是因为，不同学生，其沟通能力与合作态度存在差异，再加上同学之间的信任程度也不同，因此进行同学互评还是需要一定的时间培养的。在首次同学互评时，教师可以采取一定的办法辅助执行。

需要注意的是，同学互评需要遵循一定的原则。例如，在谈论自己的观点和发表评论时，学生不能进行主观臆断，应该有理有据。因此，教师可以同时让几个学生来评价一个学生，每个评价者都需要根据客观事实来写评语，且评语的重点应放在被评价者的优点和改进意见上。

三、大学英语教学评价之专门调查法

专门调查法也是形成性评价的一种手段，它比观察法更为直接。其主要是为了调查学生的学习行为、学习活动、学习兴趣等，是一种有效的收集数据的方法。但是，专门调查法一般具有针对性，其主要采取的评价工具有调查问卷和访谈或座谈。当学生根据网络环境课件进行学习之后，教师可以采用调查问卷的形式。调查问卷是向学生提出一系列的问题或情境，要求学生回答问题，从而获取信息的评价手段。访谈或座谈是教师通过与学生进行面对面交谈来获取信息的评价手段。

四、大学英语教学评价之学习日志

学习日志和众所周知的学习日记不同，它指的是学生学习过程的档案记录，其主要是对学生学习行为的记录。学习日志可以根据教师的模板制定，也可以自己制定，但是其记录的过程都需要学生自己来完成。

第三节　大学英语教学评价的构建策略

大学英语教学中的评价体系能够发挥出以评促教、以评促学的作用，构建科学合理的

教学评价体系能够更好地完成教学目标，促进学生的英语综合能力和素养发展。当前，大学英语教学方法和模式也发生了重大的变革，传统的大学英语评价体系已经难以适应当下的教学模式，这就要求教育工作者要立足“互联网+”来构建大学英语评价体系，促进教学评价的改革。下面以“互联网+”背景下大学英语评价体系构建的路径为例进行阐述。

一、利用信息化手段构建线上线下相结合的评价手段

“互联网+”时代背景下线上线下混合式教学已经成为必然趋势，教师要充分利用在线教学和面对面教学来为学生打造立体化的教学模式，教学评价也应该涵盖线上、线下两条教学路径。口试和笔试是两种最为常见的英语评价手段，但是都属于结果性评价，难以真正评估学生的英语水平。不仅如此，传统的口试、笔试需要花费比较长的时间和大量的精力，使用的频次比较少，一般只在期末进行，在平时的教学中难以落实，无法通过口试和笔试的评价来达到促学的作用。

在“互联网+”背景下，教育者可以将信息技术应用到大学英语教学评价中。例如教师可以设计学生互评、自评的评价体系，通过在线平台分享给学生，学生在每次学习完之后都可以进行自评、互评，并及时提交。另外教师还可以引入批改网，批改网具有自动评价系统，能够对学生的学习过程进行自动、及时评价，并生成反馈意见。学生完成的任务和练习提交之后可以快速、自动被批改，并及时提出修改意见，让学生认识到自己的错误和不足，及时纠正和提升。一些在线教学平台还具有自动记录和追踪学生学习过程的功能，能够采集学生学习过程中的相关行为数据，并进行分析。例如对学生的任务完成、学习时间、互动讨论等环节的数据进行分析，形成评价，教师在授课环节就不需要分散注意力来观察学生的表现、反应，能够及时得到更加精准和科学的评价结果。

二、借助信息技术促进终结性评价与形成性评价融合

“终结性评价和形成性评价缺一不可，其中终结性评价是在学生的学习活动完成之后对学生学习的成果评价，能够检测学生的英语综合应用能力，具有高度概括性。形成性评价就是对学生的学习过程进行评价，能够了解学生的学习过程与学生对知识的掌握情况和程度，并以此为参考来对教学方案进行适当调整，寻求更加适合的教学策略和方法。”①

两种评价方式的效果和目的不同，两者并不是对立的，而是要有效融合，实现优势互补，运用两种评价方式来对学生进行更加公正和客观的评价，并发挥出评价促学、促教的

① 鞠朝希.“互联网+”背景下大学英语评价体系的构建［J］. 河北开放大学学报，2022，27（2）：64.

作用。信息技术可以应用到终结性评价中，例如教师可以利用在线平台发布口试、笔试的题目，让学生在规定的时间内完成，然后由系统进行评价，生成评价反馈，让终结性评价也能够更加快速和便捷。形成性评价也可以借助信息技术来实现，尤其对于在线教学平台，系统可以获得学生的学习行为数据，并加以分析，进行评价。另外，教师还可以建立电子档案袋，关注学生的学习过程，将学生学习过程中的一些表现、学习成果等都整合在电子档案袋中，加强形成性评价。

第四节　大学英语教学评价的实践研究

一、大学英语教学的学生自评实践

学生自评是大学英语教学评价的重要手段。下面以英语写作为例对学生自评进行分析。学生自评是基于一定的教学评价标准的，因此在评价之前教师和学生需要共同制订评价标准，从而让学生了解质量高的作品的条件，最终让学生对自己的作文得到客观的评价。具体而言，教师可以将优秀的写作作品制成网络课件，供学生查看和参照，例如：

What a Good Writer Can Do——

I can plan before I write.

I can write about real things.

I can write stories with a beginning, middle, and an end.

I can ask others to read my work.

I can write in complete sentences.

I can leave spaces between words.

I can put periods at the end of sentences.

I can make my handwriting easy to read.

根据制定的评价标准，学生对自己的作品进行评价，找出自己的优缺点，进而改变学习方法，调整学习目标。教师可根据学生的学习情况调整教学计划，改变教学方式。教师可将调整学习目标的自评表制作成网络课件，供学生参考使用。

二、大学英语教学的学生互评实践

学生互评侧重于学生之间的反馈意见，同学的反馈意见对学生的学习有着重要的促进作用。通过这种情况，学生能加强完成作业的责任感，也能让学生有机会去评判其他同学，给其他同学提供帮助性的反馈意见，也会使学生体验到自豪感与成功感。以下就对学生反馈型互评的实践过程进行分析。

第一，目标设计。相较于教师评价，学生评价能够提供更多的意见和建议，更能提高学生的学习质量。所以，如何提高学生互评效果就成了需要关注的重要问题。学生反馈意见的数量、质量等都是学生互评活动设计好坏的重要指标。因此，学生互评活动的设计目标主要有两个：一是提高学生作业的质量；二是提高网络课程中学生的学习效果。

第二，任务设计。在学生互评活动中，教师需要扮演专家的角色给同学的作业提出意见。这类作业常是以成果或作品的形式提交到网络平台上，而且这种评价活动并不是一次性完成的，而是需要多次修改与完善，进而最终完善作业质量。因此，学生需要在规定时间内完成作业初稿，并在同学和教师的指导下反复修改作业。

第三，标准设计。学生互评属于定性评价，没有严格的评价量规，需要根据作业要求，可从作业的价值、内容的深度以及准确性等方面出发，灵活设计评价标准。

第四，角色设计。学生互评的核心要素是反馈意见，所以学生互评中的主体需要承担一定的责任。在互评前，学生要在规定时间内完成作业，并提交至网络平台。作为评价者，学生要认真负责地对待同学的作业，提供公正客观的反馈意见，既要指出作业中的优点，也要说明其不足之处，并提出具体意见。教师则扮演着不同的角色，既是评价中的监督者，也是评价中的指导者。

第五，过程设计。在具体的实施过程中，可对学生进行分组，通常是 5~6 人一组，即每份作业至少有 5~6 个评阅者。有很多的学者都提倡将学生互评和教师评价结合起来，二者互为补充。网络课程中学生互评的基本过程都会被记录下来，学生可方便查看评价结果，并与评阅人做进一步的交流，询问具体意见和建议，教师也可对整个过程进行指导和监控。

三、大学英语教学的档案袋评价实践

档案袋评价是一种重要的形成性评价，提供了其他评价无法提供的有关学生和教师在教学和学习实践活动中的完整信息。针对参与评价主体的多元性，这里就针对教学质量管理机构、教师和学生三个方面来分析它们的评价指标和网络平台的设计。

就评价指标而言，教学质量管理部门主要针对教师和学生档案袋进行整体评价，评价指标具体包括：教师档案袋与学生档案袋建设的完整性；教师档案袋与学生档案袋的设计与描述程度；教学课程总体等级评价。

教师主要负责对学生学习情况的评价，具体包括：学生档案袋建设的准确性与完整性；对档案袋建设实践过程的评价；对实践结果的等级评价。学生主要是对教师教学效果以及整体教学条件进行评价，通过学生评价，教师可了解自己教学的优缺点，进而作出调整，提升教学质量，其具体评价指标包括：教学设备是否满足教学需要；设备的完好性；教学设计的合理性；启发和训练学生的独立操作能力；培养学生分析和解决问题的能力；对本次课程的意见与建议。

根据上述评价指标就可以进行网络平台设计了，通过互联网平台建立学生学习、教师教学的电子档案袋，从而实现了档案袋的信息化管理，也整体呈现了教学的各个方面，也实现了对教师、学生的综合性、多元性评价。

第五节　探究式教学的形成性评价应用

一、形成性评价的认知

形成性评价由斯克里芬在《教育方法论》中提出，在《教育方法论》中，其认为形成性评价是指一系列对教育方案、教育过程或教育活动中的问题开展的诊断性活动，目的是为教育活动提供反馈信息，不断提高教育活动质量。之后，美国教育家布鲁姆率先将形成性评价应用于课堂教学，因此，这一评价也被称作“过程性评价”。与考查学习结果为目的的终结性评价，即书面考试相比，形成性评价主要即时关注学生的学习过程：学生对各个学习内容掌握程度、学生把具体学习活动开展得如何、学生的具体学习行为如何。换言之，形成性评价不仅评价学生对知识的掌握情况，还评价学生的学习能力、学习态度和学习策略等。依据此反馈信息，教师对教学内容及教学方式、方法作出及时的相应改进，以适应学生的学习需求，以期及时发现教学问题，及时解决问题，最终促进学生的学习，从而实现“以评促学”的目的。形成性评价可以由老师开展对学生进行评价，也可以对自身进行评价，同样，也可以由学生来开展对教师教学及自身学习进行评价。形成性评价具有双向反馈作用，既为学生提供及时全面的反馈，使学生了解自己的学习状况，明白自己的优缺点，从而保持有效的学习行为，克服不良行为；也为教师提供教学反馈，使老师时刻清楚学生的学习状况，从而不断调整教学内容、教学方法，最大限度地为学生提供有效的教学。

二、探究式形成性师生互动的过程

第一，课前预习。要求学生阅读3遍课文。第1遍，以最快速度看完文章，并完成课后阅读理解练习题（遇到生词，不查字典，而是根据上下文语境线索推测词义）。第2遍，发现疑难，同时通过查字典检验对生词的推测是否正确。第3遍，在以下两个问题引导下进行阅读：①从表达形式和语义内容角度考虑，你喜欢哪些单词、短语或句子；②课文中哪些语言点（单词、短语、句子），即便知道了单词的字面意思，仍难以理解。

第二，课堂教学。师生共同开展分享式、讨论式学习。一般按照课文段落先后顺序学习，每学一个段落，师生先分享自己喜欢的语言知识点；接着提出难以理解的句子，然后老师或学生口头解释难句，并向大家指出上下文中具体哪些单词或短语暗示出该语言点的含义；找出主题句或口头总结段落大意，并分析作者是如何围绕段落大意展开阐释或论证的。课文学完后，教师引导学生反复阅读主题句及句中关键词，用自己的语言高度概括文章核心意思。

第三，形成性师生互动。为了培养学生的思辨能力，同时也为了对学生有更深入的了解，我们需要先要求学生围绕针对所学内容的问题进行评论（问题需要教师提前总结）；然后根据学生的评论，要求学生阐述自己的看法。

参考文献

［1］曹雪. 互联网+合作学习模式在大学英语教学中的应用研究［J］. 知音励志，2016（10）：32.

［2］陈洁. 英语新词汇的特点及翻译技巧［J］. 校园英语（教研版），2011（6）：84.

［3］陈娟文，王娜，李金玉. 基于大学英语混合式教学模式的实践共同体探究［J］. 现代教育技术，2017，27（9）：79-84.

［4］陈勤. 英语课程与教学论课堂探究式教学研究［J］. 黑河学院学报，2019，10（4）：115.

［5］陈思孜. 多元文化视域下高校英语教学理论与有效方法研究［J］. 科教导刊-电子版（上旬），2021（3）：233.

［6］陈雪梅. 非英语专业大学生探究式学习思维的探索研究［J］. 湖北开放职业学院学报，2019，32（9）：184.

［7］方燕芳. 英语思维与英语教学［M］. 成都：电子科技大学出版社，2017.

［8］郭凯. 探究式教学模式初探［J］. 消费导刊，2011（9）：160.

［9］何琳玲. 大学英语混合式教学模式设计现状与策略探究［J］. 福建茶叶，2020，42（3）：160.

［10］何晓松. “互联网+”视域下大学英语口语教学模式探究［J］. 继续教育研究，2017（11）：124-126.

［11］黄燕鹏. “互联网+”背景下大学英语教学体系的反思与重建［M］. 成都：电子科技大学出版社，2018：140-228.

［12］黄宇. 从中西思维差异浅谈商务英语句式的翻译——以产品推介翻译为例［J］. 海外英语（上），2022（3）：23.

［13］江琳. 高校英语课程体系的“个性化”构建［J］. 福建江夏学院学报，2022，12（1）：103.

［14］靳成达. 信息化环境下人工智能在大学英语教学中的应用研究［J］. 长春师范大学

学报，2022，41（7）：163.

［15］鞠朝希.“互联网+”背景下大学英语评价体系的构建［J］. 河北开放大学学报，2022，27（2）：64.

［16］李红霞. 高校英语教学研究［M］. 天津：天津科学技术出版社，2017.

［17］李新，杨天地. 英文电影在大学英语探究式学习模式中的应用［J］. 电影评价，2014（6）：85-86.

［18］柳菁菁. 试论高校英语教学中跨文化意识培养［J］. 食品研究与开发，2021，42（22）：252.

［19］陆彤. 基于学生学习能力培养的探究式大学英语教学探析［J］. 中国成人教育，2011（24）：160-162.

［20］路平. 探究式教学模式在大学英语口语教学中的路径探索［J］. 江西电力职业技术学院学报，2022，35（4）：30.

［21］吕宁.“互联网+”背景下大学英语翻转课堂教学模式探微［J］. 金融理论与教学，2019（5）：110.

［22］马丽. 高校英语教学目标中读听写的关系研究［J］. 新教育时代电子杂志（教师版），2017（3）：33.

［23］马永辉，安晓博，李晓雪. 大学英语“双师”教学模式在“后疫情时代”下的探究［J］. 黑龙江高教研究，2021，39（7）：150-154.

［24］彭杰，刘晓庆. 高校英语课程教学问题探析［J］. 读与写（教育教学刊），2019，16（11）：17.

［25］齐登红，梁国杰. 探究式大学英语视听说网络教学体系探索［J］. 外语电化教学，2014（6）：71-75.

［26］时贵仁. 浅谈高校英语教学三要素［J］. 中国高教研究，2003（11）：96.

［27］宋聚磊. 汉语重叠与其英译双重对比研究——以《西游记》和两译本为例［J］. 北京科技大学学报（社会科学版），2022，38（5）：543.

［28］宋雨晨，谭诣，王丽华. 高校英语教学思维创新［M］. 长春：吉林人民出版社，2020.

［29］田宇. 线上线下混合式“专业英语”教学的设计与构建［J］. 科教导刊，2020（20）：118.

［30］王笃勤. 大学英语阅读教学活动设计［M］. 哈尔滨：哈尔滨工程大学出版社，2010.

［31］王广秀. 浅谈大学英语翻译教学策略［J］. 海外英语（上），2021（10）：212.

[32] 王丽娅. 基于 MOOC 环境的大学英语翻译教学 [J]. 教育界, 2016 (30): 141.
[33] 王利娟. 探究式教学法在大学英语写作教学中的应用研究 [J]. 宿州教育学院学报, 2018, 21 (1): 144.
[34] 王璐. 高校英语交际教学模式浅谈 [J]. 西部素质教育, 2017, 3 (22): 184.
[35] 王雁冰. 高校大学英语微课教学中存在的问题与对策研究 [J]. 高教学刊, 2018 (24): 132.
[36] 王怡云. 基于慕课视角下大学英语混合教学模式的构建路径探索 [J]. 校园英语, 2021 (22): 85.
[37] 王月亚. 高校英语教学培养学生批判性思维的方法探析 [J]. 才智, 2019 (10): 113.
[38] 吴婷婷, 宋洁, 杨慧. 大学英语写作教学研究 [M]. 长春: 吉林人民出版社, 2021: 6.
[39] 向刚. 跨文化背景下茶文化在高校英语教学中的应用 [J]. 福建茶叶, 2021, 43 (7): 179.
[40] 谢争艳. 探究式学习在大学英语听力教学中的应用研究 [J]. 吉林工程技术师范学院学报, 2017, 33 (11): 30.
[41] 徐秀颜. 探究式教学模式在大学英语课堂中的应用研究 [J]. 英语广场, 2022 (36): 79.
[42] 杨丽冬. 形成性评价在探究式英语阅读教学中的应用及其启示 [J]. 景德镇学院学报, 2018, 33 (5): 41-45.
[43] 杨弈. 大学英语探究式教学方法分析 [J]. 科教导刊 (下旬刊), 2020 (27): 76.
[44] 于岩, 朱鹏威. 高职院校大学英语合作探究式教学初探 [J]. 职业技术教育, 2016, 37 (26): 45-47.
[45] 余燕平, 邹园萍. 高校混合式教学课程的学习评价体系探索 [J]. 高教论坛, 2019 (11): 23.
[46] 张申艳, 圣仰芝. 网络环境下大学英语教学模式探究 [J]. 继续教育研究, 2011 (3): 124-125.
[47] 张懿. 论大学英语教学中“跨文化交际意识”的培养 [J]. 大家, 2010, (13): 358.
[48] 赵梓男. 大学英语微课程教学模式的探究 [J]. 福建茶叶, 2019, 41 (6): 97-98.
[49] 钟传根. 大学英语阅读教学活动设计有效性与趣味性 [J]. 校园英语, 2017 (45): 1.
[50] 朱玲意. 论商务英语的写作 [J]. 西部皮革, 2016, 38 (2): 281.